Thomas Greven / Christoph Scherrer

Globalisierung gestalten

Weltökonomie und soziale Standards

Schriftenreihe Band 440

Thomas Greven / Christoph Scherrer

Globalisierung gestalten

Weltökonomie und soziale Standards

bpb:
Bundeszentrale für politische Bildung

Bonn 2005

Redaktion: Heike Herrberg
Lektorat: Birgitta Gruber-Corr
Herstellung: Heinz Synal

Umschlaggestaltung: Michael Rechl, Kassel
Umschlagfoto: Textilarbeiterin, Taipeh; Panos Pictures / VISUM
Satzherstellung: Medienhaus Froitzheim AG, Bonn, Berlin
Druck: Bercker, Kevelaer
ISBN 3-89331-557-8

Inhalt

I Einleitung 9

II Was ist Globalisierung? 15

1. Ist die Globalisierung wirklich neu? 18

2. Die »Fordistische Pause« 24

3. Antriebskräfte der Globalisierung 27
3.1 Die Macht der Ideen (1): Die Freihandelsdoktrin 30
3.2 Die Macht der Ideen (2): Handel als Friedensstifter 31
3.3 Die gewaltsame Durchsetzung des freien Handels 32
3.4 Trittbrettfahrer des Freihandels 33
3.5 Das Interesse an unternehmerischer Freiheit 34
3.6 Technische Möglichkeiten 35

4. Politische Stationen der Globalisierung 36
4.1 Gründung der Bretton-Woods-Institutionen: Internationaler Währungsfonds und Weltbank (1944) 36
4.2 Beschränkung auf das westliche Lager (1947) 37
4.3 Gründung der Europäischen Wirtschaftsgemeinschaft, EWG (1957) 38
4.4 Entkolonialisierung (1947–1962) 38
4.5 Die Konferenz der Vereinten Nationen für Handel und Entwicklung, UNCTAD (30. Dezember 1964) 38
4.6 OPEC und die Neue Weltwirtschaftsordnung (1973–1981) 39
4.7 Der Zusammenbruch des Bretton-Woods-Regimes (1971–1973) 40
4.8 Der 1. Weltwirtschaftsgipfel (1975) und das Scheitern des globalen Keynesianismus 40
4.9 Lateinamerikanische Schuldenkrise (1982) 41
4.10 Der Weltmarkt erfasst die Welt (1991) 41
4.11 Neue Themen der Welthandelsordnung (1994) 42

4.12 Die Asienkrise bringt das Weltfinanzsystem ins Gerede (1997) 43
4.13 Die Globalisierungskritiker werden sichtbar (1999) 43
4.14 China tritt der WTO bei und eine neue Welthandelsrunde beginnt (2001) 43

III Auswirkungen der Globalisierung 49

1. Der globale Süden 50
1.1 Dimensionen der Globalisierung im Süden 50
1.2. Die Schere zwischen Arm und Reich 59
1.3 Entwicklung: eine Frage des richtigen Rezepts 61
1.4 Einbindung in den Kalten Krieg 64
1.5 Die Verlockungen kurzfristigen Kapitals 81
1.6 Fazit 83

2. Der Nationalstaat in der Globalisierung 84
2.1 Auswirkungen auf die Handlungsfähigkeit von Nationalstaaten 84
2.2 »Sachzwang Globalisierung«? 88
2.3 Was wird aus dem »Modell Deutschland«? 92
2.4 »One best way« oder Pfadabhängigkeit? 94
2.5 Fazit 97

3. Globalisierung und das Kräfteverhältnis der Tarifparteien 98
3.1 Unternehmen ohne Wurzeln? 101
3.2 Gewerkschaftsfreie Zonen 106
3.3 Gewerkschaften im Gefängnis ihrer nationalen Bindungen 108
3.4 Auf dem Weg zur europäischen Mitbestimmung? 111
3.5 Standortkonkurrenz und Wettbewerbskorporatismus 113
3.6 Die Herausforderung: Zuwanderung 113
3.7 Internationale Solidarität 114
3.8 Fazit 118

IV Globalisierung und Arbeitnehmerrechte 123

1. Die Debatte um Global Governance 124
1.1 Auf dem Weg zur Weltgesellschaft? 125
1.2 »Global Governance« in der Kritik 128

2.	Die Arbeitnehmerrechte im Welthandelssystem	130
2.1	Verstöße gegen fundamentale Arbeitnehmerrechte	132
2.2	Kurze Geschichte der Verknüpfung von Handel und Arbeitnehmerrechten	134
3.	Die Diskussion um weltweite Kernarbeitsnormen	135
3.1	Wachstum durch Freihandel?	135
3.2	Ökonomische Begründung von Arbeitsnormen	136
4.	Die internationale Debatte über Sozialklauseln in Handelsvereinbarungen	139
4.1	Kritik am Konzept der Sozialklauseln	140
4.2	Erfahrungen mit unilateralen Sozialklauseln	143
4.3	Die Diskussion um eine WTO-Sozialklausel	144
5.	Die Diskussion um Verhaltenskodizes und soziale Gütesiegel	147
5.1	Konsumentenkampagnen	149
5.2	Erfahrungen und Fortschritte	154
6.	Fazit: Die Grenzen der Konsumentenmacht	159

Ausgewählte Literatur 165

I Einleitung

»Globalisierung« ist heute in aller Munde. Viele Menschen nehmen die Welt zunehmend als »eine Welt« wahr. Dies wird möglich durch neue Informationstechnologien, die uns grenzüberschreitend miteinander kommunizieren lassen, durch den Abbau von Handelsschranken und sinkende Transportkosten, die uns schon am Frühstückstisch Produkte aus aller Welt bescheren, durch liberalisierte Finanzmärkte, die uns mit fernen wirtschaftlichen Ereignissen verbinden. Aber Globalisierung begegnet uns auch in anderer Form: als verschärfte Konkurrenz, die Arbeitsplätze bedroht und als Argument dafür dient, dass staatliche Leistungen eingeschränkt werden müssen.

Kaum ein anderes Phänomen des beginnenden 21. Jahrhunderts ist so umstritten. Naomi Kleins Buch »No Logo«, Viviane Forresters »Terror der Ökonomie«, Michael Hardts und Antonio Negris »Empire« sowie andere Bücher, die sich kritisch mit der Globalisierung auseinander setzen, werden weltweite Bestseller.[1] Eine Enquete-Kommission des Deutschen Bundestages beschäftigte sich mehr als zwei Jahre mit den »Herausforderungen und Antworten« der Globalisierung.[2]

Bei einer Umfrage des Bundesverbandes deutscher Banken in Deutschland Ende des Jahres 2000 meinten 46 Prozent der Befragten, dass die Unterschiede zwischen reichen und armen Ländern durch die Globalisierung eher zunehmen und die dadurch wachsenden Unternehmen zu mächtig würden. 61 Prozent glaubten nicht, dass die Probleme der Globalisierung durch die Politik in den Griff zu bekommen seien.[3]

In Seattle (1999), in Göteborg (2001), in Genua (2001) – überall dort, wo die Regierungschefs über die Weltwirtschaft verhandeln – gingen zehntausende Menschen auf die Straßen, um ihrer Kritik an der Globalisierung Ausdruck zu geben. Bei den Weltsozialforen im brasilianischen Porto Alegre und in Mumbai, Indien (2004) haben sich die Kritikerinnen und Kritiker zusammengefunden, um über »ethische und solidarische« Alternativen zur dominanten Form der Globalisierung nachzudenken. Eine Bewegung für globale soziale und ökologische Gerechtigkeit ist im Entstehen.

»Chance, nicht Schicksal – die Globalisierung politisch gestalten«

Auszüge aus der »Berliner Rede« von Bundespräsident Johannes Rau am 13. Mai 2002 im Museum für Kommunikation, Berlin:

Vor drei Jahren hatte die Hälfte der Deutschen den Begriff Globalisierung noch nie gehört. Heute kennt ihn praktisch jeder. Keine politische Debatte, keine Rede zur Zukunft der Gesellschaft, keine wirtschaftliche Analyse kommt ohne dieses Wort aus.

... Die einen sagen, Globalisierung führe zum Verlust vertrauter Bindungen und zur Schwächung des Nationalstaates – und sie haben Angst davor. Andere feiern, dass die Herrschaft des Marktes und seiner Gesetze bald überall und für alles gilt.

... Manchen erscheint all das wie ein unentrinnbares Schicksal, wie ein Verhängnis, anderen wie die Verheißung eines goldenen Zeitalters.

... Viele fragen heute [aber]: Kann man denn überhaupt etwas machen? Ist die Globalisierung nicht unbeeinflussbar, ist sie nicht wie ein Naturereignis, dem wir ausgeliefert sind?

... Nein, die Globalisierung ist kein Naturereignis. Sie ist von Menschen gewollt und gemacht. Darum können Menschen sie auch verändern, gestalten und in gute Bahnen lenken.

... Wir können und wir müssen fragen: Wer sind – bisher – die Gewinner, wer sind – bisher – die Verlierer der Globalisierung?

... Wir müssen die Globalisierung als politische Herausforderung verstehen und politisch handeln.

... Lange schon hat es nicht mehr so eine breite, internationale Protestbewegung gegeben wie die der Globalisierungskritiker. Erstmals seit Jahren finden sich wieder Menschen aus allen Erdteilen, Menschen ganz unterschiedlicher sozialer und politischer Herkunft für eine gemeinsame Sache zusammen: vom Bauern in Guatemala bis zur Studentin aus New York, vom Gewerkschaftssekretär in Göppingen bis zum Kardinal von Genua. Diese Bewegung hat viel angestoßen, sie stellt richtige Fragen.

... Die Befürworter betonen Chancen. Die Kritiker wehren sich gegen Fehlentwicklungen und machen auf Gefahren aufmerksam. Kritik ist immer auch eine Art Frühwarnsystem, das Politik und Wirtschaft nicht ignorieren sollten.

... Die Globalisierung gestalten kann nur, wer klare Wertvorstellungen jenseits des Wirtschaftlichen hat. Wir müssen uns darüber klar werden, wie wir Freiheit und Gerechtigkeit für alle Menschen in Zeiten der Globalisierung sichern und fördern können.

. . . Auch der Markt lebt von Voraussetzungen, die er nicht selber schaffen kann. Wenn jetzt der Markt global wird, dann brauchen wir auch Ordnungen, die weltweit die Freiheit der Menschen sichern.

. . . Bisher droht die Globalisierung den Globus zu zerstückeln.

. . . Gewiss, weltweit hat sich in den letzten Jahren vieles zum Besseren verändert:

. . . Es stimmt aber auch, dass die Unterschiede zwischen den Lebensbedingungen der Menschen immer größer werden – weltweit und innerhalb der Gesellschaften . . .

. . . Wir brauchen [aber auch] mehr Wissen über die Frage, wie viel soziale Gleichheit notwendig ist und von welchem Punkt an Ungleichheit sozial unannehmbar und wirtschaftlich schädlich wird.

. . . Wenn Probleme global werden oder sind, dann muss auch die Politik global handeln.

. . . »Global governance« heißt nicht Weltregierung und schon gar nicht, dass der Nationalstaat überflüssig wird. Die Staatengemeinschaft muss aber konstruktiv zusammenwirken.

. . . Die Globalisierung wird dann ein Erfolg, wenn die Dynamik der Marktkräfte politisch in gute Bahnen gelenkt wird. Die Menschen überall auf der Welt müssen erleben, dass sie im Mittelpunkt stehen. Sie müssen erkennen können: Die Politik und die Wirtschaft werden um der Menschen willen gemacht. Das gilt es neu zu entdecken.

Lyzel, 19, und Marial, 18, verdanken ihre Arbeitsplätze der Globalisierung.[4] Seit ihrem Highschool-Abschluss arbeiten sie in der *Cavite Economic Zone* bei Manila auf den Philippinen, wo sich 230 Firmen hinter Zäunen angesiedelt haben und für den Export produzieren. Wie zehntausende andere junge Frauen hier erhalten Lyzel und Marial immer wieder kurzfristige Arbeitsverträge bei einer der Fabriken, in denen Schuhe und Bekleidung für GAP, Calvin Klein, Nike, Adidas, Karstadt, aber auch Elektroteile für Nokia, IBM, Dell und Samsung hergestellt werden. Sie sind mit ihrer Situation zufrieden: »Bei den Eltern in der Hütte, da hat es reingeregnet . . . ich lebe jetzt besser.« Überstunden machen sie freiwillig, denn die bedeuten mehr Geld. Abends gehen sie aus. Sicher, die Arbeitsbedingungen könnten besser sein, der Lohn höher.

Gewerkschaften haben in den so genannten Freien Exportzonen, von denen es auf der Welt mittlerweile über tausend gibt, einen schweren Stand (vgl. Infobox 1.1). »Wir wollen nicht, dass hier Gewerkschaften reinkommen«, sagt Aniano Matabuena von P. Imes, Hersteller von Computerteilen für IBM, unverblümt. Vor allem ist die Zukunft ungewiss: »In ein paar Jahren wird es die Nähereien nicht mehr geben, dann wird alles in Bangladesh oder Laos oder Vietnam gemacht, da sind die Löhne niedriger«, meint ein Mitarbeiter der Verwaltung der Freien Exportzone. Zwar gibt es Neuansiedlungen im Computer- und Elektrobereich. Aber was ist, wenn man nicht mehr jung ist? Wenn man die Ausbildung nicht hat, die man für einen der neu entstehenden Jobs benötigt?

Infobox 1.1: Freie Exportzonen

Freie Exportzonen, manchmal auch Freihandelszonen oder im Spanischen Maquiladoras genannt, sind Sonderwirtschaftszonen. Sie entstanden seit den späten 1960er-Jahren in Entwicklungs- und Schwellenländern, um ausländische Direktinvestitionen in unterentwickelte Regionen zu bringen. Teils staatlich, teils privat verwaltet, herrschen in den Zonen besonders günstige Bedingungen bezüglich Steuern und Zöllen (bei der Einfuhr von zu bearbeitenden Teilen), um den sich ansiedelnden Unternehmen, vor allem in arbeitsintensiven Industrien wie der Textil- und Elektrobranche, einen Konkurrenzvorteil zu bieten. In vielen der von Zäunen umgebenen und von Sicherheitsdiensten bewachten Sonderwirtschaftszonen ist aber auch nationales Arbeits-, Gesundheits- und Umweltrecht teilweise außer Kraft gesetzt bzw. wird absichtlich nur unzureichend durchgesetzt.

In der Kontroverse über den entwicklungspolitischen Nutzen der Freien Exportzonen verweisen die Befürworter auf die zahlreich entstandenen Arbeitsplätze, vor allem für junge Frauen. Über eine Million Menschen sind weltweit in Freien Exportzonen beschäftigt. Kritik richtet sich gegen die geringe Vernetzung der Zonen mit der sie umgebenden lokalen und regionalen Wirtschaft, sodass die positiven Wirkungen auf die direkt Beschäftigten begrenzt bleiben. Diese aber leiden unter schlechten Arbeitsbedingungen und der Umweltverschmutzung und sind zudem oft nur befristet beschäftigt. Des Weiteren, so die Kritiker, wird mit den Sonderbedingungen ein »Wettlauf nach unten« zwischen den Entwicklungsländern ausgelöst, der letztendlich allen schadet (vgl. dazu auch Kapitel 4).

Für die kanadische Journalistin Naomi Klein, ein Star der globalisierungskritischen Bewegung, bedeutet Globalisierung vor allem grenzüberschreitende Ausbeutung. In ihrem Buch »No Logo« deckt sie die Arbeitsbedingungen hinter dem schönen Schein der Markenprodukte auf. Niedrige Löhne, laxe Umweltregeln und Steuergeschenke locken multinationale Unternehmen in sich entwickelnde Länder, so Klein. Zwar entstünden Arbeitsplätze durch deren Aufträge, aber eben nur so lange, bis die vagabundierenden Unternehmen anderswo noch bessere, sprich billigere Bedingungen fänden. Kinderarbeit und Menschenrechtsverletzungen sind in den Weltmarktfabriken an der Tagesordnung, schreibt Klein. Überdies exportiere der Westen mit den Fabriken unbekümmert seine Umweltschäden. Gerade die »Freien Exportzonen«, schreibt sie, seien wenig entwicklungsfördernd, weil sie kaum an das Gastgeberland angebunden seien. Es entstünde keine über die Zone hinausgehende wirtschaftliche Infrastruktur, und die zumeist jungen Beschäftigten erhielten selten eine zukunftsträchtige Ausbildung.

Die Organisation für Handel und Entwicklung der Vereinten Nationen (UNCTAD) befürchtet in ihrem Bericht für das Jahr 2002 zudem, dass bei den freien Exportzonen Überkapazitäten entstanden seien, die zu einem ruinösen Preiskampf führen können. Studien von Umweltorganisationen zeigen immer wieder, dass der Globalisierung heutigen Musters ökologische Grenzen gesetzt sind.

Wie verträgt sich diese Kritik mit den Verheißungen der Globalisierung, von denen wir täglich auf den Wirtschaftsseiten der Zeitungen lesen können? Muss nur besser vermittelt werden, dass freier Handel, dass Liberalisierung und Flexibilisierung wohlfahrtsfördernd sind und dass langfristig der »Wandel durch Handel«, so der Bundesverband der deutschen Industrie (BDI) zur Gemeinsamen Erklärung »Internationaler Schutz der Menschenrechte und Wirtschaftstätigkeit«, auch die Demokratie und die Einhaltung der Menschenrechte fördert? Oder müssen sich die Befürworter dieser Form der vornehmlich ökonomischen Globalisierung für Kritik öffnen? Wie steht es z. B. mit dem Vorwurf aus Entwicklungsländern, dass die Industriestaaten Globalisierung und Liberalisierung nur dann befürworten, wenn es ihnen passt, die Handelsschranken und Subventionen für Agrarprodukte aber hoch bleiben?

Globalisierung entfaltet unterschiedliche Wirkungen abhängig vom Ort. Manche nennen sie deshalb auch in einer Verballhornung von Global und Lokal »Glokalisierung«. Wenn ein Unternehmen einen Betrieb in ein anderes Land verlagert, produziert es gleichzeitig Gewinner und Verlierer. Lyzel und Marial freuen sich über die neu entstehenden Jobs, während deutsche, amerikanische oder französische Fabrikarbeiterinnen und -arbeiter sorgenvoll der Schließung ihres Betriebs und dem Verlust ihres Arbeitsplatzes entgegensehen. Heute nehmen beide Seiten diese Globalisierungsprozesse noch weitgehend ohnmächtig zur Kenntnis. In den entwickelten Ländern gibt es meist noch eine soziale Abfederung des Strukturwandels, von dem wir »wissen«, dass er unter den Bedingungen der Globalisierung und des Weltmarkts notwendig ist.

Doch Globalisierung ist kein »natürlicher«, objektiven ökonomischen Gesetzen folgender Prozess, sondern Folge vornehmlich politischer Entscheidungen. Diese lassen sich nicht einfach zurücknehmen, da sie in internationalen Verträgen festgeschrieben sind, viele Unternehmen sich an ihnen orientieren und es zur Änderung in der Regel eines internationalen Konsenses bedarf. Aber die Regeln können unterschiedlich interpretiert und angewendet, können abgeändert und schrittweise weiterentwickelt werden. Dies haben auch viele Kritiker erkannt, die Globalisierung nicht länger einfach nur verhindern, sondern sie gestalten wollen.

Um die Gestaltungsmöglichkeiten soll es in diesem Buch gehen. Dabei wollen wir jedoch nicht aus den Augen verlieren, vor welchen Schwierigkeiten das aktive Gestalten steht. In den Worten von UN-Generalsekretär Kofi Annan: »Die Globalisierung der Wirtschaft ist eine Tatsache. Aber ich fürchte, dass wir ihre Anfälligkeit unterschätzt haben. Die Erweiterung der Märkte übersteigt bei weitem die Fähigkeit der Gesellschaften und ihrer politischen Systeme, sich daran anzupassen, geschweige denn ihren Kurs zu bestimmen.«[5]

Anmerkungen

1 Forrester, Viviane, 1998: Der Terror der Ökonomie, München; Hardt, Michael, und Antonio Negri, 2002: Empire. Die neue Weltordnung, Darmstadt; Klein, Naomi, 2001: No Logo! Der Kampf der Global Players um Marktmacht. Ein Spiel mit vielen Verlierern und wenigen Gewinnern, München.
2 Deutscher Bundestag, 2002: Schlussbericht der Enquete-Kommission »Globalisierung der Weltwirtschaft – Herausforderungen und Antworten« (Drucksache 14/9200).
3 Bundesverband deutscher Banken, 2000: Deutschland – Europa – Welt. Die Deutschen vor den Herausforderungen der Globalisierung. Infodienst Inter/esse 11/2000; www.bdb.de/pic/artikelpic/062003/ie-1100.pdf.
4 Litz, Christian, 2002: Na Logo, in: Süddeutsche Zeitung, Magazin, Nr. 10, S. 4–12.
5 UNCTAD, 2003: UNCTAD Annual Report 2002 (UNCTAD/EDM/2003/3), Geneva. Annan, Kofi, 2000: Globalization and Governance, New York, United Nations.

II Was ist Globalisierung?

Als Begriff und Begründungsansatz ist Globalisierung in der öffentlichen Diskussion nur wenige Jahre alt. Wenngleich die Bedeutung des Weltmarktes als Absatzmarkt seit langem im Bewusstsein der deutschen Bevölkerung verankert ist (Stichwort »deutsche Wertarbeit«), fand erst in den 90er-Jahren die Vorstellung weite Verbreitung, dass das Sozialstaatsniveau, die Lohnhöhe sowie die Art und Weise, wie der Staat infrastrukturelle Leistungen erbringt, zunehmend globalen Prozessen angepasst werden müssten.

Bevor der Begriff Globalisierung in Mode kam, wurde von Internationalisierung gesprochen. Damit sollte darauf hingewiesen werden, dass die wirtschaftlichen Aktivitäten zwischen (»inter«) den Nationen zugenommen haben. Die Betonung lag noch auf »Nationen«, da man davon ausging, dass die jeweilige Nation in ihren Grenzen und insbesondere in ihrer Fähigkeit, diesen Grenzen Geltung zu verschaffen, bestehen blieb. Unternehmen, die nicht nur ins Ausland exportierten, sondern dort auch produzierten, wurden multi- bzw. transnationale Konzerne genannt. Doch wirklich »multi«-national, d. h. in mehreren Ländern gleichermaßen heimisch, waren nur die wenigsten Unternehmen. Auch heute noch werden die meisten global agierenden Konzerne von ihrem ursprünglichen Stammsitz und von Personen aus dem Land dieses Stammsitzes geführt. Deshalb trifft die Bezeichnung »transnational« eher zu, da sie das über die Grenzen einer Nation Hinausgehende betont.

Die frühen transnationalen Konzerne verhielten sich zumeist auch im Ausland »national«, d. h., ihre Produktions- und Verkaufsstrategien waren auf den jeweiligen nationalen Markt gerichtet. Ihre ausländischen Produktionsstätten hatten vor Ort ihre Zulieferer und bedienten im Wesentlichen den dortigen Markt. In manchen Fällen unterschied sich ihr ausländisches von ihrem heimischen Produkt ganz erheblich: Ein bei Köln hergestellter Ford Taunus hatte keine Ähnlichkeit mit einem Ford in den USA. Doch war es gerade die Firma Ford, die Ende der 70er-Jahre diese nationalen Beschränkungen mit einem »Weltauto« überwinden wollte: Die einzelnen Teile wie Motoren, Scheinwerfer oder Sitze kamen aus Ford-Werken (fast) aller Erdteile, und das Auto, ein Escort, wurde dann in wenigen, wiederum um den Globus verteilten Endmontagewerken zusammengebaut und nahezu identisch weltweit vertrieben (für England das Lenkrad auf der rechten Seite, für die USA größere Stoßstangen etc.).

Im ersten Anlauf misslang diese Strategie, die Koordinationsprobleme waren zu groß, und der Geschmack der Kundschaft war noch zu national geprägt. Das Prinzip war jedoch zukunftsweisend, und im Laufe der 80er-Jahre wurde es von vielen Managementberatern zur Nachahmung empfohlen, allerdings in leicht abgewandelter Form: Nicht für die ganze Welt, sondern jeweils für eines der drei großen Wirtschaftsgebiete (Nordamerika, Westeuropa und Japan, die so genannte Triade) sollte es verwirklicht werden.[1] Doch bereits wenige Jahre später, zu Beginn der 90er-Jahre, entdeckte die betriebswirtschaftliche Literatur die Globalisierung, und »Management-Gurus« wie Kenichi Ohmae von der Wirtschaftsberatungsfirma McKinsey empfahlen den Firmen, global zu denken. Sie sollten sich nicht nur bezüglich ihrer Absatzgebiete und Produktionsstandorte global positionieren, sondern auch hinsichtlich ihrer Eigentümerstrukturen und ihres Führungspersonals. Zugleich plädierte diese Literatur für das vollständige Verschwinden nationaler Grenzen (»borderless world«), mit anderen Worten: Die Firmen sollten sich zunehmend so verhalten, als gäbe es keine nationalen Grenzen mehr.

Die Abkehr der osteuropäischen Staaten sowie der Sowjetunion vom Sozialismus zwischen 1989 und 1991 war ein entscheidender Impuls für die Globalisierung. Unter sozialistischen Vorzeichen war der Außenhandel nur schwach entwickelt und politischen Vorgaben unterworfen. Innerhalb des sozialistischen Lagers galt das Prinzip möglichst großer wirtschaftlicher Eigenständigkeit (Autarkie). Durch verschiedene Boykottmaßnahmen des westlichen, kapitalistischen Lagers (z. B. nach dem Einmarsch der Sowjetunion in Afghanistan) erhielt dieses Prinzip immer wieder Bestätigung, obgleich der Wunsch nach westlicher Technologie durchaus zu einem Warenaustausch mit dem Westen führte. Mit dem Fall der Mauer und der Auflösung der Sowjetunion konnten jedoch kapitalistisch geführte Unternehmen mit nur geringen Beschränkungen auf den Märkten dieser Länder ihre Produkte direkt absetzen, Zugang zu Rohstoffen gewinnen und die dortigen Arbeitskräfte beschäftigen. Die Volksrepublik China hatte schon einige Jahre zuvor, ohne Machtaufgabe der kommunistischen Partei, mit der Einführung marktwirtschaftlicher Elemente insbesondere in ihren Küstenregionen begonnen, doch ihre Beteiligung am Welthandel gewann erst nach 1990 richtig an Fahrt *(vgl. Abb. 2.1)*.[2]

Ab Mitte der 90er-Jahre öffnete sich auch Indien, die bevölkerungsreichste Demokratie der Welt, zwar zögerlich, aber doch merkbar gegenüber dem Welthandel. Somit traten im Laufe der 90er-Jahre drei große Regio-

Abb. 2.1: Die Außenhandelsentwicklung Chinas (Güter und Dienstleistungen)

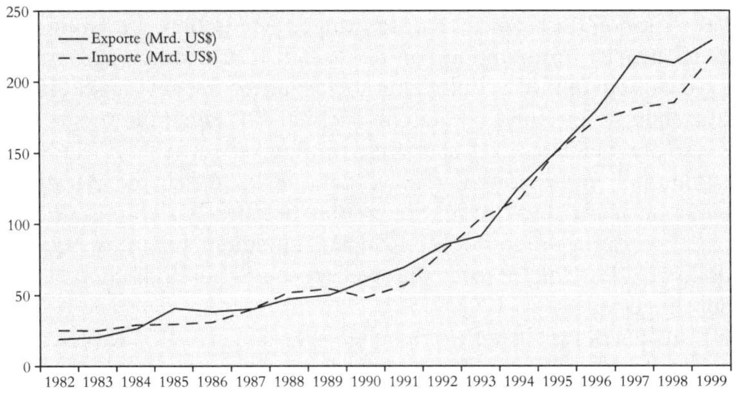

Quelle: International Bank for Reconstruction and Development / World Bank Group, The 2001 Global Development Finance Advance Release; eigene Darstellung.

nen, in denen fast die Hälfte der gesamten Bevölkerung lebt, auf den Weltmarkt. Dieser erreichte damit wahrhaftig globale Dimensionen. Nur noch sehr wenige, kaum ins Gewicht fallende Nationen (insbesondere Nordkorea) bleiben auf eigenen Wunsch von ihm abgekoppelt. Obwohl große Teile der Welt nur wenig am gesamtwirtschaftlichen Austausch teilnehmen, erfolgt deren geringe Einbindung nicht aus freiem Willen, sondern ist Folge ihrer Schwierigkeiten, sich in der globalen Arbeitsteilung erfolgreich zu behaupten.

Warum wird, wenn heute schon fast alle Menschen dieser Welt in die globale Arbeitsteilung einbezogen sind, noch der Begriff Globalisierung verwendet, der ja einen Prozess und nicht einen endgültigen Zustand beschreibt? Der Endzustand, Globalität, ist noch nicht und wird sicherlich auch nicht so bald erreicht sein, denn selbst auf wirtschaftlichem Gebiet – auf der Ebene der Politik ohnehin – machen sich staatliche Grenzen noch bemerkbar (siehe Kapitel III 2. »Der Nationalstaat in der Globalisierung«).[3]

Globalisierung ist nicht nur auf wirtschaftliche Akteure beschränkt, nationale Grenzen spielen auch für die so genannten Globalisierungskritiker immer weniger eine Rolle. Diese treffen sich an den verschiedensten Orten der Welt, sei es Genua (Italien), Porto Alegre (Brasilien) oder Seattle (USA). Sie kommen dort nicht als Mitglieder nationaler Delegationen, sondern international operierender Nichtregierungsorganisationen (NGOs) zusammen.

Auch der Geschmack beim Kauf von Kleidung, Nahrungsmitteln und Autos, also der äußere Lebensstil, nähert sich zumindest in den wohlhabenden Weltregionen, insbesondere unter jungen Menschen, an. Konnten früher amerikanische Studierende von deutschen u. a. dadurch unterschieden werden, dass Erstere ihre Schulbücher locker unterm Arm trugen, während die Deutschen sie in eine Ledertasche packten, so tragen die meisten heute Rucksäcke der gleichen Hersteller auf dem Rücken. Auch der Medienkonsum ist deutlich internationaler geworden, sei es durch die Ausstrahlung vor allem amerikanischer Produktionen in nationalen beziehungsweise lokalen Fernsehsendern, durch direkten Zugang zu einem ausländischen Sender oder dadurch, dass im Internet die Website eines ausländischen »Content Provider« angesteuert wird.[4]

Die Liste der Beispiele ließe sich beliebig verlängern. Wir wollen uns hier aber auf die wirtschaftlichen Formen der Globalisierung und deren Auswirkungen konzentrieren. Wenn im Folgenden von Globalisierung die Rede ist, dann ist immer der Zusatz »der Wirtschaft« mitzudenken.

Noch eine Anmerkung zum Begriff Globalisierung: Dieser wird nicht nur verwendet, um den Prozess des Bedeutungsverlustes nationaler Grenzen für den Austausch von Waren und Zeichen (Geld, Informationen etc.) zu beschreiben, sondern auch zur Begründung von Handlungsanleitungen. Mit dem Hinweis auf Globalisierung wird empfohlen, auf nationale Technologieförderung zu verzichten, nur moderate Lohnerhöhungen zu fordern, eine Welt-Umweltschutzbehörde zu gründen etc. Mit anderen Worten: Unter Verweis auf die Globalisierung werden die unterschiedlichsten wirtschaftlichen, politischen und kulturellen Positionen vertreten. Der Begriff ist somit auch ein Kampfbegriff, und zwar im doppelten Sinne. Zum einen soll durch seinen Einsatz die jeweils eigene Position gestärkt werden, und zum anderen ist sein Bedeutungsinhalt umkämpft: Bietet die Globalisierung Chancen oder stellt sie eine Gefahr dar? Diesem Thema wenden wir uns in Kapitel III ausführlicher zu.

1. Ist die Globalisierung wirklich neu?

Wird mit Globalisierung tatsächlich ein qualitativ neuer Abschnitt gesellschaftlicher Entwicklung beschrieben, oder unterscheidet sich die heutige Periode allein quantitativ, mengenmäßig, von der bisherigen Entwicklung? Einige Autoren verneinen beispielsweise die Existenz einer globalen Wirtschaft unter Hinweis auf die verhältnismäßig geringe Dichte der Wirtschaftsbeziehungen außerhalb des jeweiligen Pols der bereits erwähnten Triade (Nordamerika, Westeuropa, Japan). Allerdings finden sich auch innerhalb von Nationalstaaten Regionen, die deutlich geringere Verflechtungen aufweisen, und dennoch wird von nationalen Wirtschaften gesprochen. Doch gilt festzuhalten, dass aus deutscher Sicht Globalisierung bisher vor allem ein europäisches Phänomen ist, da innerhalb der Europäischen Union traditionelle nationalstaatliche Hindernisse für grenzüberschreitende wirtschaftliche Aktivitäten am stärksten abgebaut wurden. Die wirtschaftliche Verflechtung mit den europäischen Partnerstaaten ist verhältnismäßig weit vorangeschritten *(vgl. Abb. 2.2)*.

Abb. 2.2: Güterhandel Deutschlands nach Regionen im Jahr 2000

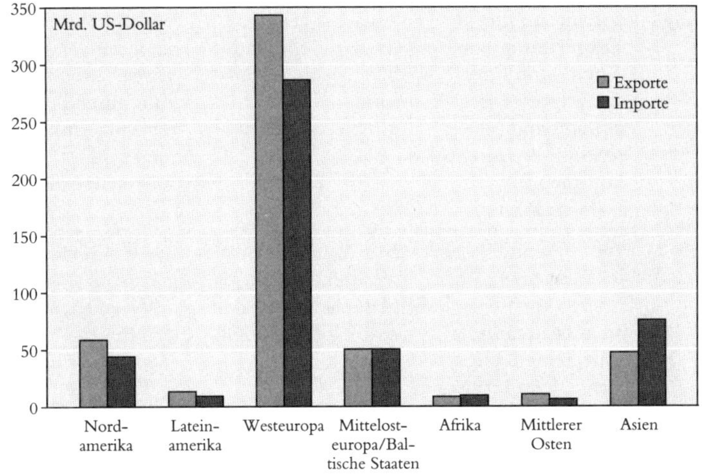

Quelle: WTO, 2001: International Trade Statistics 2001, World Trade Organisation, Genf, S. 202; eigene Darstellung.

Schwerwiegender ist der Einwand, dass sich der Grad der Internationalisierung der Volkswirtschaften um die Jahrtausendwende kaum von dem erreichten Stand zur vorherigen Jahrhundertwende, also von vor 100 Jahren, unterscheidet. Tatsächlich erreichte das Exportvolumen der führenden Industrienationen erst in den 1990er-Jahren einen Anteil an den gesamten Wirtschaftsaktivitäten (gemessen als so genanntes Bruttosozialprodukt) wie in der Zeit unmittelbar vor dem Ersten Weltkrieg *(vgl. Tab. 2.2a)*. Nicht nur der Warenhandel, sondern auch der Kapitalverkehr war damals schon

Tab. 2.2a: Globalisierung im historischen Vergleich: Handel

	vor dem Ersten Weltkrieg	fordistische Pause 1945–1973	heutige Globalisierung
Umfang	fast alle Länder und Kolonien beteiligen sich am internationalen Handel	die sozialistischen Länder setzen auf Autarkie, viele Entwicklungsländer auf Importsubstitution	fast alle Länder beteiligen sich intensiv am internationalen Handel
Intensität	für einige Länder sehr hoch, für viele aber gering	zunächst gering, zunehmend aber das Niveau vor dem Ersten Weltkrieg erreichend	für die meisten Länder im Verhältnis zum gesamten Ausstoß sehr hoch
Auswirkung	bedeutsam für die Entwicklung von Agrar- und Rohstoffexporteuren, zunehmend bedeutend für die Einkommen in Industriestaaten	zunächst gering, dann zunehmend bedeutsam, insbesondere für das Industriewachstum	wesentlicher Bestandteil der Volkswirtschaften und zunehmend bedeutend für Einkommen und Industriestruktur
Regelwerk	zunehmend bilaterale Abkommen über internationale Marktstandards, unterschiedliches Ausmaß an Protektionismus	zunehmende Zuständigkeit des multilateralen GATT, Beginn der Liberalisierung	die Welthandelsorganisation regelt zunehmend umfassend den internationalen Handel mit dem Ziel der Liberalisierung
Internationale Arbeitsteilung	Industriestaaten vs. Rohstoffe liefernde Kolonien	zunehmender Handel zwischen Industriestaaten, Rohstoffexporteure verlieren an Gewicht	hoher Industriegüteranteil bei den Exporten einiger Schwellenländer, intra-industrieller Handel

Quelle: adaptiert von Held, David, u. a., 1999: Global Transformations. Cambridge.

international entwickelt: Investitionen in Produktions- und Verkaufsanlagen (Direktinvestitionen) wurden ebenso grenzüberschreitend getätigt wie der Kauf von Staats- und Unternehmensanleihen (Portfolio-Investitionen) sowie die Vergabe von Krediten *(vgl. Tab. 2.2b und 2.2c)*. Auch technologische Errungenschaften überschritten rasch nationale Grenzen. Ein gutes Beispiel ist das Telefon, das fast zeitgleich auf beiden Seiten des Nordatlantiks erfunden wurde und dessen weitere Entwicklung durch technologischen Austausch vorangetrieben wurde.

Tab. 2.2b: Globalisierung im historischen Vergleich: Kapitalverkehr

	vor dem Ersten Weltkrieg	fordistische Pause 1945–1973	heutige Globalisierung
Umfang	fast alle Gebiete, Goldstandard nur für die führenden Volkswirtschaften	fast alle Gebiete außer sozialistischer Block	umfassend
Intensität	sehr große Kapitalströme (im Verhältnis zum Einkommen) zwischen den bedeutendsten Gläubiger- und Schuldnernationen	durch begrenzte Konvertibilität der Währungen und aufgrund von Kapitalverkehrskontrollen zunächst gering	einmalig hohe und diversifizierte Kapitalflüsse, Beschränkungen in immer weniger Ländern
Auswirkung	Kapitalzuflüsse wichtig für die Entwicklung der Schuldnernationen	absichtlich gering für Industrieländer, größere Auswirkungen für kapitalknappe Entwicklungsländer	Zinsniveau und nationale Geldpolitik durch die globalen Finanzmärkte beeinflusst
Regelwerk	Netzwerk internationaler Banken, Regierungsabkommen zum Goldstandard	Regulierung durch den Internationalen Währungsfonds, erneutes Aufkommen multinationaler Banken	IWF zentral für arme Volkswirtschaften, dichtes zwischenstaatliches Regulierungsnetz
Hierarchie	wenige Finanzplätze, Dominanz des britischen Pfund Sterling, eurozentrisch	wenige Finanzplätze, Dominanz des US-Dollar, transatlantisch, staatliche Gläubiger der Entwicklungsländer	einige Finanzplätze, US-Dollar erhält Konkurrenz, private Gläubiger der Entwicklungsländer

Quelle: adaptiert von Held, David, u. a., 1999: Global Transformations. Cambridge.

Auf einem Markt war die Internationalität gar noch wesentlich ausgeprägter als heute, nämlich auf dem Arbeitsmarkt. Die internationale Mobilität der Arbeitskräfte nahm damals verhältnismäßig einen wesentlich größeren Umfang ein. Beispielsweise erreichte die Migration in die USA (in abso-

Tab. 2.2c: Globalisierung im historischen Vergleich: Produktion

	vor dem Ersten Weltkrieg	fordistische Pause 1945–1973	heutige Globalisierung
Umfang	Aufkommen transnationaler Konzerne (TNK) in Europa und Nordamerika, Rohstoffverarbeitung im Norden	TNK aktiv in den Industrienationen, zunehmend auch in den Entwicklungsländern, ausgeschlossen vom sozialistischen Block	TNK aktiv in fast allen Ländern, Wachstum regionaler und globaler Produktions- und Distributionsnetzwerke
Intensität	TNK begrenzt auf einige Rohstoffländer und einige Industriebranchen	TNK breiten sich in der Industrie aus und dominieren einzelne Branchen	TNK herrschen im Welthandel vor und organisieren ein Viertel der Weltproduktion
Infrastruktur	Telegraf, nicht vernetzte Produktionsstätten	Telefon und Flugzeug erlauben stärkere zentrale Kontrolle	Internet erlaubt enge Verzahnung der einzelnen, räumlich getrennten Produktionsschritte
Auswirkung	wichtig für einige Rohstoffe, TNK führen in einigen Branchen neue Produkte und Produktionstechniken ein	schafft globale Konkurrenz für viele Waren und verbreitet weltweit neue Technologien	zunehmende Fähigkeit, weltweit Produktionsstandorte zu verlagern
Regelwerk	weitgehende Freiheiten für TNK	unter den Industrieländern weitgehend frei, in Entwicklungsländern Auflagen für Direktinvestitionen, in einigen auch Nationalisierung ausländischer Investitionen	Liberalisierung der Direktinvestitionen, internationale Harmonisierung nationaler Regulierung der Wirtschaft
Internationale Arbeitsteilung	Dominanz britischer und US-amerikanischer TNK, im Süden vornehmlich Investitionen in die Rohstoffgewinnung	Dominanz US-amerikanischer TNK, Aufkommen europäischer und japanischer TNK, Konzentration auf Industrieländer	Dominanz der OECD-TNK, Verlagerung der Produktion in einige wenige Schwellenländer

Quelle: adaptiert von Held, David, u. a., 1999: Global Transformations. Cambridge.

luten Zahlen) erst in den 90er-Jahren das Niveau von vor dem Ersten Weltkrieg. Im Verhältnis zur Gesamtbevölkerungszahl fällt selbst für die USA, liberalstes Einwanderungsland unter den Industrienationen heutzutage, die Zuwanderung deutlich geringer aus als vor 100 Jahren: drei Prozent gegenüber zehn Prozent. Durch die großen Kolonialreiche der europäischen Mächte, allen voran Großbritannien, wurden außerdem politische Entscheidungen für weltweit verstreute Gebiete getroffen *(vgl. Tab. 2.2d)*.[5]

Tab. 2.2d: Globalisierung im historischen Vergleich: Migration

	vor dem Ersten Weltkrieg	fordistische Pause 1945–1973	heutige Globalisierung
Umfang	starke Migration in Richtung Amerika und Australien	Begrenzung der Migration nach Amerika, starke Migration innerhalb Europas	begrenzte Öffnung US-amerikanischer Grenzen, Schließung der Außengrenzen der Europäischen Union, Anstieg der Flüchtlingszahl, hohe Mobilität von Fachkräften
Auswirkung	Bevölkerungsventil für Europa, Basis für das Wirtschaftswachstum der USA	»Verschmelzung« der US-amerikanischen Bevölkerung, Überwindung von Produktionsengpässen in Europa	Multikulturalisierung der USA und Westeuropa, *brain-drain* (Abwanderung hoch qualifizierter Personen) im Süden, billige Arbeitskräfte im Norden
Regelwerk	Entwicklung von Einwanderungspolitiken	ausgeprägte nationale Einwanderungskontrollen	Zunahme illegaler Migration, internationale Abkommen für Flüchtlinge, zunehmende Überwachung der Migrationsströme
Hierarchie	Unterscheidung zwischen nord-, süd- und ost- sowie außereuropäischen Einwanderern	unterschiedliche Behandlung von Führungskräften und »Gastarbeitern«	Unterscheidung von legalen und illegalen Einwanderern, Zunahme von Menschenhandel

Quelle: adaptiert von Held, David, u. a., 1999: Global Transformations. Cambridge.

2. Die »Fordistische Pause«

Was war im 20. Jahrhundert geschehen? Beginnend mit dem Ersten Weltkrieg und verschärft durch die Weltwirtschaftskrise ab 1929 brach der Weltmarkt im Zweiten Weltkrieg vollends zusammen. Zugleich wurden Vorstellungen populär, dass wirtschaftlicher Wohlstand nicht primär durch Teilnahme an der internationalen Arbeitsteilung erreicht werden könnte. Diese Überlegungen umspannten ein breites Spektrum. Auf der einen Seite stand die Idee von einer autarken Großraumwirtschaft angrenzender Länder. Im Falle des nationalsozialistischen Deutschlands sollte die Großraumwirtschaft Kontinentaleuropa und Sibirien umfassen, bei Japan ging es um China und den südostasiatischen Raum. In beiden Ländern wurde diese Vorstellung nach innen mit diktatorischen und nach außen mit kriegerischen Methoden verfolgt. Frankreich und England setzten vor allem auf ihre bereits eroberten Kolonialreiche: Mittels so genannter Zollpräferenzen, die die Handeltreibenden innerhalb des Kolonialreichs gegenüber den Außenstehenden bevorzugten, sowie der eigenen Währung sollten diese zu einem Wirtschaftsblock zusammengeschmiedet werden.[6]

Von den großen Mächten hielten allein die USA am offenen Weltmarkt fest. Sie setzten weiterhin auf ihre »Open Door«-Politik, die den freien Zugang zu allen Ländern sichern sollte. Gleichwohl gaben sie der Entwicklung ihres eigenen, sehr großen Binnenmarktes Vorrang. Dabei bedienten sie sich der Ideen des englischen Ökonomen Lord Maynard Keynes (1883–1946). Laut Keynes führt die scharfe Konkurrenz in der Krise zu Lohnkürzungen, die eine Schwächung der Nachfrage bewirken, die wiederum die Konkurrenz verschärfen (Keynesianismus). Er riet in einer solchen Situation zu mehr Staatsausgaben, um damit die gesamtwirtschaftliche Nachfrage zu stärken und diese Spirale nach unten zu stoppen.[7] Der Zweite Weltkrieg gab Anlass für eine gewaltige Steigerung der US-Staatsausgaben und führte die USA aus der Wirtschaftskrise heraus. Nach 1945 sorgten die bewusste Hinwendung zu den Einsichten Keynes sowie eine starke Gewerkschaftsbewegung dafür, dass die staatlichen Ausgaben nicht zu rasch gekürzt wurden und die Löhne stiegen. Die Einführung von Sozialkassen sicherte zusätzlich noch die Nachfrage.

Diese Art der Entwicklung der Binnennachfrage wird auch als »Fordismus« bezeichnet. Der Begriff bezieht sich auf Henry Ford (1863–1947), der das Fließband in die Automobilproduktion einführte. Diese und weitere Innovationen lösten eine Produktivitätsrevolution bei der Autoherstellung aus: Zur Herstellung eines Autos wurden deutlich weniger Arbeitsstunden als zuvor benötigt. Damit es aber genügend Leute gab, die sich das Model T von Ford leisten konnten, trat er für Maßnahmen zur Stärkung der wirtschaftlichen Nachfrage ein, wie zum Beispiel hohe Löhne. Er selbst zahlte diese allerdings nur, solange er Monopolist für preisgünstige Autos war; als er von General Motors eingeholt wurde, fielen seine Löhne auf ein Niveau unterhalb des Durchschnitts. Erst das Entstehen starker Gewerkschaften im Laufe der 1930er-Jahre brachte den Beschäftigten von Ford in den 50er-Jahren den Wohlstand, der sie zu starken Nachfragern nach Automobilen werden ließ.[8]

Sozialwissenschaftlich ausgedrückt bezeichnet Fordismus somit eine spezifische Entwicklungsphase, die auf der relativ gleichläufigen Entwicklung von industrieller Massenproduktion und standardisiertem Massenkonsum der Lohnabhängigen basierte. Die Massenproduktion von Konsumgütern erfolgte auf der Grundlage des tayloristisch-fordistischen Produktionsmodells. Dieses beruhte zum einen auf der Rationalisierung der Produktion durch eine feingliedrige Arbeitsteilung sowie durch eine rigide Trennung von Arbeitsausführung und -kontrolle; zum anderen auf einer weitestgehenden Standardisierung von Produkten und Fertigungsprozessen, die den maschinen- oder fließbandgesteuerten Produktionstakt zur Basis der Arbeits- und Leistungsregulierung machten.

Zur Entfaltung der Massenkonsumtion war vor allem die Koppelung der Reallohnsteigerungen (Lohnsteigerungen nach Abzug der Preissteigerungen) an das Wachstum der Arbeitsproduktivität erforderlich. Diese wurde direkt gewährleistet durch Tarifverträge, die sich am gesamtwirtschaftlichen Produktivitätsfortschritt orientierten, indirekt durch Sozialversicherungen die Konzentration der Macht in einzelnen Branchen auf wenige Konzerne (Oligopolisierung) oder die staatliche Regulierung wichtiger Märkte, die staatliche Geldpolitik und eine antizyklische Konjunktursteuerung (Wirtschaftspolitik, die in Boomphasen bremst und in Abschwungsphasen Wachstum fördert).[9]

Zur Blütezeit des Fordismus in den USA, also in den 50er- und 60er-Jahren, spielte der Außenhandel kaum eine Rolle, der grenzüberschreitende Kapitalverkehr wurde zeitweise beschränkt, die ausländischen Tochtergesellschaften boten häufig andere Produkte an (z. B. Opel Kadett anstelle eines Chevy), auf den meisten Märkten des verarbeitenden Gewerbes herrschten feste Oligopole (eine kleine Zahl von Anbietern, die ihre Preise abstimmen), den privaten Anbietern von infrastrukturellen Leistungen (vom Stromerzeuger bis zur Fluggesellschaft) wurden Serviceniveau und Preise staatlicherseits vorgeschrieben – selbst die Banken konnten ihre Zinsen nicht frei setzen – und die Entwicklung der Tariflöhne spiegelte die Produktivitätsentwicklung wider.

Heute hat der Außenhandel einen Anteil am Bruttoinlandsprodukt von über 18 Prozent, der Kapitalverkehr ist unreguliert. Die Tochtergesellschaften von US-Konzernen sind in eine komplexe internationale Arbeitsteilung integriert. Wo Oligopole herrschen, sind sie international organisiert. Der Infrastrukturbereich ist dereguliert, und die Löhne hinken dem Produktivitätswachstum hinterher. Für Deutschland, dessen westdeutscher Teil in der Nachkriegszeit stärker in die Weltwirtschaft integriert war, fallen diese Unterschiede zwar geringer, aber ebenfalls bedeutend aus.

Gegenüber den 60er-Jahren nahm auch die grenzüberschreitende Mobilität der Arbeitskräfte zu (1965 wurden die Einwanderungsbeschränkungen in den USA erheblich gelockert), wenngleich das Ausmaß, das sie zur Zeit der Jahrhundertwende hatte, nur absolut, aber noch nicht im Verhältnis zur Gesamtbevölkerung erreicht wurde. Die viel beschworene Beschleunigung der Finanztransaktionen dürfte hingegen keine neue Qualität im Verhältnis zu der Zeit vor dem Ersten Weltkrieg darstellen, denn bekanntlich ist Geschwindigkeit relativ. Im Verhältnis zur damaligen Langsamkeit des Alltags war ein Morsezeichen mindestens so schnell wie heute ein Computerklick.

Abb. 2.3: Die »fordistische Pause« der Globalisierung

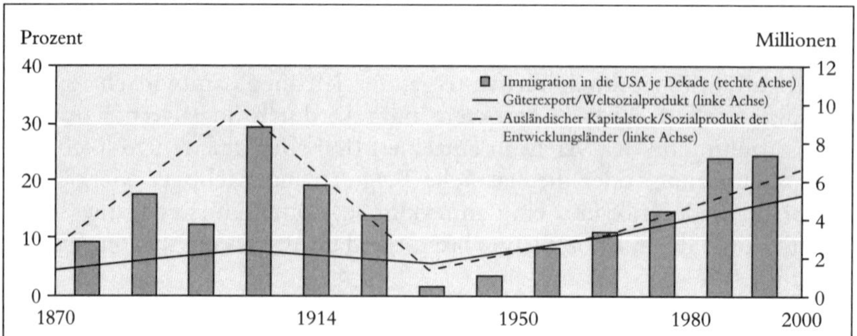

Quelle: International Bank for Reconstruction and Development / World Bank, 2002: Globalization, Growth, and Poverty: Building an inclusive World Economy, World Bank Policy Research Report, Washington DC, New York.

Vielmehr unterscheidet sich die heutige internationale Finanzwelt von der früheren durch ein dichtes Regelwerk und Auffangnetz. Die Zahlungsschwierigkeiten Argentiniens im Jahre 1890 hinterließen über den Kollaps der Londoner Baring Brothers deutlichere Spuren in den damaligen Metropolen als der zweite Bankrott der Baring Bank 1995 und selbst als die Asienkrise von 1997 in den heutigen entwickelten Industrieländern. Natürlich stellen »vor Ort« solche Krisen heute genauso eine Katastrophe für weite Teile der Bevölkerung dar wie früher. Abbildung 2.3 vermittelt eine stark vereinfachende Darstellung des Stands der Globalisierung vor dem Ersten Weltkrieg, während der fordistischen Pause und heute.[10]

3. Antriebskräfte der Globalisierung

Wenngleich Handel schon seit Menschengedenken betrieben wurde, entwickelte er sich erst im großen Stil, als sich ab dem 16. Jahrhundert einerseits das Privateigentum an Produktionsmitteln durchsetzte und andererseits ein Teil der Bauernschaft von den vielfältigen Bindungen an die Scholle »freigesetzt« wurde. Zuvor hatten politische Motive der Entfaltung des Handels immer wieder Grenzen gesetzt: durch eine zu hohe Steuerlast, aus Neid gegenüber dem aus dem Fernhandel gewonnenen Reichtum, aufgrund überlieferter Vorstellungen von gerechten Preisen und standesgemäßen Einkommen. In China, das im 14. Jahrhundert über eine leistungsstarke Handelsflotte verfügte, verbot der kaiserliche Hof zum Beispiel im Jahre 1415 die Handelsseeschifffahrt. Die Gründe für dieses Verbot sind noch nicht gänzlich geklärt, doch dürfte die Sorge um ein Auseinanderdriften der wohlhabenden Küstenregionen und dem ärmeren Landesinnern eine Rolle gespielt haben.[11]

Ohne Arbeitskräfte, die relativ flexibel für die Produktion von Exportwaren eingesetzt werden können, hätte sich eine über den Warentausch zusammenhängende internationale Arbeitsteilung nicht auf so breiter Basis durchsetzen können. Diese Arbeitskräfte waren entweder Sklaven (beispielsweise im Süden der USA auf den Baumwollplantagen, die lange Zeit eine ihrer wichtigsten Exportbranchen waren) oder – im zunehmenden Maße – die so genannten doppelt freien Lohnarbeiter, die zwar nicht mehr an die Grundherren gebunden waren, aber auch nicht über eigene Produktionsmittel verfügten, sodass sie also gezwungen waren, ihre Arbeitskraft frei zu verkaufen.

Die kapitalistische Wirtschaftsordnung, die auf Privateigentum und freier Lohnarbeit basiert, tendiert zur Internationalisierung. Für Kaufentscheidungen ist (im Prinzip) nicht die Herkunft oder die Hautfarbe der jeweiligen Warenbesitzerin ausschlaggebend, sondern das Preis-Leistungs-Verhältnis ihrer Waren im Vergleich zur Konkurrenz. Die Aussicht auf Profit und der Konkurrenzdruck schaffen Anreize, Unterschiede zwischen einzelnen

Wirtschaftsräumen auszunutzen, sei es durch das Angebot von Waren oder durch die Nachfrage von Waren bzw. Arbeitskräften, die im eigenen Wirtschaftsraum entweder gar nicht oder nur zu höheren Preisen angeboten werden. Wie tief verankert die Praxis ist, auf Preissignale unter Absehung der Herkunft des Produktes zu reagieren, zeigt sich bei den vielen Konsumenten, die sich zwar in Umfragen für »fair« gehandelte Produkte aussprechen, aber beim Kauf sich dann doch für die billigere Variante entscheiden.

Warum steckt in der Konkurrenz ein Zwang zur Expansion, zur grenzüberschreitenden Suche nach Absatzmärkten und Produktionsstätten? Die Konkurrenz bewirkt, dass die in eine Unternehmung investierten finanziellen Mittel rasch an Wert verlieren, wenn die Unternehmung am Markt nicht mehr mithalten kann. Verliert ein Unternehmen seine Wettbewerbsfähigkeit, kann es seine Produkte nicht zu einem Preis verkaufen, der für die Rückzahlung der investierten Mittel ausreicht. Schon allein zur Vermögenssicherung muss es bestrebt sein, mit der Konkurrenz mitzuhalten. Dazu bedarf es der Einführung neuer Produktionstechniken, neuer Produkte, neuer Organisationsformen etc. Die Senkung der Produktionskosten pro Stück wird zumeist mittels vermehrten Maschineneinsatzes erreicht. Die Größenvorteile, auch Skalenerträge genannt, bedeuten: Je mehr Produkte abgesetzt werden können, desto stärker können insgesamt die Preise gesenkt werden (bzw. desto höher sind die Profite).

Besonders ausgeprägt sind die Skalenerträge bei der Entwicklung von Software: Die Entwicklungskosten eines neuen Programms sind sehr hoch, doch beim Verkauf der einzelnen Software entstehen fast nur Kosten für die CD-ROM, auf der das Programm gespeichert ist, und für den Versand. Um die ursprünglichen Entwicklungskosten wieder »reinholen« zu können, müssen also möglichst viele Einheiten des Programms verkauft werden. Somit besteht ein Anreiz, Absatzmärkte auch jenseits der Grenzen zu finden.

Anstelle von oder in Kombination mit Investitionen in neue Produktionstechniken kann Wettbewerbsfähigkeit allerdings auch gesichert werden, indem billigere Zulieferer oder Arbeitskräfte gefunden bzw. diese zu Preis-/Lohnsenkungen gezwungen werden. Durch regionale bzw. nationale Unterschiede werden sie häufig gerade jenseits der Grenzen gefunden.

Der Konkurrenzmechanismus, der die grenzüberschreitende Arbeitsteilung vorantreibt, ist jedoch zugleich auch eine Ursache von Grenzziehungen. Denn diejenigen, die im Wettbewerb nicht mithalten können, werden versucht sein, die Konkurrenz von ihrem angestammten Markt fernzuhalten.

Die Eindämmung oder Ausschaltung von Konkurrenz kann auf unterschiedlichen Wegen erfolgen. Das klassische Mittel ist der staatliche Protektionismus zugunsten der heimischen Industrie in Form von Einfuhrverboten, mengenmäßigen Einfuhrbeschränkungen (Kontingenten) und Zöllen. Im Laufe der Zeit sind noch weitere Instrumente entwickelt worden, insbesondere können nationale technische Standards sowie bürokratische Hürden die ausländische Konkurrenz behindern (»nichttarifäre Handelsbarrieren«).

Keines der führenden Industrieländer hat auf protektionistische Instrumente verzichtet. Selbst England, das Geburtsland der industriellen Revolution, hat sich zu Beginn seiner industriellen Entwicklung gegen die holländischen Textilmanufakturen geschützt; später hat es seine Kolonien daran gehindert, eigene Industrien zu entwickeln. Letzteres war bekanntlich einer der Gründe für die nordamerikanischen Kolonien, sich von England zu lösen. Schon bald nach ihrer Unabhängigkeit haben die Vereinigten Staaten von Amerika die Entwicklung ihrer eigenen Industrie mittels einer Hochzollpolitik geschützt (ab 1824). Der deutsche Befürworter des Schutzzollargumentes, Friedrich List (1789–1846), hat sowohl den praktischen Nutzen von Zöllen als auch die wirtschaftstheoretische Begründung dort kennen gelernt. Die USA haben diese Hochzollpolitik auch noch weiter betrieben, nachdem ihre eigenen Industrien weltweit in Führung gegangen waren (ab 1900).[12]

Die Behinderung des Wettbewerbs kann jedoch auch privat erfolgen, indem sich die Konkurrenten untereinander absprechen, also ein Kartell bilden. In der Zeit zwischen den beiden Weltkriegen haben die Großunternehmen in vielen Branchen den Markt nach Weltregionen unter sich aufgeteilt. Auch heute kommt es immer wieder zu solchen Absprachen, die aber im Unterschied zu damals nicht als legitim angesehen und von den Kartellbehörden verfolgt werden, sofern diese Unternehmen ihren Sitz innerhalb der OECD (Organisation für wirtschaftliche Zusammenarbeit und Entwicklung) haben. Die Regierungen einzelner Nationen können für ihre Unternehmen gleichfalls solche Absprachen treffen; bekanntestes Beispiel ist das Kartell der Erdöl fördernden Nationen OPEC (Organisation Erdöl exportierender Länder).

Doch auch wettbewerbsstarke Unternehmen nutzen staatlichen Schutz, und zwar insbesondere gegenüber Nachahmern. Denn viele Produkte, die unter einem hohen Aufwand an Forschung und Entwicklung entstanden sind, können mit deutlich geringeren Kosten nachgeahmt werden. Dazu gehören insbesondere Arzneimittel und Software. Die Nachahmer verfügen deshalb über einen Konkurrenzvorteil. Mittels staatlichen Patentrechts können sich forschungsintensive Unternehmen gegenüber ihren Nachahmern schützen.

Die Weltorganisation für geistiges Eigentum (World Intellectual Property Organization, WIPO) und das Abkommen über handelsbezogene Aspekte der Rechte des geistigen Eigentums (Trade Related Intellectual Property Rights, TRIPS) sorgen dafür, dass der Patentschutz mittlerweile in weiten Teilen der Welt gilt. Doch im Vergleich zum klassischen Protektionismus, der etlichen Ländern erlaubte, gegenüber der stärkeren Konkurrenz aufzuholen, zementiert ein weltweit durchgesetzter Patentschutz eher das Gefälle zwischen industriell entwickelten und weniger entwickelten Regionen, da ein zentrales Instrument zum Aufholen, das Nachahmen, nicht länger zur Verfügung steht.

So ist der Konkurrenzmechanismus also einerseits ein starker Anstoß, grenzüberschreitend zu exportieren; andererseits besteht gerade deshalb für die weniger wettbewerbsstarken Unternehmen bzw. Länder ein starker Anreiz, sich gegenüber der erfolgreicheren ausländischen Konkurrenz abzuschotten.

Diese zwei gegenläufigen Tendenzen tragen zur Erklärung bei, warum sich die Globalisierung seit ihrer »Geburt« im 16. Jahrhundert nicht linear, kontinuierlich durchsetzte, sondern es immer wieder auch zu einer Rücknahme grenzüberschreitender Wirtschaftsverflechtungen kam.

Warum hat sich die Globalisierung dennoch meist als stärkere Tendenz erwiesen? Als Erklärung können angeführt werden: die Macht zweier Ideen und der jeweils mächtigsten Handelsnation, das Vorhandensein von »Trittbrettfahrern«, das Interesse an unternehmerischer Freiheit sowie schließlich technische Möglichkeiten. Diese Gründe wollen wir im Folgenden erläutern.

3.1 Die Macht der Ideen (1): Die Freihandelsdoktrin

Die Idee von den Vorteilen des Handels auch für die vermeintlichen Verlierer stammt von David Ricardo (1772–1823). Seine Theorie der komparativen Kosten besagt, dass internationaler Handel und Arbeitsteilung selbst für solche Länder von Vorteil sind, die alle Güter zu höheren Kosten als die anderen Länder herstellen. Sie müssen sich nur auf die Produktion jener Güter spezialisieren, die sie vergleichsweise (komparativ) noch am günstigsten herstellen können. Umgekehrt gilt, dass selbst Länder, die alle Güter zu geringeren Kosten als das Ausland herstellen können, sich gleichfalls besser stellen, wenn sie sich nur auf die Produktion jener Güter spezialisieren, die sie relativ am günstigsten herstellen können.

Mit anderen Worten: Dadurch, dass sich die Handelspartner spezialisieren, optimieren sie insgesamt das Verhältnis zwischen Ressourceneinsatz

(Arbeit, Maschinen, Land) und ihrem Warenausstoß. Der heutige Wohlstand basiert darauf, dass die Güter produktiver als früher hergestellt werden können. Die überwältigende Mehrheit der Wirtschaftswissenschaftler stimmt auch heute noch Ricardos Theorie zu.[13]

Gleichwohl kann ein einzelnes Land, bevor es sein optimales Spezialisierungsprofil entwickelt hat, in der Konkurrenz mit wettbewerbsstärkeren Ländern durch die Verdrängung seiner eigenen Industrie empfindliche Beschäftigungsverluste erleiden. Und selbst wenn es seine Spezialisierung entdeckt und umgesetzt hat, kann sich durchaus herausstellen, dass sich diese langfristig ungünstig auswirkt. Denn nicht von jeder Spezialisierung gehen die gleichen positiven Effekte für die gesamte Volkswirtschaft aus. Ein krasses Beispiel: Ein Land, das sich auf die Kultivierung weniger landwirtschaftlicher Produkte spezialisiert hat, ist nicht nur stärker den Wechselfällen der Witterung ausgesetzt, sondern versäumt durch diese Spezialisierung, wichtige Erfahrungen auf Gebieten des industriellen Fortschritts zu sammeln.

Die Entwicklung der technologischen Schlüsselindustrien birgt nämlich einige Vorteile: Erstens lassen diese sich weniger schnell nachahmen, und zweitens werden sie in vielen Wirtschaftszweigen nachgefragt, sodass mit ihnen höhere Preise und somit höhere Gewinne erzielt werden können; drittens steigert ihr Einsatz in vielen Bereichen allgemein die Produktivität und somit den Wohlstand (siehe Kapitel III 1. »Der globale Süden«). Schließlich sind sie häufig für die Kriegführung bzw. für die Verteidigung einsetzbar, sodass sie sich auch machtpolitisch auszahlen. Somit bestanden für die meisten Länder, und zwar für all jene, die nicht an vorderster Front der industriellen Entwicklung marschierten, immer gute Gründe, sich nicht oder nur begrenzt an die Freihandelsdoktrin zu halten.[14]

Dennoch blieb im Weltmaßstab diese Doktrin sehr erfolgreich, denn sie wurde insbesondere vom jeweils erfolgreichsten und zugleich militärisch stärksten Land propagiert: von Holland, England und nach dem Zweiten Weltkrieg von den USA.

3.2 Die Macht der Ideen (2): Handel als Friedensstifter

Nicht minder einflussreich dürfte die Vorstellung vom Handel als Friedensstifter sein. Vor dem Hintergrund dynastischer und religiöser Kriege zu Beginn der Neuzeit entwickelte sich die Vorstellung vom Handel als einer »ruhigen Leidenschaft«, von der zudem alle profitieren können (siehe Freihandelsdoktrin). Im Unterschied zum Kampf um Ehre oder Glauben erlaubt Handel Kompromisse, denn der erwirtschaftete Gewinn kann fein dosiert aufgeteilt und verteilt werden. Im Unterschied zum Kampf um territorialen Besitz führt der Handel zu gegenseitigen Abhängigkeiten und damit zum gemeinsamen Interesse an friedlichen Lösungen.[15]

Die Vorstellung vom Handel als Friedensstifter war insbesondere in der Globalisierungsphase vor 100 Jahren ausgeprägt. Industrielle wie der Amerikaner Andrew Carnegie (1835–1919) gaben der wissenschaftlichen Erforschung internationaler Beziehungen mit friedenspolitischer Zielsetzung wichtige Impulse. Doch der Erste Weltkrieg war dieser Vorstellung abträglich, denn viele sahen den Kampf der damaligen Industrieländer um Einfluss und Absatzmärkte als Ursache. Nach dem Zweiten Weltkrieg beflügelte allerdings die Idee des Frieden stiftenden Handels die Visionäre eines vereinten Europas: Ein westeuropäischer Wirtschaftsraum galt als das geeignete Instrument, die zuvor häufig gegeneinander Krieg führenden Nationen politisch zusammenzuführen. Freilich erhielt das Projekt des gemeinsamen Marktes erheblichen Rückenwind durch die Ost-West-Konfrontation und die Öffnung des US-amerikanischen Marktes, die die Verbündeten im Kampf gegen die Sowjetunion stärken sollte.[16]

Auch nach dem Ende des Kalten Krieges bleibt Konkurrenzdenken eine wichtige Komponente für die weitere Integration Europas. Die Konkurrenz besteht diesmal jedoch vor allem in wirtschaftlicher Hinsicht, und zwar gegenüber den USA und dem pazifischen Raum. Hier scheint die Ambivalenz wieder auf, die der wirtschaftlichen Konkurrenz eingeschrieben ist: Den starken Anreizen zur Grenzüberschreitung stehen starke Anreize zu Grenzziehungen gegenüber.

3.3 Die gewaltsame Durchsetzung des freien Handels

Wenngleich Handel gut begründet als ruhige Leidenschaft dargestellt werden konnte, beruhten Handelsbeziehungen nicht immer auf beiderseitigem Konsens. In der Frühphase der Globalisierung fehlte es den europäischen Händlern an attraktiven Gütern, um mit den damals führenden Wirtschaftsregionen, Indien und China, Handel zu treiben. Erst durch die Eroberung Südamerikas und die gewaltsame Aneignung der dortigen Silber- und Goldschätze verfügten sie über eine Ware, die sie gegen fernöstliches Porzellan, Gewürze oder Tuch eintauschen konnten.

Mit rücksichtsloser Gewalt drängte sich bald darauf die portugiesische Handelsflotte in den Indischen Ozean und übernahm dort den Zwischenhandel. Später führte die britische Marine zwei Kriege gegen China, um es zum Handel mit Opium zu zwingen. Ein wichtiges Handelsgut im transatlantischen Seeverkehr bis in die ersten Jahrzehnte des 19. Jahrhunderts wurde ebenfalls mit Gewalt angeeignet: afrikanische Menschen für die Plantagen in der Karibik und die südlichen britischen Kolonien in Nordamerika bzw. später die Südstaaten der USA.[17]

In neuerer Zeit übten die USA erheblichen Druck auf lateinamerikanische Länder aus, sich dem Weltmarkt zu öffnen. So unterstützte die Regierung Nixon 1973 den Putsch gegen den gewählten Präsidenten Chiles, Salvador Allende, der für die Nationalisierung ausländischer Bergbaubetriebe gegen Entschädigung eintrat. Zehn Jahre später finanzierte die Regierung Reagan die so genannten Contras gegen die sandinistische Regierung Nicaraguas, die einen ähnlichen Weg wie Allende eingeschlagen hatte. Die Schuldenkrise Lateinamerikas nutzte die Regierung Reagan ebenso wie später die Regierung Clinton die Asienkrise, um die betroffenen Länder zur Öffnung ihrer Märkte und zur Rücknahme von Auflagen für ausländische Konzerne zu bewegen. In Zusammenarbeit mit dem Internationalen Währungsfonds (IWF) und der Weltbank wurde die Vergabe von Krediten daran gekoppelt, dass sich diese Länder stärker für ausländische Anbieter von Gütern und Dienstleistungen öffnen.[18]

3.4 Trittbrettfahrer des Freihandels

Selbst Länder, die die Freihandelsdoktrin weniger beherzigten, haben sie selten insgesamt abgelehnt; vielmehr wollten sie diese lediglich nicht für sich selbst angewendet wissen. Für die industriell aufholenden Länder gab es einen einfachen Grund, warum sie sich nicht mit voller Kraft gegen weitere wirtschaftliche Verflechtungen stellten: Sie profitierten von dem praktizierten Freihandel des erfolgreichsten und stärksten Landes (auch Hegemon genannt); sie konnten dort ihre Waren verkaufen, ohne im gleichen Maße ihren eigenen Markt öffnen zu müssen. Wenn es darüber hinaus dem Freihandels-Hegemon gelang, die Märkte anderer Länder zu öffnen, konnte dies ihnen nur recht sein.

Als Idee und Praxis war der Freihandel nur dann bedroht, wenn es einen solchen Hegemon nicht gab. In der Zwischenkriegszeit war England aufgrund des Ersten Weltkrieges zu geschwächt, um diese Rolle noch weiter ausfüllen zu können. In den USA hingegen, die eine solche Aufgabe eventuell bereits hätten übernehmen können, überwogen noch die gesellschaftlichen Kräfte (insbesondere die mittelständische Industrie), die an der bisherigen Schutzzollpolitik festhielten.

In der unmittelbaren Nachkriegszeit blieb die Freihandelsdoktrin in den USA weiterhin umstritten, zumal, wie bereits ausgeführt, der Außenhandel nur eine untergeordnete Rolle für die US-amerikanische Wirtschaft spielte. Ausschlaggebend für die Hinwendung zum Freihandel, also zur Öffnung der eigenen Märkte für ausländische Produzenten, waren vielmehr bündnispolitische Überlegungen, z. B. im Rahmen der NATO. Die Öffnung sollte die kriegszerstörten Wirtschaften der Verbündeten gegenüber der Sowjetunion stärken und an die USA binden.[19]

3.5 Das Interesse an unternehmerischer Freiheit

Gegen Ende der 60er-Jahre erhielt die Politik jenes schrittweisen Abbaus von Handelsbarrieren dann allerdings doch breite Zustimmung von fast allen Wirtschaftskreisen, zumindest solange Konsens bestand, dass politisch wichtige Industriezweige (wie z. B. die Stahlindustrie oder Mitte der 80er-Jahre die Halbleiterindustrie) im Notfall mit staatlichem Schutz rechnen konnten.

Ein Grund für die breite Zustimmung war der mittlerweile stärkere Verflechtungsgrad mit dem Ausland. Einige Firmen, wie der Flugzeugbauer Boeing, setzten einen großen Teil ihrer Produkte im Ausland ab; andere, wie der Autohersteller Ford, besaßen große Zweigwerke in fernen Ländern. Große Handelsketten, beispielsweise Sears & Roebuck, kauften vermehrt im Ausland ein; Hersteller einfacher Konsumgüter ließen zunehmend einzelne, besonders arbeitsintensive Produktionsschritte in Ländern mit geringerem Lohnniveau herstellen.

Die amerikanischen Gewerkschaften, die bis Mitte der 60er-Jahre aus antisowjetischen Motiven die Öffnung der US-amerikanischen Märkte befürworteten, sahen durch diese Aktivitäten amerikanischer Firmen und die zunehmende Konkurrenzfähigkeit japanischer und westeuropäischer Unternehmen die Arbeitsplätze ihrer Mitglieder gefährdet. Sie formulierten deshalb ein sehr umfangreiches Maßnahmenprogramm, das die Verlagerung weiterer Arbeitsplätze ins Ausland verhindern sollte. Beispielsweise sollten die Gewinne aus ausländischen Operationen von US-Unternehmen besser steuerlich erfasst, der Transfer von Patenten ins Ausland reguliert und die Importe in die USA mengenmäßig beschränkt werden.

Obgleich der von ihnen eingebrachte Gesetzesentwurf im US-Kongress auf breite Zustimmung stieß, konnten sie sich letztlich nicht durchsetzen. Auch jene Firmen, die zumindest kurzfristig davon profitiert hätten, sahen in dem gewerkschaftlichen Entwurf einen Anschlag auf ihre unternehmerischen Freiheiten. Die von Ralph Nader gegründete Konsumentenorganisation Public Citizen stand dem Entwurf interessanterweise durchaus positiv gegenüber, da sie ebenfalls in der Auseinandersetzung mit den großen Firmen war, und zwar über deren mangelnde Produktqualität. Die Mehrheit der akademisch gebildeten Amerikanerinnen und Amerikaner, die auf vielen Gebieten der amerikanischen Politik einen überproportionalen Einfluss haben, begrüßte jedoch prinzipiell die wirtschaftliche Verflechtung mit dem Ausland. Neben ihren besseren Möglichkeiten, die Chancen der Globalisierung zu nutzen, gab dabei die bereits erwähnte Macht der Ideen den Ausschlag.[20]

3.6 Technische Möglichkeiten

Zum Schluss soll hier noch ein Faktor erwähnt werden, der zumeist als wichtigster Grund der Globalisierung genannt wird: die technische Entwicklung. Transport- und Kommunikationsmittel sind deutlich leistungsfähiger geworden, sodass auch die Kosten pro Transport einer Waren- beziehungsweise Kommunikationseinheit drastisch gesunken sind. Technik lässt die Hindernisse des Raumes überwinden: Die zum Überqueren nationaler Grenzen benötigte Zeit nimmt deutlich ab. Die dramatischen Fortschritte in der Computer- und Informationstechnik erlauben weltweit verflochtene Produktionstechnik und Logistik, sekundenschnelle weltweite Finanztransaktionen und sofortige Preisvergleiche. Doch längst vor der Erfindung des Computers befand sich die Welt im Globalisierungsprozess. Der technische Fortschritt ist eine notwendige, aber keine hinreichende Bedingung der Globalisierung. Geschwindigkeit ist, wie bereits erwähnt, relativ. Zudem entwickeln sich technische Möglichkeiten nicht fernab der Politik. Zwar sind viele technische Errungenschaften Produkt des Zufalls und einzelner Genies, doch deren breite Anwendung bedurfte zumeist politischer Weichenstellungen.

Wichtige Schlüsseltechniken wurden aufgrund ihrer militärischen Anwendungsmöglichkeiten staatlich gefördert. Die Entwicklung des Flugzeuges wurde durch die zwei Weltkriege, die öffentliche Post und staatliche Hilfen für den Aufbau einer zivilen Luftfahrt gefördert. Auch heute noch unterstützen die meisten Staaten die Luftfahrt, etwa durch den Verzicht auf Besteuerung von Kerosin und durch die Subventionierung der Luftverkehrssicherheit und des Flughafenbaus. Die Mikroelektronik wurde ganz massiv vom amerikanischen Staat gefördert. Die anderen Länder, wie z. B. Westdeutschland, unterstützten die Nachahmung der amerikanischen Fortschritte. Das Internet baute einerseits auf einem militärischen und andererseits auf einem öffentlich geförderten, universitären Netz auf.[21]

Die Technik ist daher tatsächlich nicht der zentrale Faktor der Globalisierung. Gleichwohl: Sind die technischen Möglichkeiten erst einmal gegeben, bestehen aus den oben genannten Gründen für viele gesellschaftliche Akteure Anreize, diese Möglichkeiten auch auszunutzen. Auf dem Weg zur Globalisierung seit dem Zweiten Weltkrieg wurden zahlreiche politische Weichenstellungen vorgenommen, von denen wir hier einige ausgewählt haben.

4. Politische Stationen der Globalisierung

4.1 Gründung der Bretton-Woods-Institutionen: Internationaler Währungsfonds und Weltbank (1944)

Noch während des Zweiten Weltkrieges einigten sich die Vertreter von 45 Nationen am 1. Juli 1944 in Bretton Woods (USA) auf die Gründung der internationalen Organisationen, die eine geordnete Wiedereinführung des Weltmarktes ermöglichen sollten. Die entscheidenden Akteure dieser Gründungskonferenz waren die Vertreter der USA und Großbritanniens: Harry D. White und John M. Keynes. Nach den Erfahrungen der chaotischen Zwischenkriegszeit wollten sie Organisationen schaffen, die isoliertes, rücksichtsloses nationales Handeln vermeiden helfen sollten, insbesondere wettbewerbsbedingte Abwertungswettläufe. Dieses Ziel sollte vor allem durch Anpassungshilfen für Länder mit kurzzeitigen Zahlungsbilanzschwierigkeiten erreicht werden.[22]

Infobox 2.1: Weltbank und Internationaler Währungsfonds

Im Juli 1944 wurden bei der Konferenz von Bretton Woods, USA, die neben der Welthandelsorganisation (WTO, siehe Infobox 2.2) wichtigsten Institutionen zur Regulierung des Weltmarkts gegründet: Die Weltbank-Gruppe (www.worldbank.org) und der Internationale Währungsfonds (IWF; www.imf.org).

Im Gegensatz zur WTO und zu anderen Unterorganisationen der Vereinten Nationen wird in den Führungsgremien von IWF und Weltbank nicht nach dem Prinzip »ein Land, eine Stimme« abgestimmt, sondern gemäß den finanziellen Einlagen der Mitgliedsländer. Dadurch kommt den USA und heute auch der EU eine besondere Rolle zu (Sperrminorität). Die Arbeitsteilung zwischen den beiden Organisationen sah vor, dass die Weltbank langfristige Wiederaufbau- und Entwicklungskredite vergeben würde, während der IWF das System fester Wechselkurse überwachen und mit kurzfristigen Krediten beim Ausgleich von Zahlungsbilanzungleichgewichten helfen sollte.

Durch die Aufgabe fester Wechselkurse 1973 veränderte sich die Rolle des IWF zu einer reinen Kreditvergabeanstalt. Beide Organisationen operierten gemäß modernisierungstheoretischer Annahmen, d. h. die so genannten Entwicklungsländer sollten den entwickelten Ländern nacheifern und dadurch zu ihnen aufschließen. Viele der aufholenden Länder gerieten jedoch Ende der 1970er-Jahre durch den Einbruch der Weltkonjunktur und die Hochzinspolitik der USA in eine Verschuldungskrise. Nach den Prinzipien des »Washingtoner Konsenses« (siehe Infobox 3.1, S. 54) wurden weitere Kredite nun verstärkt an Bedingungen bezüglich interner Strukturanpassungen geknüpft. Diese Auflagen zur Liberalisierung, Privatisierung, Deregulierung und Sparpolitik führten wiederholt zu Unruhen in den betroffenen Ländern. Mittlerweile ist auch ihre ökonomische Rationalität umstritten, sodass heute soziale Belange in einem »Post-Washington-Konsens« stärker berücksichtigt werden sollen.

4.2 Beschränkung auf das westliche Lager (1947)

Mit Beginn des Kalten Krieges wurde das Projekt der Wiederbelebung des Weltmarktes auf die Länder außerhalb des sowjetischen Einflussbereiches beschränkt. Eigentlich war in Bretton Woods noch die Schaffung einer internationalen Handelsorganisation vereinbart worden, doch im Laufe der Verhandlungen zogen sich die USA immer mehr zurück, da in den Augen der US-amerikanischen Geschäftswelt das Vertragswerk zu viel Raum für staatliche Eingriffe ließ. So wurde das zwischenzeitlich von nur 23 zumeist fortgeschrittenen Industriestaaten am 30. Oktober 1947 geschlossene Teilabkommen, das Allgemeine Zoll- und Handelsabkommen (GATT), zur Dauereinrichtung. Im Rahmen dieses Abkommens nahmen die USA allerdings drastische Zollsenkungen vor und besiegelten damit die Abkehr von ihrer traditionellen Schutzzollpolitik. Zudem haben sie nicht zuletzt mittels des Marschall-Plans Westeuropa mit Devisen versorgt, sodass die kriegszerstörten Wirtschaften auf dem Weltmarkt wieder als Nachfrager auftreten konnten. Darüber hinaus wirkten sich die im Rahmen des IWF vereinbarten Wechselkurse für Westeuropa und insbesondere später für Japan und Deutschland sehr positiv aus, denn sie erleichterten die Exporte in die USA. Die Beschränkung ging somit nicht zuletzt aus bündnispolitischen Erwägungen mit einer Vertiefung der transatlantischen Wirtschaftsbeziehungen einher.[23]

4.3 Gründung der Europäischen Wirtschaftsgemeinschaft, EWG (1957)

Zunächst auf sechs Länder Kontinentaleuropas beschränkt, erwies sich die Gründung der EWG als der entscheidende Schritt zur Globalisierung Westeuropas. Über die Jahre entstand so ein immer größerer, mit immer geringeren Handelshürden versehener Wirtschaftsraum. Allerdings bestehen auch heute noch in einigen Wirtschaftsbereichen (beispielsweise Apotheken) nationale Grenzen. Diese auf Westeuropa beschränkte Überwindung nationalstaatlicher Grenzen ging nicht mit einer Entkopplung vom Weltmarkt einher (Ausnahme: Landwirtschaft), sondern erwies sich als ein Motor für weitere weltwirtschaftliche Liberalisierungen.

Für die USA war die Festigung der EWG mit Beginn der 60er-Jahre Anlass, eine neue GATT-Zollsenkungsrunde einzuläuten. Mit Abschluss dieser Verhandlungen im Jahre 1968 wurden die Zölle auf die meisten Industrieprodukte auf ein zu vernachlässigendes Niveau gesenkt.[24]

4.4 Entkolonialisierung (1947–1962)

Geschwächt vom Zweiten Weltkrieg und mit einer großen Unabhängigkeitsbewegung konfrontiert, entließ Großbritannien 1947 das Kernstück seines Kolonialreiches, den indischen Subkontinent, in die politische Unabhängigkeit. Durch diesen Schritt wurden insgesamt die Unabhängigkeitsbewegungen beflügelt, aber es bedurfte noch verlustreicher Kriege, bis 1962 auch das Kernstück des französischen Kolonialismus, Algerien, befreit war.

Die neuen Nationen erkannten bald, dass die Erringung der politischen Freiheit nicht auch automatisch zur Überwindung wirtschaftlicher Abhängigkeiten führte. In dem Maße, wie sich die Einkommensschere zwischen Industrie- und Entwicklungsländern immer weiter öffnete, gewann die insbesondere in Lateinamerika entwickelte Dependenztheorie Anhänger; sie besagt, dass das bisherige Regelwerk der Weltwirtschaft die Entwicklungsländer benachteilige und sie dauerhaft in Abhängigkeit halte.[25]

4.5 Die Konferenz der Vereinten Nationen für Handel und Entwicklung, UNCTAD (30. Dezember 1964)

Die Entwicklungsländer wollten die unzureichende Berücksichtigung ihrer wirtschaftlichen Belange in den internationalen Wirtschaftsorganisationen

(IWF, Weltbank, GATT) mittels einer zusätzlichen Organisation für Weltwirtschaftsfragen beheben. Diese sollte nicht wie das GATT auf einen kleinen Kreis von Ländern – hauptsächlich Industrieländer – beschränkt bleiben und sollte im Unterschied zu IWF und Weltbank den Industrieländern auch keine größeren Stimmrechte einräumen. Daher lag es nahe, diese Einrichtung im Rahmen der Vereinten Nationen zu fordern. Ende 1964 wurde die Welthandelskonferenz (UNCTAD) als ein ständiges Organ der UN-Vollversammlung eingerichtet. Im Laufe der 60er-Jahre formulierten die Entwicklungsländer auf den Welthandelskonferenzen einen umfassenden Forderungskatalog: Senkung der Zollsätze auf ihre Waren in den Industrieländern, ohne selbst Zölle senken zu müssen (Zollpräferenzen), günstigere Zugänge zu Kapital, die Schaffung weltweiter Rohstoffabkommen usw.[26]

4.6 OPEC und die Neue Weltwirtschaftsordnung (1973–1981)

Die gute Weltkonjunktur bis Anfang der 70er-Jahre ließ die Nachfrage nach Rohstoffen stark steigen und ermutigte zahlreiche Initiativen der Entwicklungsländer, durch Nationalisierung ihrer Rohstoffgewinnung und mittels Preisabsprachen ihre Verhandlungsposition gegenüber den Industrieländern zu stärken. Durchschlagenden Erfolg hatte allerdings nur das Kartell der Erdöl fördernden Länder (OPEC), da in den Jahren zuvor das Erdöl die Kohle als wichtigsten Energieträger der Industrieländer abgelöst hatte. Zudem drängten insbesondere die texanischen, so genannten unabhängigen Ölkonzerne in das internationale Geschäft, das bis dahin von sieben großen Ölkonzernen kontrolliert wurde. Diese Konkurrenz machten sich die Erdöl fördernden Länder zunutze und setzten deutlich höhere Preise für Lizenzen zur Ölförderung durch. Die Nutzung der OPEC für politische Zwecke im Nahen Osten, die 1973 zur ersten Ölpreiskrise führte, ließ sie jedoch zu einem Politikum für die Industriestaaten werden. Letztere unternahmen erhebliche Anstrengungen, dieses Kartell zu schwächen, was ihnen Anfang der 80er-Jahre auch gelang.[27]

Ebenfalls 1973 putschte der General Pinochet mit tatkräftiger US-amerikanischer Unterstützung gegen den demokratisch legitimierten Präsidenten Salvador Allende in Chile. Damit wurde in Lateinamerika gewaltsam die Entwicklung beendet, ausländische Unternehmungen, die mit der Ausbeutung wichtiger natürlicher Ressourcen befasst waren, zu nationalisieren. Die im Rahmen von UNCTAD erhobene Forderung nach einer »Neuen Weltwirtschaftsordnung« konnte sich im Verlauf der 70er-Jahre angesichts des Widerstandes gegenüber OPEC und der Niederlage Allendes in Lateinamerika nicht durchsetzen. Allein die alte und noch gültige Weltwirtschaftsordnung wurde um einige, in ihren Wirkungen eher kosmetische Instrumente wie allgemeine Zollpräferenzen und besondere Kreditlinien für Entwicklungsländer ergänzt.

4.7 Der Zusammenbruch des Bretton-Woods-Regimes (1971 – 1973)

In Bretton Woods war vereinbart worden, die Währungskurse nicht dem Markt zu überlassen, sondern politisch zu fixieren. Dadurch sollten die fatalen Abwertungswettläufe der Zwischenkriegszeit vermieden werden und der zwischenstaatliche Handel einen festen Rahmen gesetzt bekommen. Nach dramatischen Spekulationswellen gegen den US-amerikanischen Dollar wurde das System der festen Wechselkurse in den Jahren 1971 bis 1973 jedoch aufgegeben. Dieser Entscheidung lag vor allem der politische Konsens in den wichtigsten westlichen Industrieländern zugrunde, weder das erreichte Maß an Handelsliberalisierung zurückzunehmen noch auf dem Weg der Liberalisierung des Kapitalverkehrs umzukehren.[28] In der Folgezeit kam es zu erheblichen Wechselkursschwankungen, gegen die sich die Ex- und Importeure mittels so genannter Devisentermingeschäfte absichern mussten. Mit diesen Geschäften öffneten sich zugleich aber auch Chancen für Spekulationen und gewagte Finanzmarkt- und Devisenoperationen.

4.8 Der 1. Weltwirtschaftsgipfel (1975) und das Scheitern des globalen Keynesianismus

Als Antwort auf die erheblichen Spannungen im westlichen Lager im Gefolge der Währungsturbulenzen wurden regelmäßige Treffen der Regierungschefs der wichtigsten Industrieländer zu Wirtschaftsfragen vorgeschlagen und 1975 zum ersten Mal verwirklicht. Der eigentliche Test für die Fähigkeit der Regierungschefs, ihre Wirtschaftspolitik aufeinander abzustimmen, kam 1978 auf dem Bonner Wirtschaftsgipfel. Dort willigte die deutsche Regierung Schmidt ein, die Ankurbelung der US-amerikanischen Wirtschaft mitzutragen, forderte aber von den USA, dass sie ihren Energieverbrauch senkten. Doch obgleich beide Partner ihre Versprechungen einhielten, wurde dieses Experiment aufgrund externer Inflationsschübe (Dollarkrise und Ölpreisschock) rasch wieder eingestellt. Mit Unterstützung der Deutschen Bundesbank und der Schmidt-Regierung entschlossen sich die USA zu einer Hochzinspolitik.[29]

Für die Weltwirtschaft brachte diese Entscheidung gravierende Folgen. Erstens wurde damit ein Wechsel der Prioritäten vollzogen, und zwar von einer Politik des Wirtschaftswachstums (Keynesianismus) zu einer der Preisstabilität (Monetarismus). Zweitens führte sie zu einer raschen Internationalisierung der US-Wirtschaft, da die mit der Hochzinspolitik einhergehende Aufwertung des US-Dollars die ausländische Konkurrenz sehr begünstigte und diese somit in vielen Industriezweigen große Marktanteile in den USA erobern konnte. Und drittens, aber nicht weniger bedeutsam, löste die Hochzinspolitik die Schuldenkrise Lateinamerikas aus.

4.9 Lateinamerikanische Schuldenkrise (1982)

In den 70er-Jahren hatten die lateinamerikanischen Länder in der Hoffnung auf steigende Rohstoffpreise und im Vertrauen auf eine gute Weltkonjunktur internationale Kredite aufgenommen. Ein Großteil dieses Geldes kam von den plötzlich reich gewordenen Ölförderländern (»Petro-Dollars«) und wurde zu sehr niedrigen Zinsen angeboten. Die US-amerikanische Zinswende verteuerte drastisch die Kosten für diese Kredite und ließ die Weltkonjunktur abkühlen; damit minderte sie auch die Absatzchancen für lateinamerikanische Produkte auf dem Weltmarkt.

Als erstes Land konnte Mexiko diesem doppelten Druck nicht standhalten und erklärte 1982 seine Zahlungsunfähigkeit. Andere Länder folgten und mussten ebenfalls den IWF und die Gläubiger um einen Aufschub der Kreditrückzahlungen bitten. Diese Schwäche nutzte der IWF gemeinsam mit den wichtigsten Industrieländern, um die lateinamerikanischen Staaten dazu zu bewegen, ihre Wirtschaft auf den Export auszurichten, Importe zu erleichtern und ausländischem Kapital stärkeren Investitionsschutz zu gewähren. Mit anderen Worten: Im Verlauf der Schuldenkrise öffneten sich diese Länder vermehrt gegenüber dem Weltmarkt und trugen damit zur weiteren wirtschaftlichen Globalisierung bei.[30]

4.10 Der Weltmarkt erfasst die Welt (1991)

Zu Beginn der 80er-Jahre öffnete sich die VR China schrittweise dem Weltmarkt. Während der 90er-Jahre beschleunigte sich dieser Prozess dramatisch, sodass am Ende der Dekade China zu einem der größten Exporteure der Welt aufstieg. Mit dem Fall der Mauer 1989 in Berlin wurde der Zusammenbruch des sowjetischen Reiches und seiner Satellitenstaaten ausgelöst: Bereits 1991 war bis auf ganz wenige Ausnahmen (Nordkorea und Kuba) der gesamte ehemalige sowjetische Einflussbereich in den Weltmarkt integriert. Unter dem Einfluss des IWF wurden in vielen der Nachfolgeländer zudem äußerst marktradikale Reformen durchgeführt.[31] Ab Mitte der 90er-Jahre öffnete sich zudem Indien vorsichtig gegenüber dem Weltmarkt. Innerhalb eines Jahrzehnts wurde somit fast die Hälfte der gesamten Bevölkerung neu in den Weltmarkt eingebunden, wenn auch in höchst unterschiedlichem Maße.

4.11 Neue Themen der Welthandelsordnung (1994)

Durch den erfolgreichen Abbau der Zollschranken für die meisten Industrieprodukte gerieten andere Handelshemmnisse in den Blick der multilateralen Handelsrunden: technische Standards, Subventionen, Patentrechte, Wettbewerbsregeln, Investitionsauflagen etc. Vor allem aber wurde deutlich, dass Dienstleistungen, der am stärksten wachsende Bereich der Wirtschaft, auch aufgrund technischer Möglichkeiten vermehrt grenzüberschreitend erbracht werden können, diese Optionen aber wegen zahlreicher nationaler Gesetze kaum ausgenutzt werden.

Insbesondere die großen Kreditkartenunternehmen und Versicherungen drängten darauf, die Dienstleistungen in das multilaterale Handelssystem aufzunehmen, was mit Abschluss der letzten Welthandelsrunde, der so genannten Uruguayrunde, und dem General Agreement on Trade in Services (GATS) 1994 auch gelang.[32] Zeitgleich wurde ein Abkommen zu den handelsrelevanten Aspekten intellektueller Eigentumsrechte (Trade Related Intellectual Property Rights, TRIPS) abgeschlossen, vor allem auf Betreiben von Softwareherstellern und der Pharmaindustrie.

Vorreiter für diese Abkommen, die neben dem traditionellen GATT in die neu gegründete Welthandelsorganisation (WTO) eingebracht wurden, war die Vereinbarung einer Nordamerikanischen Freihandelszone (NAFTA; ihr gehören die USA, Kanada und Mexiko an) im Jahre 1994. Mit NAFTA wurde ein wichtiges Schwellenland, Mexiko – das durch seine Nationalisierungspolitik in den 30er-Jahren vielen anderen Ländern den Weg zu einer von ausländischem Kapital weitgehend abgegrenzten Industrialisierungspolitik gewiesen hatte –, vertraglich gebunden, seine Märkte gegenüber seinen nördlichen Nachbarn zu öffnen. Vor allem aber beinhaltet NAFTA einen umfassenden Schutz ausländischer Investitionen, womit das Ende des nationalen Aufbegehrens gegenüber ausländischen Investoren auch vertraglich besiegelt wurde. Derzeit wird darum gerungen, inwieweit dieses Vertragswerk auf ganz Lateinamerika ausgedehnt werden kann.

4.12 Die Asienkrise bringt das Weltfinanzsystem ins Gerede (1997)

Die Musterschüler der Globalisierung, die exportorientierten Länder Südostasiens, gerieten 1997 in eine schwere Währungskrise, die für einige Jahre ihr stürmisches Wachstum empfindlich einbrechen ließ.[33] Da die Krise durch kurzfristige Kapitalbewegungen ausgelöst wurde und diese Länder weder eine Besorgnis erregende Staatsverschuldung noch eine übermäßige Auslandsverschuldung vorwiesen, löste sie auch unter führenden Ökonomen eine Diskussion über das internationale Finanzsystem und die Rolle des IWF aus, die aber bisher praktisch folgenlos blieb.

4.13 Die Globalisierungskritiker werden sichtbar (1999)

Im wichtigsten Land der Globalisierung, den USA, wurden die Konturen einer globalisierungskritischen Bewegung in den Auseinandersetzungen um NAFTA deutlich. Ein erster Erfolg für die sich immer internationaler vernetzenden Bewegungen war das Scheitern des Multilateralen Investitionsschutzabkommens (MAI) im Jahre 1998. Dieses Abkommen hätte die Gestaltungsspielräume der Nationalstaaten gegenüber ausländischen Investoren drastisch eingeschränkt. Richtig sichtbar wurde diese Bewegung allerdings erst durch die Demonstrationen zur Ministertagung der WTO im Dezember 1999 in Seattle.

4.14 China tritt der WTO bei und eine neue Welthandelsrunde beginnt (2001)

Während 1999 in Seattle der Versuch, eine neue Welthandelsrunde einzuläuten, misslang und die WTO stark in die öffentliche Kritik geriet, konnte sie im Jahre 2001 zwei Erfolge verbuchen: die Aufnahme der großen Handelsnation China und die Vereinbarung einer neuen Handelsrunde. Letztere wurde durch ein stärkeres Eingehen auf die Interessen der Entwicklungsländer möglich.

Gleichwohl steht die WTO vor einer existenziellen Herausforderung. Nicht zuletzt aufgrund der Globalisierungskritik und des gemeinsamen Vorgehens wichtiger Entwicklungsländer innerhalb der WTO verlagern die Industrieländer ihre freihandelspolitischen Aktivitäten auf so genannte bilaterale Abkommen mit einzelnen Ländern. Gegenüber einzelnen Ländern können sie ihre Forderungen besser durchsetzen. Auch die Globalisierungskritiker verlieren durch die Masse der Abkommen ihren Kristallisationspunkt.

Infobox 2.2: World Trade Organization – WTO – Welthandelsorganisation

Mit der Gründung der Welthandelsorganisation (WTO) zum 1.1.1995 – mit Sitz in Genf (Schweiz) – hat die Regelung des weltweiten Handels mit Waren, Dienstleistungen und Eigentumsrechten ein gemeinsames organisatorisches Dach erhalten. Die völkerrechtlich anerkannte WTO fasst das seit Ende des Zweiten Weltkrieges in zahlreichen Welthandelsrunden mehrfach erweiterte Allgemeine Zoll- und Handelsabkommen (GATT; General Agreement on Tariffs and Trade) mit den im Rahmen der »Uruguay-Runde« (1986–1993) neu vereinbarten Handelsabkommen zu Dienstleistungen (GATS; General Agreement on Trade in Services) und geistigen Eigentumsrechten (TRIPS; Trade Related Intellectual Property Rights) zusammen.

Die Welthandelsorganisation hat die Aufgabe, die Einhaltung dieser sektorspezifischen Abkommen zu überwachen, bei Handelsstreitigkeiten zwischen Mitgliedstaaten zu vermitteln und ggf. ein Schiedsverfahren (»Streitschlichtungsorgan«) einzuberufen sowie auf eine weitere Liberalisierung des Welthandels hinzuwirken. Die leitenden Prinzipien des WTO-Rechtssystems schließen dabei an die Bestimmungen des GATT an und beinhalten:

- das Prinzip der allgemeinen und unbedingten Meistbegünstigung (Vergünstigungen, die zwei Vertragsparteien ausgehandelt haben, gelten vorbehaltlos auch für andere Mitgliedstaaten der WTO);
- das Prinzip der Inländerbehandlung, das vorschreibt, dass ausländische Anbieter von Waren nicht anders als inländische Anbieter behandelt werden sollen, und
- das Prinzip der Reziprozität (Gegenseitigkeit) aller handelspolitischen Maßnahmen.

Diese Prinzipien werden in den drei grundlegenden Handelsabkommen der WTO (»drei Säulen«), dem GATT, dem GATS und dem TRIPS, jedoch in unterschiedlicher Breite und Intensität erfüllt. Hier spiegeln sich zum einen das unterschiedliche Alter dieser Abkommen und zum anderen die Interessenkonflikte zwischen Industrie- und Entwicklungsländern. Die Ausnahmeregelungen sind meist zeitlich begrenzt und umfassen u. a. folgende Punkte:

- Zollvergünstigungen (Zollpräferenzen) für Entwicklungsländer sind vom Grundsatz der Meistbegünstigung ausgenommen;
- das Recht auf die Gründung von Zollunionen und Freihandelszonen;
- bei Zahlungsbilanzschwierigkeiten sind mengenmäßige Einfuhrbeschränkungen vorübergehend erlaubt.

Das höchste Entscheidungsorgan der WTO ist die zweijährlich zusammentretende Ministerkonferenz aller Mitgliedstaaten (141 Vertragsstaaten + Europäische Union). Zwischen den Ministertagungen führt der Allgemeine Rat, dem auf Beamtenebene neben Experten der Mitgliedstaaten auch Fachleute von 28 Staaten mit Beobachterstatus und sieben Vertreter wichtiger internationaler Organisationen (UNO, UNCTAD, IWF, Weltbank, FAQ, WIPO und OECD) angehören, die laufenden Geschäfte.

Der Allgemeine Rat delegiert verschiedene Zuständigkeiten an drei Räte, die sich den grundlegenden Handelsabkommen widmen: GATT (Rat für Güterhandel), GATS (Rat für den Handel mit Dienstleistungen), und TRIPS (Rat für die handelsbezogenen Aspekte von intellektuellen Eigentumsrechten). Diesen Räten sind wiederum verschiedene Ausschüsse und Arbeits- und Verhandlungsgruppen zu handelsbezogenen Themen angegliedert, in denen diese Themen diskutiert und Beschlüsse vorbereitet werden.

Entsprechend den Zielsetzungen der WTO fungiert der Allgemeine Rat sektorübergreifend zusätzlich noch sowohl als Organ zur Überwachung der Handelspolitik seiner Mitgliedstaaten als auch als Streitschlichtungsorgan. Auf der Ministerkonferenz vom 9. bis 15. November 2001 in Doha (Katar) wurde eine neue multilaterale Verhandlungsrunde zur Liberalisierung des Welthandels ausgerufen (»Doha-Entwicklungsrunde«). Seitdem ist der WTO mit dem Verhandlungsausschuss auf der Ebene des Allgemeinen Rates eine weitere Instanz erwachsen. Diese wird für den Zeitraum der Welthandelsrunde die multilateralen Verhandlungen koordinieren und führen.

Trotz der Bezeichnung als Entwicklungsrunde, die insbesondere die Interessen der Entwicklungsländer berücksichtigen soll, sehen diese den Ergebnissen der neuen Verhandlungen kritisch entgegen. Das hängt zum einen damit zusammen, dass zahlreiche Entwicklungsländer mit der Bereitstellung von Experten und Verhandlungsdelegationen finanziell und technisch überfordert sind; hier besteht die Gefahr, dass sich Entwicklungsländer aus Unkenntnis zu Liberalisierungsmaßnahmen verpflichten, die nicht ihrem Entwicklungsstand entsprechen. Seit kurzem bietet ihnen die WTO über das Internationale Handelszentrum, ITC, Beratung an. Das privat organisierte *South Centre* (www.southcentre.org) steht ebenfalls durch wissenschaftliche Expertise und Beratung den Delegationen der Entwicklungsländer bei den laufenden Verhandlungen zur Seite. Allerdings erhalten beide Einrichtungen wenig Geld, sodass sie nur begrenzt helfen können.

Zum anderen drängen zahlreiche Industrienationen – die selbst kaum protektionistische Schranken gegenüber den Gütern aus Entwicklungsländern abgebaut haben – darauf, dass sich die Entwicklungsländer in weiten Bereichen, in denen sie bislang Ausnahmen erhielten, nun zu Liberalisierungsschritten verpflichten sollen, z. B. im Agrarsektor. Diese Streitpunkte haben die fünfte WTO-Ministerkonferenz im September 2003 in Cancún, Mexiko, scheitern lassen.

GATT – GATS – TRIPS: die »drei Säulen« des WTO-Rechtssystems

Das mit Abschluss der »Uruguay-Runde« erzielte GATT94 ist der Kern der WTO-Rechtsordnung. Die vertragliche Neufassung einzelner Bestimmungen des ursprünglichen GATT-Vertrages von 1947 führt im neuen GATT94 zu einer entschiedeneren Förderung des freien Warenhandels. Hierzu zählt die Festschreibung der Einfuhrzölle der Industrieländer für Industriegüter auf durchschnittlich drei Prozent sowie die striktere Regelung des Auslaufens von Sonderregeln, etwa im Bereich des Textil- und Agrarhandels.

Das Multilaterale Übereinkommen zum Warenhandel (WTO-GATT) umfasst 14 Vereinbarungen. Das Multilaterale Übereinkommen zum Dienstleistungshandel (WTO-GATS) dagegen beinhaltet neben dem allgemeinen Abkommen über den Handel mit Dienstleistungen (GATS) lediglich vier Protokolle mit spezifischeren Bestimmungen und freiwilligen Zusatzverpflichtungen einzelner Mitgliedstaaten in einigen Dienstleistungsbereichen. Die Liberalisierungswirkungen des GATS-Abkommens sind weniger zwingend, weil die Anwendung der Rechtsprinzipien des WTO-Systems (Meistbegünstigung, Marktzugang, Inländerbehandlung) der Entscheidung der Mitgliedstaaten überlassen bleibt.

Den WTO-Mitgliedern wurde die Möglichkeit eingeräumt, einzelne Ausnahmen von der Geltung der Meistbegünstigungsklausel anzumelden. Darüber hinaus sind sie zum freien Marktzugang und zur Inländergleichbehandlung nur dann verpflichtet, wenn sie die jeweils in Frage stehende Dienstleistung in ihre Liste so genannter spezifischer Verpflichtungen haben aufnehmen lassen (»Positivliste«).

Ein weiterer zentraler Unterschied zum GATT besteht darin, dass das GATS die Erbringung einer Dienstleistung im Inland durch die Niederlassung eines ausländischen Anbieters ebenfalls als eine Form des grenzüberschreitenden Dienstleistungshandels anerkennt. Dies bedeutet, dass das GATS nicht nur ein Handelsabkommen ist, sondern in begrenztem Maße auch Bestandteile eines multilateralen Direktinvestitionsabkommens beinhaltet. Da inländische Dienstleistungen in verschiedenen Ländern unterschiedlich reguliert werden, berührt das multilaterale Dienstleistungsabkommen zudem auch die Art und Weise, wie einzelne Staaten soziale und hoheitliche Dienstleistungen für ihre Bürgerinnen und Bürger bereitstellen.

Da das GATS keine allgemein verbindliche und umfassende Definition von hoheitlichen Dienstleistungen kennt, können grundsätzlich nationale Regulierungen solcher Dienstleistungen als wettbewerbsverzerrend und diskriminierend gegen ausländische Anbieter interpretiert werden. Die in 2000 angelaufene neue GATS-Verhandlungsrunde zielt neben der Ausweitung der Gültigkeit der multilateralen Regeln auf bislang ausgenommene Dienstleistungsbereiche (z. B. Bildung, Transport und Versorgung) auch gerade auf die Präzision der im GATS-Abkommen niedergelegten Bestimmungen über solche innerstaatlichen Regelungen.

Das Multilaterale Übereinkommen zu den Rechten des geistigen Eigentums (WTO-TRIPS) schließlich verweist auf die im Rahmen der Weltorganisation für das geistige Eigentum (WIPO) vereinbarten völkerrechtlichen Verträge, u. a. zum Urheberrecht, zum Markenschutz, zu geographischen Herkunftsbezeichnungen, zu gewerblichen Mustern und zu Patenten. Die USA waren besonders an einer Einbeziehung des geistigen Eigentums in ein multilaterales Handelsabkommen interessiert; sie wollen Einnahmeverluste durch so genannten geistigen Diebstahl und Produktpiraterie vor allem im Bereich von Raubkopien von Software und Musik-CDs sowie bei Medikamenten verhindern.

Entwicklungsländer sehen jedoch dadurch ihren Zugang zu Spitzentechnologien verteuert. Auch die in diesem Rahmen mögliche Patentierung von Menschen, Tieren und Pflanzen wird von Entwicklungsländern und Nichtregierungsorganisationen stark kritisiert, weil sie regionale ökologische Bedingungen zu stören und das ökologische Wissen indigener Völker zu entwerten droht. Wegen unzureichender Bestimmungen im Rahmen des TRIPS-Abkommens werden viele Details des Abkommens erst in den weiteren Verhandlungen des WTO-Rates für geistiges Eigentum verhandelt werden.

Anmerkungen

1 Dörrenbächer, Christoph, und Dieter Plehwe (Hg.), 2000: Grenzenlose Kontrolle? Organisatorischer Wandel und Politische Macht multinationaler Unternehmen, Berlin.

2 Zürl, Karl-Heinz, und Jinmei Huang, 2002: Wirtschaftshandbuch China, München.

3 Altvater, Elmar, und Birgit Mahnkopf, 1999: Grenzen der Globalisierung. Ökonomie, Ökologie und Politik in der Weltgesellschaft, 4. völlig überarbeitete Auflage, Münster.

4 Becker, Konrad, et al., 2003: Die Politik der Infosphäre. World-Information. Org, Wiesbaden.

5 Held, David, Anthony G. McGrew, David Goldblatt und Jonathan Perraton, 1999: Global Transformations. Politics, Economics and Culture, Cambridge.

6 Ziebura, Gilbert, 1984: Weltwirtschaft und Weltpolitik 1922/24–1931, Frankfurt/M.

7 Willke, Gerhard, 2002: John Maynhard Keynes, Frankfurt/M.

8 Scherrer, Christoph, 1992: Im Bann des Fordismus. Die Auto- und Stahlindustrie der USA im internationalen Konkurrenzkampf, Berlin.

9 Hirsch, Joachim, und Roland Roth, 1986: Das neue Gesicht des Kapitalismus. Vom Fordismus zum Post-Fordismus, Hamburg.

10 Huffschmid, Jörg, 2002: Politische Ökonomie der Finanzmärkte, 2. überarbeitete Auflage, Hamburg.

11 Braudel, Fernand, 1986: Sozialgeschichte des 15.–18. Jahrhunderts. Aufbruch zur Weltwirtschaft, Frankfurt/M.

12 Wendler, Eugen, 1989: Friedrich List 1789/1989. Eine historische Gestalt und Pionier auch im deutschamerikanischen Bereich, München.

13 Arrow, Kenneth J., 1988: Ricardos Werk aus der Sicht der modernen Ökonomie, in: Moses Ricardo und Horst Claus Recktenwald: David Ricardo. Persönlichkeit und Lebensweg, Düsseldorf.

14 Schubert, Renate (Hg.), 1999: Neue Wachstums- und Außenhandelstheorie: Implikationen für die Entwicklunstheorie und -politik, Berlin.

15 Hirschman, Albert O., 1984: Leidenschaften und Interessen: Politische Begründungen des Kapitalismus vor seinem Sieg, 2. Auflage, Frankfurt/M.

16 Gasteyger, Curt, 1994: Europa zwischen Spaltung und Einigung 1945–1993. Darstellung und Dokumentation, Bonn, Bundeszentrale für politische Bildung.

17 Reinhard, Wolfgang, 1996: Kleine Geschichte des Kolonialismus, Stuttgart.
18 Hoering, Uwe, 1999: Zum Beispiel IWF & Weltbank, Göttingen.
19 Scherrer, Christoph, 1999: Globalisierung wider Willen? Die Durchsetzung liberaler Außenwirtschaftspolitik in den USA, Berlin, Kap. 4.
20 Ebd., Kap. 10.
21 Giesecke, Susanne, 2001: Von der Forschung zum Markt. Innovationsstrategien und Forschungspolitik in der Biotechnologie, Berlin.
22 Tetzlaff, Rainer, 1996: Weltbank und Währungsfonds – Gestalter der Bretton-Woods-Ära, Opladen.
23 Tuchtfeldt, Egon, 1997: Von der Havanna-Charta zur WTO, in: Dieter Fritz Assmus und Egon Tuchtfeldt: Die Ordnung des Welthandels. A. Ghanie Ghaussy zum 65. Geburtstag, Bern / Stuttgart.
24 Küsters, Hans Jürgen, 1982: Die Gründung der Europäischen Wirtschaftsgemeinschaft, Baden Baden.
25 Hein, Wolfgang, 1998: Unterentwicklung – Krise der Peripherie. Phänomene – Theorien – Strategien, Opladen.
26 Hagemann, Hermann, 1983: Die Formierung der rohstoffpolitischen Forderungen der Entwicklungsländer auf der Ebene der Vereinten Nationen bis zur ersten Konferenz für Handel und Entwicklung (UNCTAD I) 1964, Münster.
27 Yergin, Daniel, 1993: Der Preis. Die Jagd nach Öl, Geld und Macht, Frankfurt / M.
28 Scherrer, Christoph, 1999: Globalisierung wider Willen? Die Durchsetzung liberaler Außenwirtschaftspolitik in den USA, Berlin, Kap. 9 u. 10.
29 Putnam, Robert D., und Nicholas Bayne, 1985: Weltwirtschaftsgipfel im Wandel, Bonn.
30 Boris, Dieter, 2001: Zur Politischen Ökonomie Lateinamerikas, Hamburg.
31 Stiglitz, Joseph, 2002: Die Schatten der Globalisierung, Berlin.
32 Fritz, Thomas, und Christoph Scherrer, 2002: GATS: Zu wessen Diensten? Öffentliche Aufgaben unter Globalisierungsdruck, Hamburg.
33 Dieter, Heribert, 1998: Die Asienkrise. Ursachen, Konsequenzen und die Rolle des Internationalen Währungsfonds, Marburg.

III Auswirkungen der Globalisierung

Globalisierung erfasst viele Lebensbereiche – doch lassen sich alle Veränderungen in der Politik, der Wirtschaft und der Lebenswelt allein auf sie zurückführen? Fast alle Nationen sind heute mehr oder weniger in die globale Arbeitsteilung integriert, und es ist daher schwierig, den Einfluss der Globalisierung von anderen Einflüssen klar abzugrenzen. Wenngleich die Ursachenbestimmung Probleme aufwirft, können Veränderungen in den jeweils nationalen Wirtschaftsstrukturen durchaus in einen Zusammenhang mit Globalisierungsprozessen gebracht werden.

Die Auswirkungen der Globalisierung wollen wir diskutieren für

- *den globalen Süden*: Verschiedene Regionen der Welt werden von der Globalisierung sehr unterschiedlich erfasst. Warum öffnet sich eine Schere zwischen den reichen Industriestaaten und den armen Entwicklungsländern? Ist Entwicklung nur eine Frage der richtigen Rezeptur? Oder bestehen systemische Gründe für ungleiche Entwicklung?
- *die Nationale Souveränität*: Unterhöhlen grenzüberschreitende wirtschaftliche Aktivitäten nationalstaatliche Souveränität? Kann ein Verlust von Regulierungskompetenz – und damit eine Einschränkung von Möglichkeiten demokratischer Partizipation und sozialer Absicherung –, wie von den Kritikern der Globalisierung befürchtet, festgestellt werden? Oder verstärken sich durch die Globalisierung lediglich nationalspezifische Entwicklungspfade?
- *die Tarifpartner*: Die Öffnung der nationalen Grenzen und die weitgehende Aufhebung von Kapitalverkehrsbeschränkungen haben zu einer erhöhten Mobilität des Produktionsfaktors Kapital gegenüber dem Faktor Arbeit geführt. Die Beschäftigten treffen weiterhin auf gesetzliche Mobilitätsbarrieren und sind überdies stärker lokal gebunden als Unternehmen und Vermögensbesitzer. Welche Folgen hat diese Verschiebung der gesellschaftlichen Kräfteverhältnisse zugunsten der verhältnismäßig mobileren Akteure, beispielsweise bezüglich der schärfer gewordenen Standortkonkurrenz und der »benchmarking«-Strategien der Unternehmen? (Unter Benchmarking versteht man das vergleichende Messen der Leistung von Unternehmensteilen mit dem Ziel der Verallgemeinerung von »best practice« – also des jeweils effizientesten und effektivsten Verfahrens – und der Erhöhung der Konkurrenzfähigkeit. Es wird von trans-

nationalen Unternehmen zunehmend international, also zwischen verschiedenen Standorten des Unternehmens, durchgeführt.)

1. Der globale Süden

Der Begriff »Süden« ist für uns eine Metapher für all jene Länder, die zu Beginn des 20. Jahrhunderts nicht zu den Kolonialmächten zählten. Die meisten dieser Länder liegen im Süden der damaligen europäischen Mächte (wozu Russland gehörte), der Vereinigten Staaten von Amerika und von Japan. In ihrer Mehrzahl gehören sie auch zu Beginn des 21. Jahrhunderts nicht zu den industriell und militärisch starken Ländern der Erde. Die Bezeichnung »Süden« für diese sehr unterschiedlichen Länder ist keineswegs optimal, doch mittlerweile recht verbreitet, insbesondere unter den dortigen weltmarktpolitischen Nichtregierungsorganisationen, NGOs (zur Begriffsgeschichte siehe Infobox 3.2, S. 58). Der Prozess der Globalisierung könnte nicht als solcher bezeichnet werden, wenn er nicht diesen »Süden« mit erfassen würde.

1.1 Dimensionen der Globalisierung im Süden

Mehr noch als im Norden hat die Globalisierung die Struktur und die Verregelung des Handels, des Kapitalverkehrs und der Produktion im Süden erfasst. Die Veränderungen auf diesen Gebieten wollen wir im Folgenden kurz darstellen, um dann der Frage nachzugehen, welche Auswirkungen die Globalisierung auf die wirtschaftspolitische Souveränität der Länder des globalen Südens hat.

Handel

In den letzten zwei Jahrzehnten hat sich die Wirtschaftsstruktur der Länder des Südens zunehmend auf den Export ausgerichtet. Dies gilt selbst für die Länder, in denen die Ausfuhr im Verhältnis zur gesamten Wirtschaftsleistung nicht zugenommen hat; Äthiopien beispielsweise hat sich zwar auch dem Export zugewandt, war dabei aber relativ wenig erfolgreich. Während der »fordistischen Pause« (siehe Kapitel II) betrieben viele Länder, besonders in Lateinamerika, eine Politik der Importsubstituierung, das heißt, sie versuchten mittels Aufbau einer eigenen Industrie die Einfuhr von Industriegütern aus dem Norden durch heimische Produktion zu ersetzen. Einige sozialistisch geführte Länder wie insbesondere China koppelten sich fast vollständig vom Weltmarkt ab und versuchten autark zu wirtschaften, also unabhängig vom nicht-sozialistischen Ausland.

Diese Entwicklungsstrategien waren anfangs durchaus erfolgreich, doch sie blieben meist auf einen starken Schutz vor der überlegenen ausländischen Konkurrenz angewiesen. Unabhängig von den in vielen Ländern bestehenden Mängeln in der öffentlichen Infrastruktur sowie dem vergleichsweise geringen Ausbildungsstand der Beschäftigten blieb der Absatz pro Industrieprodukt in den jeweiligen Ländern zu klein, um zu effizienten Größenordnungen auch bei der Produktion zu kommen.

Ein Extremfall war der Versuch im kleinen lateinamerikanischen Uruguay, mit etwas über drei Millionen Einwohnern, in den 60er-Jahren eine eigenständige Automobilindustrie hochzuziehen. Dies musste allein schon daran scheitern, dass damals eine effiziente Automobilfabrik mindestens 300 000 Einheiten im Jahr zu produzieren hatte. Für solche Mengen war der dortige Markt einfach zu klein, zumal durch krasse Einkommensunterschiede nur eine verhältnismäßig kleine Mittelschicht sich ein Kraftfahrzeug leisten konnte. Die Produktion hätte vom Beginn an auf den Export ausgerichtet sein müssen, um effiziente Größenordnungen zu erreichen.[1] Länder, die eine solche exportorientierte Strategie verfolgten, wie beispielsweise Südkorea (Hyundai), waren entsprechend erfolgreicher und dienten während der 80er- und 90er-Jahre vielen anderen Ländern – und insbesondere den Entwicklungsberatern der Weltbank und des Internationalen Währungsfonds – als Vorbilder. Der gerade in den 90er-Jahren zu verzeichnende Zuwachs an Exporten des verarbeitenden Gewerbes aus dem globalen Süden blieb auf einen relativ kleinen Kreis von Ländern begrenzt: auf die so genannten Schwellenländer. Dort herrschte zudem die arbeitsintensive Produktion (z. B. Textilien oder Spielwaren) mit einem geringen Anteil an der gesamten Wertschöpfung vor.

Ein Beispiel: Mitte der 90er-Jahre erhielten Arbeiterinnen in Vietnam für jedes Paar Schuhe 70 oder 80 US-Cents, während Nike diese in den USA für bis zu 120 US-Dollar verkaufte. Die Differenz wird aufgeteilt unter der auftraggebenden Sportartikelfirma, den Transportunternehmen und dem Einzelhandel. Höherwertige Industrieprodukte werden bisher nur von sehr wenigen Ländern aus dem globalen Süden hergestellt (Taiwan, Südkorea, Brasilien und Mexiko; Software aus Indien). Eine große Zahl von Ländern, insbesondere Afrikas, Mittelamerikas und des Nahen Ostens, ist weiterhin hochgradig vom Export weniger Agrarprodukte und Rohstoffe abhängig.

Mit dem Einbezug in den Welthandel für Industrieprodukte ging auch die Ausweitung des Regelsystems für den grenzüberschreitenden Handel einher. Während das Allgemeine Zoll- und Handelsabkommen (GATT) bis in die 70er-Jahre im Wesentlichen auf Industrieländer beschränkt war, gehören heute fast alle Länder der Welthandelsorganisation WTO an (146 Mitgliedstaaten, Stand März 2004). Die Länder des Südens unterliegen auch zunehmend den allgemeinen Prinzipien der multilateralen Welthandelsordnung (siehe Infobox 2.2, S. 44). Ausnahmen und Präferenzen gelten zunehmend nur noch für die so genannten am wenigsten entwickelten Länder.

Insgesamt zahlte sich für einen recht großen Teil des Südens (vor allem bezogen auf die Bevölkerungszahl) die Beteiligung am globalen Handel in Form eines dynamischen Wirtschaftswachstums aus. Diejenigen Staaten, denen es nicht gelang, sich in die industrielle Wertschöpfungskette einzuklinken, profitierten allerdings – durch stagnierende oder sinkende Weltmarktpreise für viele mineralische Rohstoffe, Agrarprodukte und Produkte der Textil- und Bekleidungsindustrie – vom Handel eher weniger. Zudem konnten innerhalb der erfolgreichen Exportnationen nicht alle Teile der Bevölkerung gleichermaßen Nutzen ziehen. Vormals geschützte Sektoren wurden durch die Öffnung zum Weltmarkt stark unter Druck gesetzt. So ist es fraglich, ob die traditionellen Industriestandorte im chinesischen Nordosten den Beitritt Chinas zur WTO überleben werden. Bereits zum Beitrittszeitpunkt 2002 gingen dort Millionen von Arbeitsplätzen im Zuge der schrittweisen Liberalisierung des Marktzutritts verloren.

Das Nordamerikanische Freihandelsabkommen NAFTA von 1994 öffnete den mexikanischen Mais-Markt für die Produzenten aus dem Norden; gleichzeitig wurden Subventionen für die kleinen mexikanischen Mais-Bauernhöfe abgebaut. In der Folge mussten hunderttausende Bauern ihre Landwirtschaft aufgeben. Die traditionelle heimische Industrie wurde ebenfalls stark unter Druck gesetzt und zu einem erheblichen Anteil durch Zweigwerke ausländischer Hersteller ersetzt. Das reale Durchschnittseinkommen mexikanischer Industriearbeiter sank im Zeitraum von 1994 bis 1999 um 16 Prozent.[2] Freilich ist nicht allein der Freihandel für diesen Lohnverfall verantwortlich: Sinkende Rohölpreise und Währungskrisen gehören ebenfalls zu den Ursachen.

Kapitalverkehr

Während in den 60er- und 70er-Jahren der grenzüberschreitende Geldtransfer in fast allen Ländern des Südens einerseits der behördlichen Genehmigung unterlag und andererseits durch die geringe internationale Akzeptanz der eigenen Währung stark eingeschränkt war, haben insbesondere die Schwellenländer in den 90er-Jahren die behördlichen Beschränkungen zurückgenommen und ihre Währungen eng an starke Währungen, insbesondere den US-Dollar, gekoppelt. Dadurch wurde (zunächst) das Risiko für den ausländischen Vermögensbesitzer, Geld in der jeweiligen Landeswährung zu halten, deutlich vermindert.

Allerdings konnten nur die wenigsten Länder (vor allem das Finanzzentrum Hongkong) diese Währungsbindung über mehr als fünf Jahre durchhalten. Die dann eintretenden Währungskrisen führten zu drastischen Wechselkursänderungen (siehe Kapitel III 1.5 »Die Verlockungen kurzfristigen Kapitals«). In Hongkong und Singapur entstanden zudem internationale Finanzzentren, die aber insbesondere den Zentren in New York, London und Tokio untergeordnet blieben. Eine Reihe von zumeist kleinen Inselstaaten entwickelten sich zu so genannten Steueroasen, wo illegal oder an der Steuer vorbei erworbenes Geld »geparkt« wird.[3]

Die Art der Finanzströme hat sich ebenfalls verändert: Während in den 60er-Jahren noch der Transfer öffentlicher Gelder von Geberstaaten oder multilateralen Organisationen überwog, begannen in den 70er-Jahren private Banken, Kredite an die Regierungen oder große Unternehmungen im Süden zu vergeben. Nachdem zu Beginn der 80er-Jahre einige der großen Schuldner zahlungsunfähig wurden (Schuldenkrise Lateinamerikas), hielten sich die Banken für den Rest des Jahrzehnts mit weiteren Ausleihen zurück.

In den 90er-Jahren begannen institutionelle Investoren des Nordens (wie Investmentfonds, Pensionsfonds) sich direkt auf die Börsen des Südens zu begeben, um dort Anleihen beziehungsweise Anteilsscheine (Aktien) von Unternehmen zu kaufen. Diese »Portfolioinvestitionen« (die von den »Direktinvestitionen« zu unterscheiden sind) kamen allerdings nur einer kleinen Gruppe von Ländern zugute; zwischen 1990 und 1999 wurden 62,85 Prozent aller Portfolioinvestitionen in Ländern mit geringen oder mittleren Einkommen in China, Indien, Indonesien und Thailand getätigt.[4] Sie erwiesen sich zudem in den meisten Fällen als sehr unbeständig; die größte Ausnahme stellt derzeit noch die Volksrepublik China dar. Diese Gelder waren zumeist äußerst kurzfristig angelegt, wurden bei einem Vertrauensschwund rasch wieder abgezogen und wirkten damit krisenauslösend und vor allem krisenverstärkend. Während der Kapitalzufluss in die asiatischen Volkswirtschaften von 15 Mrd. US-Dollar (1992) auf mehr als 110 Mrd. US-Dollar (1996) zunahm, waren es 1997 nur noch knapp 20 Mrd. US-Dollar; 1998 musste sogar ein Kapitalabfluss von 55 Mrd. US-Dollar verzeichnet werden.

Die Staaten, die ihr Wachstum mittels ausländischen Kapitals beschleunigen wollen, müssen ihre Wirtschaftspolitik am internationalen Zinsniveau ausrichten, da das ausländische private Kapital eine hohe Rendite erwartet. Diese muss umso höher ausfallen, je größer das Ausfallrisiko ist, also dass die investierten Gelder nicht mehr zurückgezahlt werden. Für viele Länder erfolgte eine solche Orientierung nicht freiwillig; sie war vielmehr Resultat vorangegangener Schuldenkrisen, die zur Kreditaufnahme beim IWF zwangen. Die Unterstützung des IWF war jedoch nicht ohne Erfüllung von Auflagen zu erhalten. Zu diesen gehörte, im Rahmen des »Washingtoner Konsens« (siehe folgende Infobox), die Liberalisierung des Kapitalverkehrs und damit die Ausrichtung an den internationalen Kapitalmärkten.[5]

Infobox 3.1: Der Washingtoner Konsens

Der 1990 durch John Williamson vom Washingtoner Institute for International Economics geprägte Begriff bezeichnet ein Politikprogramm der »strukturellen Anpassung« in verschuldeten Ländern (zunächst vor allem Lateinamerika), das von internationalen Organisationen wie dem IWF und der Weltbank – die ihren Sitz in Washington haben –, der amerikanischen Regierung und international operierenden Finanzinstituten getragen wurde. Mit diesem Programm wurde den von der Schuldenkrise der 80er-Jahre betroffenen Ländern eine strenge Politik der Anpassung an die Erfordernisse liberalisierter internationaler Finanzmärkte auferlegt. Durch eine Senkung der Inflation und die Stabilisierung der Währung sollte der Kapitalzufluss sichergestellt und den verschuldeten Ländern zu nachhaltigem Wachstum und Entwicklung verholfen werden.

Nach Ansicht der Kritiker diente das Programm jedoch vor allem den Interessen der Kapitalgeber und verschärfte das Problem der Abhängigkeit der betroffenen Länder von den internationalen Finanzmärkten noch weiter. Darüber hinaus erfolgten die Strukturanpassungsmaßnahmen und staatlichen Ausgabensenkungen oft zulasten der sozial Schwachen, verschärften die Armut und führten auch nicht zu einem nachhaltigen Wirtschaftswachstum. Infolge der zunehmenden Kritik an diesem Konzept ist inzwischen von einem »Post-Washington-Konsens« die Rede, in dem auch soziale und ökologische Belange stärker berücksichtigt werden sollen.

Im Vergleich zum Handel fällt die Zahl der begünstigten Länder des liberalisierten Kapitalverkehrs deutlich geringer aus: Sehr viele Länder vermochten nicht den kreditfinanzierten Wachstumsschub für eine Stärkung ihrer Konkurrenzfähigkeit zu nutzen. Oft konnten sie die Kredite nicht zurückzahlen; im Falle von Portfolioinvestitionen wurden sie bei nicht erfüllten Erwartungen durch schockartige Rückflüsse ausländischer Gelder bestraft. Verschärft wurde das Problem dadurch, dass oft auch die einheimischen Eliten vom erleichterten grenzüberschreitenden Kapitalverkehr Gebrauch machten und bei Krisenanzeichen ihr Geldvermögen ins Ausland brachten. So beteiligt sich eine Vielzahl von Ländern am Prozess der Globalisierung unter der Last zuvor angehäufter Schulden.

Produktion

Im Zuge der Globalisierung sind einige Länder innerhalb globaler Wertschöpfungsketten als Produktionsstandorte der Industrie und sogar von Dienstleistungsunternehmen mittlerweile interessant geworden. Transnationale Konzerne im verarbeitenden Gewerbe hatten bis Ende der 70er-Jahre Produktionsstätten im globalen Süden zur Belieferung der dortigen Märkte errichtet. Die bereits erwähnte Politik der Importsubstituierung hatte zu hohen Zöllen geführt, die die Konzerne mit eigenen Produktionsstandorten in den betreffenden Ländern zu umgehen trachteten.

Die Nutzung dieser Produktionsstätten zum Export ist Folge mehrerer Entwicklungen: Erstens versuchen die Konzerne durch die Spezialisierung einzelner Produktionsstandorte Größenvorteile zu erzielen; zweitens erlauben gesunkene Transportkosten und insbesondere die informationstechnologische Revolution die globale Vernetzung einzelner Produktionsschritte; drittens stehen die Gastländer aufgrund ihrer Schuldenlast bzw. des Vorbilds exportorientierter Länder wie Südkorea der Exporttätigkeit der bei ihnen ansässigen ausländischen Tochterunternehmen deutlich aufgeschlossener gegenüber. Während in den 60er-Jahren die ausländischen Investoren häufig schlechter gestellt wurden als die einheimischen, genießen seit den 80er-Jahren ausländische Konzerne häufig Privilegien (insbesondere in Sonderwirtschaftszonen, siehe Einleitung und Kapitel IV), die den heimischen Unternehmen nicht eingeräumt werden.

Die große Mehrzahl der transnationalen Konzerne hat ihren Hauptsitz in den OECD-Ländern. In den letzten Jahrzehnten entstanden zunehmend jedoch auch in den Entwicklungsländern transnationale Konzerne: 1997 wurden dort 7 932 gezählt – eine zwar beachtliche, doch im Verhältnis zu den 36 380 Konzernen in den Industrieländern noch relativ kleine Zahl, zumal sie keine Aussage über die Größe der einzelnen Unternehmen enthält. Bekannt sind einige Firmen aus Südkorea (wie Hyundai, Daewoo und Samsung), wobei dieses Land als heutiges Mitglied der OECD nicht mehr direkt zu den Entwicklungsländern gezählt werden kann. Die große Masse der ausländischen Direktinvestitionen kommt nach wie vor aus wenigen OECD-Staaten: Die G-5 Staaten, das sind die USA, Japan, Großbritannien, Frankreich und Deutschland, plus Niederlande, Schweden und die Schweiz, halten mehr als drei Viertel des gesamten produktiven Auslandsvermögens. Gleichfalls strömt die Masse der ausländischen Direktinvestitionen in nur wenige Länder: In zehn Ländern des globalen Südens befinden sich zwei Drittel des gesamten produktiven Auslandsvermögens. In den letzten Jahren floss ein zunehmender Anteil nach China, nachdem Währungskrisen in Lateinamerika und 1997 in Südostasien die Anlage in diesen Ländern weniger attraktiv machten.

Während Fusionen zwischen Firmen bzw. die Übernahme von Firmen unter den OECD-Ländern weit verbreitet sind – fast die Hälfte der ausländischen Direktinvestitionen werden so getätigt –, spielt dies in den Ländern des globalen Südens nur eine untergeordnete Rolle: Einerseits verfügen sie über zu wenige Firmen, die für eine Übernahme interessant wären, andererseits schützen sie ihre erfolgreichen heimischen Unternehmen gesetzlich vor ausländischen Übernahmen.

Im Gegensatz zum Handel und Kapitalverkehr fehlt im Bereich der ausländischen Direktinvestitionen ein einheitliches internationales Regime; sie werden vornehmlich durch bilaterale Verträge zwischen den einzelnen Ländern geregelt. 1997 bestanden 1 513 solcher Verträge, die 162 Länder betrafen. Diese Verträge regeln die Rechte der Investoren gegenüber ihren Gastländern. Sie schützen vor allem gegen Enteignungen und Diskriminierung im Verhältnis zu den in den Gastländern heimischen Unternehmen. In den 70er-Jahren scheiterte der Versuch, den transnationalen Konzernen im Rahmen der Vereinten Nationen verbindliche Verhaltensweisen gegenüber den Gastländern vorzuschreiben. In den späten 90er-Jahren misslang umgekehrt der Versuch, durch ein so genanntes multilaterales Investitionsabkommen (Multilateral Agreement on Investment, MAI) die Rechte der Investoren gegenüber den Regierungen international abzusichern.[6] Einige von der Welthandelsorganisation (WTO) verwaltete Abkommen sichern allerdings schon heute einige Rechte der transnationalen Konzerne (siehe Infobox 2.2, S. 44).

Souveränität

Globalisierung ging mit einer Schwächung der wirtschaftspolitischen Souveränität der Staaten des Südens einher, die im Schnitt deutlich ausgeprägter als für die OECD-Staaten ausfiel (siehe Kapitel III 2. »Der Nationalstaat in der Globalisierung«). Das jeweilige Ausmaß der Schwächung steht einerseits im Verhältnis zum Ausgangspunkt: So erfolgte die Hinwendung zum Weltmarkt in der Volksrepublik China von einem äußerst hohen Niveau an Staatlichkeit, während beispielsweise Somalia auch in den 70er-Jahren nur über geringe wirtschaftspolitische Kapazitäten verfügte. Zum anderen steht der

Grad der Minderung an wirtschaftspolitischer Souveränität in einem engen Verhältnis zum außenwirtschaftlichen Erfolg: Länder mit Handelsbilanzüberschüssen und einem geringen Verschuldungsgrad haben ein höheres Maß an Entscheidungsautonomie behalten als jene mit Handelsbilanzdefiziten und hoher Auslandsverschuldung.

Die Rolle des Erfolgs konnte während der Asienkrise besonders gut an Südkorea beobachtet werden. Solange dieses Land erfolgreich war, konnte es in einem hohen Maße selbst über seine Wirtschaftsstruktur und -politik entscheiden. Kaum wurde dieses entwicklungspolitische Vorzeigeland jedoch von der Krise erfasst, musste seine Regierung Maßnahmen wie beispielsweise die Erleichterung der Beteiligung ausländischer Investoren an einheimischen Unternehmen ergreifen, zu denen sie vorher nicht bereit gewesen war. Seine Währungskrise machte Südkorea zum Bittsteller beim IWF und beim US-amerikanischen Finanzministerium. Dieser bittere Machtverlust löste äußerste kollektive Anstrengungen aus (z. B. die Mobilisierung privater Goldbestände), um die vom IWF gewährten Kredite frühzeitig zurückzahlen zu können.[7]

An wen ging ein Teil der wirtschaftspolitischen Souveränität über? Zum einen vergrößerte sich der Handlungsspielraum ausländischer Wirtschaftsunternehmen. Während in den 70er-Jahren viele Staaten die Schlüsselindustrien nationalisierten (soweit dies nicht bereits zuvor geschehen war) und den transnationalen Konzernen Beschränkungen auferlegten (z. B. Verbot der Gewinnrückführung), wurde ab den 80er-Jahren umgekehrt die Privatisierung vormals staatlicher Unternehmen betrieben. Für die transnationalen Konzerne wurden zunächst Sonderproduktionszonen eingerichtet, in denen sie von vielen Auflagen befreit für den Export wirtschaften konnten. Die dort geltenden Bedingungen wurden in den 90er-Jahren häufig auf alle Produktionsstandorte dieser Konzerne im jeweiligen Land ausgedehnt.

Bei der Privatisierung kamen insbesondere die ausländischen transnationalen Konzerne zum Zuge – wenn nicht sofort, dann häufig nur wenige Jahre später. Insbesondere in Argentinien und Mexiko gingen große Teile des Produktivvermögens und der Infrastruktur (vor allem das Telefonnetz), traditionelle öffentliche Dienste wie die Wasserversorgung, Versicherungen und selbst das Bankwesen in die Hand ausländischer transnationaler Konzerne. Im Sommer 2002 befanden sich sieben der acht großen mexikanischen Banken in ausländischer Hand.

Zum anderen nahm seit den 80er-Jahren die Macht supranationaler Organisationen zu. Annähernd hundert Länder mussten im Verlaufe der 80er- und 90er-Jahre aufgrund von Zahlungsbilanzproblemen, Währungskrisen und Überschuldung ihre Wirtschaftspolitik vom Internationalen Währungsfonds überprüfen lassen. In den meisten Fällen mussten sie anschließend einen Kurswechsel vollziehen, um weiterhin finanzielle Unterstützung seitens des IWF zu erhalten. Sie mussten die Patentrezepte des »Washingtoner Konsens« (siehe Infobox 3.1) umsetzen. Auch die Inanspruchnahme von Entwicklungskrediten der Weltbank war abhängig von der Auflagenerfüllung im Geiste dieses Politikkonzeptes.

Infobox 3.2: Wechselnde Bezeichnungen für den Süden

Für die armen Länder wird vielfach der Begriff Entwicklungsländer verwendet. Die reichen Industrieländer werden hingegen als entwickelt bezeichnet. Durch die Wahl der Begriffe ist die Richtung vorgegeben: Die Entwicklungsländer sollen sich zu entwickelten Ländern fortentwickeln. Der Maßstab, an dem Entwicklung gemessen wird, ist vornehmlich ein materieller: die Versorgung mit Geld und Industriegütern. Auch wenn, wie neuerdings, Lebenserwartung und Ausbildungsstand als Kriterien hinzugenommen werden (Index für menschliche Entwicklung des UN-Entwicklungsprogramms, UNDP), sagen sie über die soziale Kompetenz oder die Persönlichkeitsentwicklung der Bürgerinnen und Bürger nur wenig aus. Und insbesondere versagen diese Maßstäbe hinsichtlich der Zukunftsfähigkeit einer Gesellschaft. Wenn man von der Endlichkeit vieler Ressourcen ausgeht, dann erscheinen die reichen Industrieländer mit ihrem hohen Rohstoffverbrauch wenig zukunftsfähig. Anhand dieses Kriteriums müssten die reichen Industrieländer als fehlentwickelt gelten *(siehe Abb. 3.1)*.

Abb. 3.1: Täglicher Pro-Kopf-Wasserverbrauch (in Liter)

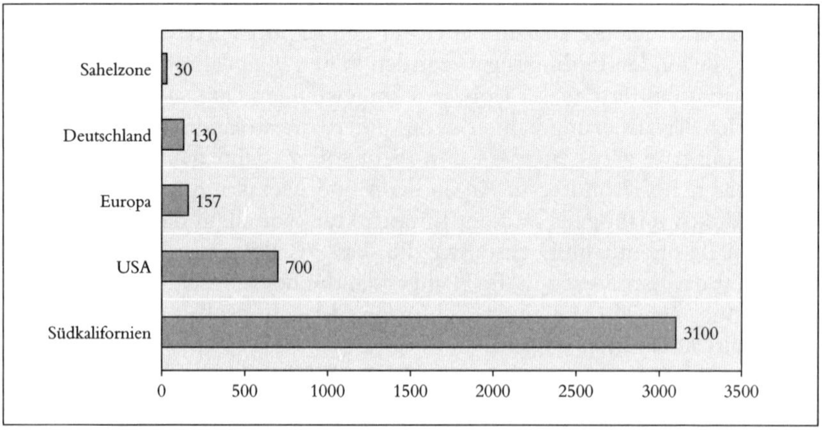

Quelle: Deutscher Bundestag 2002: Schlussbericht der Enquete-Kommission »Globalisierung der Weltwirtschaft – Herausforderungen und Antworten« (Drucksache 14/9200), S. 362.

Wenn also von Entwicklungsländern gesprochen wird, ist das zugleich eine höchst problematische Wertung. Deshalb gab es immer wieder Versuche, neue Begriffe einzuführen. Lange war die Bezeichnung »Dritte Welt« populär, als Abgrenzung zum westlichen, kapitalistischen und östlichen, sozialistischen Block. Noch bevor sich der sowjetische Block auflöste, erschien der Begriff Dritte Welt jedoch nicht mehr angemessen: Die einzelnen Länder wiesen immer größere Unterschiede hinsichtlich ihrer Wachstumsdynamik und politischen Ausrichtung auf. Die erfolgreichsten unter ihnen wurden als Schwellenländer bezeichnet, an der Schwelle zum voll ausgereiften Industrieland.

Die Organisationen der Vereinten Nationen teilen heutzutage die Länder der Welt zumeist nach ihren Pro-Kopf-Einkommen ein: LIC für Länder mit niedrigem Einkommen, MIC für Länder mit mittlerem Einkommen und HIC für Länder mit hohem Einkommen. Kurz vor der Asienkrise von 1997 wurde unter den Börsianern der Begriff »aufstrebende Marktökonomien« populär.

Das in den 70er-Jahren auftauchende Begriffspaar Metropole-Peripherie versucht, anstelle von Unterschieden im Industrialisierungsgrad bzw. im Pro-Kopf-Einkommen grundsätzliche Machtungleichgewichte zu kennzeichnen: Die Metropolen zeichnen sich durch ihre Machtfülle aus; dort werden die politischen und wirtschaftlichen Entscheidungen gefällt. Die Peripherie, die Randgebiete, vollziehen hingegen diese Entscheidungen nach bzw. nehmen diese weitgehend hin.

Wir verwenden die geografische Bezeichnung von Norden und Süden, obwohl sich im Süden wohlhabende Länder wie Australien und im Norden so arme Länder wie Moldawien befinden. Für die reichen Länder benutzen wir auch den Begriff OECD-Länder, da die Organisation für wirtschaftliche Zusammenarbeit und Entwicklung (Organization for Economic Cooporation and Development, OECD) im Wesentlichen die reichen, industriell entwickelten Marktökonomien umfasst. Noch exklusiver ist die Gruppe der Sieben (G-7), der selbst ernannten mächtigsten Industrienationen: USA, Kanada, Japan, Großbritannien, Frankreich, Italien und Deutschland. Vor kurzem wurde Russland aufgenommen, sodass die G-7 sich zur G-8 entwickelte. Durch den Ausschluss von China und Indien kann die G-8 aber nicht für sich in Anspruch nehmen, die großen Weltwirtschaftsmächte zu repräsentieren.

1.2 Die Schere zwischen Arm und Reich

In der Nachkriegszeit haben sich mit Ausnahme der Länder im Kriegszustand und der ehemaligen sowjetischen Staaten die Lebensbedingungen der Bevölkerungsmehrheit in allen Ländern merklich verbessert: geringere Kindersterblichkeit, längere Lebenserwartung der Erwachsenen, höherer Bildungsstand etc. Trotz einer Bevölkerungszunahme von 2,3 auf 5,6 Mrd. liegt das durchschnittliche Pro-Kopf-Einkommen heute etwa dreimal so hoch wie 1950. Doch zugleich öffnete sich die Schere zwischen armen und reichen Ländern.

Derzeit leben weltweit 2,8 Mrd. Menschen von weniger als zwei US-Dollar pro Tag, die Säuglings- und Kindersterblichkeit liegt in Südasien bei über 70 pro 1 000 Lebendgeburten, in Afrika südlich der Sahara bei über 90 pro 1 000. Das reichste Fünftel der Länder hatte 1960 noch dreißigmal so viel Einkommen wie das ärmste Fünftel, 1995 war das Verhältnis auf 74:1 angestiegen. Ein Fünftel der Menschheit lebt in Ländern – hauptsächlich in Afrika und Lateinamerika –, in denen der Lebensstandard in den 80er-Jahren real gesunken ist. Ungefähr 1,5 Mrd. Menschen haben keinen Zugang zu hygienisch unbedenklichem Wasser, und 2 Mrd. verfügen nicht über ausreichende Sanitäranlagen. Gleichwohl konnten einige Entwicklungsländer Anschluss an die entwickelten Industrieländer finden: Südkorea, Singapur, Taiwan, Thailand, Malaysia, Indonesien, China, Chile, Mexiko, Brasilien und Südafrika *(vgl. Abb. 3.2).*

Abb. 3.2: Wachsende Einkommensunterschiede und ernsthafter Mangel in wichtigen Lebensbereichen

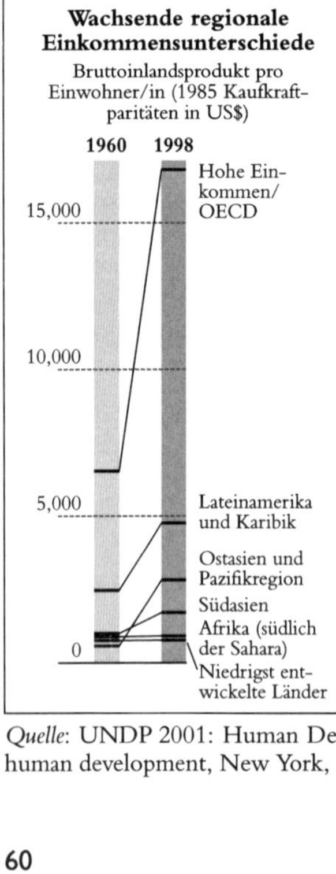

Ernsthafter Mangel in vielen Lebensbereichen

Entwicklungsländer

Gesundheit
968 Mio. Menschen ohne Zugang zu hygienischen Wasserquellen (1998)
2,4 Mrd. Menschen ohne Zugang zu einfachen Sanitäreinrichtungen (1998)
34 Mio. Menschen mit HIV/AIDS (Ende 2000)
2,2 Mio. Menschen sterben jährlich an Luftverschmutzung in geschlossenen Räumen (1996)

Bildung
854 Mio. Erwachsene können nicht lesen und schreiben, davon 543 Mio. Frauen (2000)
325 Mio. Kinder gehen nicht zur Grundschule oder ersten weiterführenden Schule, davon 183 Mio. Mädchen (2000)

Einkommensarmut
1,2 Mrd. Menschen leben von weniger als einem US-Dollar am Tag (1993 Kaufkraftparitäten in US-Dollar), 2,8 Mrd. Menschen von weniger als zwei US-Dollar (1998)

Kinder
163 Mio. Kinder unter fünf Jahren sind untergewichtig (1998)
11 Mio. Kinder unter fünf Jahren sterben jährlich aus vermeidbaren Gründen (1998)

OECD-Mitgliedsländer

15% der Erwachsenen haben funktionale Lese- und Schreibschwächen (1994–98)
130 Mio. Menschen leben in Einkommensarmut (mit weniger als 50% des mittleren Einkommens) (1999)
8 Mio. Menschen sind unterernährt (1996–98)
1,5 Mio. Menschen leben mit HIV/AIDS (2000)

Quelle: UNDP 2001: Human Development Report 2001: Making new technologies work for human development, New York, Oxford, S. 9 und 17.

1.3 Entwicklung: eine Frage des richtigen Rezepts

Im Welthandel herrschte lange eine klare Arbeitsteilung zwischen Norden und Süden: Der Süden lieferte Rohstoffe und landwirtschaftliche Produkte, der Norden verarbeitete diese und lieferte Industriewaren in den Süden. 1960, kurz vor Abschluss der Entkolonialisierung, hatten Industriegüter am Gesamtexport der Entwicklungsländer einen Anteil von weniger als 14 Prozent. In den letzten Jahrzehnten stieg insgesamt der Absatz an industriell gefertigten Waren aus den Entwicklungsländern in die Industrieländer, doch der Zuwachs konzentrierte sich auf nur wenige Länder; zu diesen gehören vor allem die ostasiatischen wie Südkorea, China (inklusive Hongkong und Taiwan) und Thailand.

Der großen Masse der Entwicklungsländer ist es bisher nicht gelungen, die Erfolgsrezepte dieser Länder auf sich selbst anzuwenden. Die Rezeptur ist vielfach untersucht worden; zumeist werden folgende Elemente identifiziert:

- *Infrastruktur*: Für den Erfolg auf dem Weltmarkt bedarf es eines funktionierenden Straßen-, Kanal-, Telefon- und Energienetzes, da Transport, Kommunikation und Energie bedeutende Kostenfaktoren für die Industrie sind.
- *Bildung*: Der allgemeine Bildungsstand muss so angehoben werden, dass die Errungenschaften des Industriezeitalters angewendet, gewartet und verbessert werden können.
- *Verwaltung*: Industrielle Fertigung ist auf eine möglichst reibungslose Koordination der einzelnen Produktionsschritte angewiesen, die nicht zuletzt von einer effektiven öffentlichen Verwaltung abhängt.
- *Rechtsstaatliche Institutionen*: Die komplexe Arbeitsteilung einer modernen Industriegesellschaft beruht auf klar definierten Eigentumsrechten, die mittels rechtstaatlicher Institutionen gesichert werden.[8]

Alle hier aufgeführten Maßnahmen der so genannten guten Regierungsführung (»good governance«) müssen zusammenkommen. Wo Inkompetenz, Korruption und staatliche Willkür herrschen, können sich keine effizienten Industriestrukturen entwickeln und entsprechend kann auch nicht mit der Weltmarktkonkurrenz mitgehalten werden.

Viele Regierungen der weniger erfolgreichen Staaten nutzen den Reichtum ihrer Länder nicht zum Aufbau einer effektiven Verwaltung, einer funktionierenden Infrastruktur und eines leistungsfähigen Bildungssystems. Die Gelder werden für Prestigebauten ausgegeben (wie z. B. für den Nachbau des Sankt Petersdoms in Abidjan, Hauptstadt der Elfenbeinküste) und für das Militär – die am wenigsten entwickelten Länder verzeichneten zwischen

1985 und 2000 den höchsten Zuwachs an Soldaten – oder direkt von der herrschenden Elite ins Ausland geschleust.

Diese Erkenntnis bedeutet für viele entwicklungspolitische Berater, dass Entwicklung grundsätzlich für alle Länder möglich ist, solange sie sich anstrengen, diese Rezepturen anzuwenden. Im Umkehrschluss sind somit Länder, bei denen diese Faktoren nicht erfüllt sind, selbst schuld an ihrer Unterentwicklung: Große Einkommensunterschiede, Korruption, mangelnde Investitionen in die Infrastruktur und vor allem ins Bildungswesen sind der Entwicklung eines Landes nicht förderlich – doch können diese Probleme wirklich einfach mit einem Willensakt überwunden werden? Liegen die Ursachen nicht tiefer?

Wenngleich sich die Länder der so genannten Dritten Welt nach dem 2. Weltkrieg aufgrund ihrer vornehmlich agrarischen Strukturen auf einem recht ähnlichen Entwicklungsstand befanden, gab es dennoch erhebliche Unterschiede zwischen den einzelnen Nationen und Regionen. Sie unterschieden sich mindestens hinsichtlich ihres Entwicklungsstandes vor ihrer Kolonialisierung, der Art, wie sie kolonialisiert wurden, ihrer Rolle im Kalten Krieg zwischen dem westlichen und sowjetischen Lager und schließlich hinsichtlich ihrer Ressourcenausstattung. Diese Unterschiede wollen wir uns hier näher anschauen.

Vor der europäischen Kolonialisierung der Welt

Wenn wir nach den Ursachen fragen, warum einzelne Länder die genannten Erfolgsfaktoren hervorbringen konnten und andere nicht, fällt zunächst ins Auge, dass viele der in der Nachkriegszeit erfolgreichen Entwicklungsländer im 17. Jahrhundert hinsichtlich ihrer wirtschaftlichen, politischen und kulturellen Entwicklung auf einem ähnlichen Niveau oder gar höher als Westeuropa standen. Vor dem weltweiten Eroberungszug der Europäer waren der indische Subkontinent, Teile von Südostasien sowie China und Japan in vieler Hinsicht den Europäern überlegen. Insbesondere verfügten sie über Verwaltungsstrukturen, die große Räume miteinander verbanden, und über entsprechend geschultes Personal.[9] Während nur vier afrikanische Staaten (Botswana, Gabun, Südafrika und Tunesien) zwischen 1980 und 1995 wirtschaftlich gegenüber den westlichen Industriestaaten relativ aufholen konnten, gelang dies 14 von 16 asiatischen Ländern.

Die Kolonialpraktiken

Unter den Kolonialmächten dürften Portugal und Japan die gegenüberliegenden Pole des gesamten Spektrums an Kolonialpraktiken besetzt haben.

Wo Portugal als eine der ältesten Kolonialmächte vorherrschte, insbesondere in Mosambik und Angola, sind die Erfolgsfaktoren am wenigsten vorzufinden – während Südkorea, das in seiner kurzen Zeit als japanische Kolonie industrialisiert wurde, geradezu das Vorbild für eine erfolgreiche Entwicklungsstrategie darstellt. Einschränkend müssen wir hier aber festhalten, dass aufgrund der anderen Faktoren – bei Südkorea sowohl die Zeit vor der Kolonialisierung als auch die Rolle im Kalten Krieg – der Einfluss der Kolonialisierungsart nicht eindeutig bestimmt werden kann.[10]

Zwischen diesen beiden Kolonialmächten befindet sich Großbritannien, die ehemals größte unter ihnen. Ihre Kolonien wurden zwar auch durch das Prinzip des Teilens und Herrschens sowie einer harten Interessenpolitik zugunsten der eigenen Industrie nachhaltig geschädigt; doch der Aufbau einer relativ effektiven Verwaltungsstruktur und der Einbezug lokaler Verwaltungsbeamten erleichterte den Kolonien den Übergang in die politische Selbstständigkeit. Die britischen Kolonien, in denen britische und europäische Siedler im 18. bzw. 19. Jahrhundert gegenüber der einheimischen Bevölkerung die Übermacht errungen hatten, konnten sich sogar lange vor dem 20. Jahrhundert formell (USA) oder faktisch (Kanada, Australien und Neuseeland) vom Mutterland lossagen. Letztere konnten mit der wirtschaftlichen Entwicklung des ehemaligen Mutterlandes Schritt halten, die USA überflügelten dieses sogar ab etwa 1900.

Einige außereuropäische Länder entgingen der Kolonialisierung. Gerade unter ihnen finden wir besonders erfolgreiche Exportnationen der Nachkriegszeit, allen voran Japan, das später selbst kurzzeitig Kolonialmacht war. Ein anderes Beispiel ist Thailand, dessen Selbstständigkeit insbesondere im Bereich der Außenwirtschaft durch die britische Übermacht im Indischen Ozean allerdings eingeschränkt war. Auch China gehört dazu, das zwar einen Teil seiner Küstenstädte den Kolonialmächten überlassen musste, aber ansonsten bis auf die kurze Zeit japanischer Eroberung (1935-1945) während des eigenen langen Bürgerkrieges unabhängig blieb.

Die lateinamerikanischen Länder sind in ihrer Mehrheit seit den Unabhängigkeitskämpfen zu Anfang des 19. Jahrhunderts selbstständig. Dies haben jedoch nicht primär die indigenen Völker erkämpft, sondern die Nachfahren europäischer Siedler im Gefolge der nordamerikanischen Revolution.

Während in den USA die ursprüngliche Bevölkerung fast völlig ausgelöscht und auf Reservate verbannt wurde und somit eine reine Siedlergesellschaft entstand, kam es in Lateinamerika zu einer begrenzten Vermischung und einer noch heute spannungsreichen Koexistenz von indigener und europäischstämmiger Bevölkerung. Zudem haben im 19. Jahrhundert

Großbritannien und im 20. Jahrhundert die USA in Lateinamerika in informeller Weise die spanische Kolonialmacht ersetzt.[11]

1.4 Einbindung in den Kalten Krieg

Die Entwicklungsländer kamen in die Nachkriegszeit nicht nur mit sehr verschiedenen historischen Erfahrungen, sondern sie wurden in dieser Zeit auch unterschiedlich behandelt. Die USA als Hegemon des westlichen Lagers bevorzugten während des Kalten Krieges die Frontstaaten an der Grenze zum sowjetischen Einflussgebiet. Davon profitiert haben insbesondere die Gegner der USA im Zweiten Weltkrieg, Deutschland und Japan,[12] jedoch auch Südkorea und Taiwan. Letztere erhielten nicht nur reichlich finanzielle Unterstützung und erleichterten Zugang zum amerikanischen Markt, sondern konnten auch eine Wirtschaftspolitik verfolgen, die staatlich streng kontrolliert den Aufbau der eigenen Industrie vorantrieb.

In Lateinamerika standen hingegen US-amerikanische Interessen häufig solchen Strategien feindlich gegenüber. In Afrika blieb der Einfluss der ehemaligen Kolonialmächte auf die wirtschaftliche Entwicklung der neuen, auf dem Reißbrett entstandenen Nationen groß; z. B. blieben die ehemaligen französischen Kolonien in Westafrika währungspolitisch in der Franc-Zone.

Die Ressourcenausstattung

Starke Unterschiede bestanden bei den Entwicklungsländern hinsichtlich ihrer Ausstattung mit natürlichen Ressourcen. Während beispielsweise Saudi-Arabien oder auch Teile des Kongos über stark nachgefragte Bodenschätze, Erdöl beziehungsweise Kupfer und Uran, verfügten, aber vergleichsweise gering besiedelt waren, besaß etwa Südkorea eine große Bevölkerung, jedoch fast keine Bodenschätze.

Insbesondere in den frühen 70er-Jahren, als Rohstoffe dank einer guten Weltkonjunktur stark nachgefragt wurden, sagten viele entwicklungspolitische Beobachter denjenigen Ländern die besten Entwicklungschancen voraus, die über reichlich Bodenschätze und andere Rohstoffe auf ihrem nationalen Territorium verfügten. Diese Prognose traf nicht ein, im Gegenteil: Rohstoffarme Länder wie Südkorea zählen heute zu den erfolgreichsten Teilnehmern des Weltmarktes.

Einerseits entwickelte sich die Nachfrage nach Rohstoffen nicht so dynamisch, wie zu Beginn der 70er-Jahre prognostiziert: aufgrund von Krisenprozessen in den Industrieländern und weil sie durch synthetische, künstliche Stoffe ersetzt wurden. Außerdem konnten neue Quellen erschlossen werden, wie beispielsweise die Erdölfelder in der britischen Nordsee, die die Bedeutung der alten Lieferanten minderten.

Andererseits zeigte sich, dass gerade eine erfolgreiche Rohstoffexportpolitik die allgemeine industrielle Entwicklung eines Landes hemmte. Die Exporterfolge erhöhen nämlich die Nachfrage nach der heimischen Währung (da die Exporteure die Dollars, die sie für die Rohstoffe erhalten, in die heimische Währung umtauschen), was deren Wechselkurs gegenüber den Währungen wichtiger Handelspartner in die Höhe treibt. Durch den höheren Wechselkurs verteuern sich allerdings die heimischen Industrieprodukte im Ausland, sodass dort die heimische Industrie in Gefahr steht, Marktanteile an die jeweilige Konkurrenz zu verlieren. Zudem können sich die erfolgreichen Rohstoffexporteure hohe Löhne leisten (insbesondere in der Gas- und Erdölförderung), die auf das Lohnniveau in dem weniger wettbewerbsfähigen verarbeitenden Gewerbe ausstrahlen und zusätzlich noch deren Konkurrenzposition verschlechtern.

Dieser Zusammenhang zwischen Rohstoffen und Industrie wurde anlässlich der wirtschaftlichen Probleme Hollands nach Erschließung seiner Erdgasfelder in den 70er-Jahren bekannt und erforscht; daher der Name »holländische Krankheit« für dieses Problem. Das Phänomen der holländischen Krankheit tritt in Ländern, die weniger industriell entwickelt sind als Holland, mit wesentlich größerer Schärfe auf. Viele Erdöl fördernde Entwicklungsländer (z. B. Saudi-Arabien), aber auch Agrarexportländer wie Argentinien leiden in ihrem Industrialisierungsbemühen ebenso unter diesem Zusammenhang von Exporterfolg, Wechselkurs und geringer Konkurrenzfähigkeit ihrer Industrieprodukte.[13]

Hühnerleiter oder Pyramide?

Die Länder des Südens sind also mit sehr unterschiedlichen Voraussetzungen ins Zeitalter der Globalisierung eingetreten. Doch nicht nur diese Unterschiede können erklären, warum die Länder von der Globalisierung so ungleich Nutzen ziehen. Darüber hinaus bestehen weltwirtschaftliche Zusammenhänge, die ein stetiges Aufwärtssteigen auf der »Hühnerleiter« der Entwicklung nicht für alle gleichermaßen erlauben.

Den gängigen Entwicklungsrezepturen ist die Vorstellung gemein, dass jedes Land unabhängig von den anderen Ländern, aber unter Nachahmung der Entwicklungsmaßnahmen des jeweils erfolgreichsten Landes, gegenüber den alten Industrieländern aufholen kann. Bildlich gesprochen sitzen die

Länder nebeneinander auf unterschiedlichen Sprossen einer Leiter. Das Erklimmen der jeweils nächsten Sprosse erfolgt unabhängig von dem Verhalten der anderen Länder.[14]

Aus einer systemischen Sicht wird hingegen unterstellt, dass die Entwicklungschancen eines Landes jeweils vom Verhalten der anderen Länder mit beeinflusst werden. Um im Bild zu bleiben: Statt mit einer »Hühnerleiter« hätten wir es mit einer »Pyramide« zu tun, die nach oben hin spitzt zuläuft, sodass auf den höheren Rängen nicht alle Platz haben und auf dem Weg nach oben gerempelt wird – und die, die schon oben sitzen, nach unten treten. Wir wollen uns hier zunächst mit dem »Rempeln« und dann mit dem »Treten« beschäftigen.

Die Konkurrenz in den unteren Marktsegmenten

Der Austausch von Waren und Dienstleistungen auf dem Weltmarkt erfolgt unter Bedingungen der Konkurrenz. Das Angebot mit dem besten Preis-Leistungs-Verhältnis wird am ehesten eine Nachfrage finden. Diejenigen, deren Angebot ein schlechteres Verhältnis aufweist, werden es entweder gar nicht los oder müssen den Preis senken. Unter Konkurrenzbedingungen wird es zwangsläufig immer Anbieter geben, die weniger erfolgreich sind; soweit sie aufgrund des ersten Misserfolges nicht vom Markt verschwinden, werden sie in der nächsten Verkaufsrunde versuchen, ein günstigeres Angebot vorzulegen.

In den oberen, technologisch anspruchsvollen Marktsegmenten wird vornehmlich versucht, mittels Forschung und Entwicklung die Leistungsfähigkeit des Angebots zu erhöhen. Das Feld der Konkurrenz wird zudem klein sein, da nur wenige Anbieter über das erforderliche Know-how verfügen. Neue Anbieter werden eher selten auftreten, da sie erhebliche Investitionen in die Qualifikation ihrer Mitarbeiterinnen und Mitarbeiter sowie in den Maschinenpark vornehmen müssen, um das bisher vorherrschende Leistungsniveau erreichen zu können.

In den unteren, technologisch anspruchslosen Marktsegmenten sind solche Vorleistungen weniger erforderlich. Der Markteintritt ist deutlich leichter, mithin ist die Konkurrenz hier schärfer. Die meisten Unternehmen der alten Industrieländer bieten ihre Waren in den oberen Marktsegmenten an, die Unternehmen der Entwicklungsländer bewegen sich vornehmlich auf den Märkten für einfache Industriewaren, landwirtschaftliche Produkte und Rohstoffe.

Zwischen 1970 und 1997 sind die Rohstoffpreise um circa 40 Prozent zurückgegangen. Für die Länder, die vornehmlich Rohstoffe und Agrarprodukte exportieren, haben sich in den letzten Jahrzehnten deshalb die »Terms of Trade« deutlich verschlechtert. Diese sind ein Maß für die Entwicklung der Exportpreise im Verhältnis zu den Importpreisen: Erhöhen sich die Exportpreise langsamer als die Importpreise, verschlechtern sich die Terms of Trade. Ein Land bezieht dann für die gleiche Menge von Exportgütern eine kleinere Menge von Importgütern. Im Verhältnis zu seinen Handelspartnern zieht es somit einen kleineren Nutzen aus dem Handel.

Der Hauptgrund dafür ist, dass dank moderner Technik Rohstofflagerstätten mit relativ geringem Aufwand entdeckt werden können. Auf Preissteigerungen kann daher rasch mit der Erschließung neuer Rohstoffquellen geantwortet werden. Zudem lassen sich viele Rohstoffe mittlerweile auch künstlich herstellen beziehungsweise durch industriell gefertigte Produkte ersetzen.

Wenn die Produktionsausweitung in der Folgeperiode nicht im gleichen Maße zurückgenommen werden kann, führt das – bildlich ausgedrückt – zum so genannten Schweinezyklus: Steigen etwa die Preise für Schlachttiere, so werden die Bauern versucht sein, im nächsten Jahr die Zahl der Ferkel zu erhöhen; sie werden im Jahr der Preissteigerung sogar weniger Schweine als sonst schlachten; dadurch steigt der Preis für Schlachttiere noch weiter an. Im nächsten Jahr werden sie dann zu viele Ferkel haben, da zu viele Bauern gleichzeitig dem Preissignal gefolgt sind und auf Ferkel gesetzt haben. Bei einem Ferkel-Überangebot wird sich der Preis wieder in die andere Richtung bewegen, nämlich nach unten.

Erschwerend kommt die Abhängigkeit vieler armer Entwicklungsländer von nur wenigen Exportprodukten hinzu. Im Durchschnitt machen hier lediglich drei Güter über 70 Prozent der Gesamtexporte aus. Ihre Entwicklung wird somit stark von den Preisschwankungen der jeweiligen Hauptausfuhrprodukte beeinflusst *(siehe Tab. 3.1)*. Gegen solche Preisschwankungen

Tab. 3.1: Preisentwicklung von Kaffee und Kupfer auf dem Weltmarkt

	1991	1992	1993	1994	1995	1996	1997	1998	1999	2000	2001
Kaffee	94	73	83	180	184	139	192	150	116	91	70
Kupfer	88	86	72	87	110	86	86	62	59	68	64

Quelle: International Trade Statistics 2001 der WTO, S. 212.

sollten deshalb internationale Ausgleichslager helfen, die bei einem Marktüberangebot aufgefüllt und bei steigender Nachfrage wieder geräumt werden. Die nördlichen Industrieländer sollten für die Lagerkosten mittels eines Rohstofffonds aufkommen. Doch diese politische Lösung scheiterte zum einen am großen Druck, den viele Länder durch die Schuldenkrise spürten, möglichst schnell und viel zu exportieren. Einige dieser Länder hielten sich nicht an die vereinbarten Exportquoten, sodass das Angebot die Kapazitäten des Fonds überschritt bzw. den Preis unter das vereinbarte Preisziel drückte.

Zum anderen waren die Hauptkunden der Rohstoff liefernden Länder, nämlich die reichen Industrieländer, wenig gewillt, diese marktstabilisierenden Maßnahmen zu fördern. Entsprechend hielten sie sich bei der Ausstattung der Fonds zurück, die die überschüssigen Produkte hätten aufkaufen sollen.[15]

Angebotsschock auf dem Weltarbeitsmarkt

Die Konkurrenz auf den unteren Rängen der industriellen Entwicklung verschärfte sich im Verlauf der 90er-Jahre noch weiter. In dieser Zeit kam fast die Hälfte der Weltbevölkerung neu auf den Weltmarkt: durch die Öffnung Chinas ab Ende der 80er-Jahre, den Zusammenbruch der Sowjetunion 1991 und die beginnende Exporttätigkeit Indiens seit Mitte der 90er-Jahre (siehe Kapitel II, S. 16). Dadurch hat sich das Angebot an potenziellen Arbeitskräften für den Weltmarkt drastisch erhöht, zumal in diesen Ländern zuvor schon durch eine wenig produktive Industrie bzw. Landwirtschaft versteckte (oder offene) Arbeitslosigkeit herrschte.

Tab. 3.2: Wachsende Marktanteile Chinas in den USA im Vergleich zu Japan (gemessen anhand der Anteile am Gesamtimport der USA)

	1993	1994	1995	1996	1997	1998	1999	2000	Δ[a] (%)
Japan	18,47	17,97	16,61	14,48	13,97	13,36	12,77	12,03	–34,89
China	5,43	5,85	6,13	6,48	7,19	7,80	7,98	8,21	51,18

a) Veränderung 2000 gegenüber 1993.

Quelle: Office of Trade and Economic Analysis: U. S. Foreign Trade Highlights (www.ita.doc.gov); eigene Berechnungen.

Die neue Konkurrenz haben insbesondere die südostasiatischen »Tigerstaaten« (Hongkong, Singapur, Südkorea und Taiwan) zu spüren bekommen, auf deren Kosten chinesische Fabriken Marktanteile in den USA hinzugewonnen haben. So stieg beispielsweise Chinas Anteil an den Schuhimporten in den USA von neun Prozent im Jahre 1989 auf 62 Prozent im Jahre 2000, während im gleichen Zeitraum der Anteil von Hongkong, Taiwan, Südkorea und Japan von 51 Prozent auf zwei Prozent fiel.

Nicht alle können zugleich Überschüsse erwirtschaften

Selbst wenn es vielen Ländern gelingen sollte, die Voraussetzungen für eine exportorientierte Entwicklung zu schaffen, ist ihnen der Erfolg keineswegs sicher. Zwangsläufig können nicht alle Länder der Welt zugleich mehr Waren ausführen als sie einführen. Für jedes erfolgreiche Exportland bedarf es somit eines Landes, das eine negative Handelsbilanz, also ein Handelsbilanzdefizit aufweist. Für die Entwicklung des Südens wäre es ideal, wenn die Länder des Nordens solche Defizite hinnehmen würden. Doch bisher haben nur die USA und Großbritannien über Jahre hinweg mehr importiert als exportiert.

Insbesondere Deutschland und Japan haben erhebliche Anstrengungen unternommen, möglichst hohe Handelsüberschüsse zu erzielen. Für Deutschland sind diese zumindest durch die Ausgaben der im Ausland Urlaub machenden Deutschen zeitweilig ausgeglichen worden (1992 betrug der Handelsbilanzüberschuss 43,5 Mrd. DM, das Defizit im Reiseverkehr 41,2 Mrd. DM; 1998 war der Überschuss auf 140,2 Mrd. DM gestiegen, das Reisedefizit auf 56,5 Mrd. DM). Doch selbst ein Ausgleich reicht als Unterstützung für eine exportorientierte Wachstumsstrategie des Südens nicht aus. So verwundert es nicht, dass gerade dort viele Länder ein Handelsdefizit aufweisen. Die am wenigsten entwickelten Länder wiesen im Jahre 2000 ein Defizit in Höhe von neun Prozent ihres Bruttoinlandsproduktes aus.

Das Verhalten der Industrieländer

Greifen wir noch einmal auf das Bild der Pyramide zur Beschreibung der Entwicklungsunterschiede auf dem Weltmarkt zurück. Die Länder im oberen Bereich sind also wenig geneigt, die Einkommen der Rohstoff fördernden Entwicklungsländer zu stabilisieren und nehmen auch, mit wenigen Ausnahmen, keine Handelsbilanzdefizite zur Stützung der Exportstrategien der Entwicklungsländer hin. So wenig förderlich diese Hilfe-Unterlassungen für die Länder des Südens sind – sie wären noch hinnehmbar im Vergleich zu der aktiven Schwächung der Entwicklungsländer. Denn mit zahlreichen Maßnahmen versuchen die Länder im oberen Bereich, ihren industriellen Vorsprung abzusichern:

Die klassische Methode zur Sicherung des Vorsprungs waren *hohe Zollsätze* auf Industriewaren und vergleichsweise niedrige Zollsätze auf unverarbeitete Rohstoffe und landwirtschaftliche Produkte. Dadurch wurde es dem Süden erschwert, Industrieerzeugnisse auszuführen. Stattdessen blieb er auf die Lieferung von Rohstoffen spezialisiert, also auf einen durch scharfen Wettbewerb geprägten Bereich. Ungefähr 75 Prozent der Exportwaren der ärmsten Länder werden auch heute noch im Rohzustand ausgeführt, die Hälfte davon sind wiederum Agrar- und Forstprodukte. Dadurch werden die Länder auf ihre Rolle als Rohstoffexporteure festgeschrieben, und der Aufbau einer Verarbeitungsindustrie wird unterminiert.

Die Industriestaaten haben nach wie vor ihre Märkte für zahlreiche Produkte des verarbeitenden Gewerbes der Entwicklungsländer nur unzureichend geöffnet. Beispielsweise wurde in der Bekleidungs- und Textilindustrie, einem Sektor, in dem die Entwicklungsländer zunehmend erfolgreich waren, 1962 ein internationales Baumwolltextilabkommen verabschiedet. Dieses begrenzte das Exportvolumen der Entwicklungsländer. 1974 wurde es sogar noch auf andere Textilien ausgeweitet. Erst mit Gründung der Welthandelsorganisation (WTO) wurde 1994 vereinbart, diese Restriktionen Schritt für Schritt aufzuheben. Doch auch im Jahre 2004 bestanden noch erhebliche Mengenbeschränkungen in diesem Sektor.[16]

Zahlreiche Industrieländer gewähren den Exporten aus dem Süden in eigenen Abkommen einen begünstigten Marktzugang, in dem niedrigere und/oder gar keine Zölle erhoben werden. Diese Präferenzsysteme gehen auf eine Forderung der UN-Konferenz für Handel und Entwicklung (UNCTAD) aus dem Jahr 1968 zurück (siehe Kapitel II, 4. »Politische Stationen der Globalisierung«). Der Wert dieser Präferenzen nimmt allerdings für den Süden ab: Zum einen mindern die in der letzten Welthandelsrunde (Uruguay-Runde) 1994 vereinbarten allgemeinen Zollsenkungen den Vorteil dieser besonderen Ermäßigung, zum anderen erfassen diese Präferenzsysteme nicht einmal ein Viertel der zollpflichtigen Exporte aus den Entwicklungsländern.

Freilich darf nicht übersehen werden, dass einige Länder aus eigenen Schwächen heraus ihre Möglichkeiten nicht voll zu nutzen verstehen. Ihre Exporteure leiden an mangelnder Infrastruktur, exporthemmenden Auflagen und verstehen nicht viel vom Management. Diese Schwächen werden jedoch auch ausgenutzt: Vergünstigungen werden zum Teil vorsätzlich Anbietern geboten, die von diesen aufgrund ihrer mangelnden Wettbewerbsfähigkeit nicht Gebrauch machen können.

Insgesamt stellt die Zollpolitik der Länder des Nordens heutzutage allerdings keine entscheidende Hürde für die Exporte des Südens dar.

Deutlich geringer fallen die Fortschritte bei der Marktöffnung für landwirtschaftliche Produkte aus. Aus klimatischen Gründen und durch das sehr große Angebot an billigen Arbeitskräften verfügen die Länder des Südens bei vielen landwirtschaftlichen Produkten über einen absoluten Vorteil gegenüber den Industrieländern. Obwohl Letztere bei jeder Handelsrunde von den Ländern des Südens die Öffnung ihrer Märkte für Industrieprodukte und Dienstleistung forderten und auch durchsetzen konnten, halten sie bisher ihren eigenen *Agrarsektor* weitgehend geschlossen.[17]

Dieser Schutz der heimischen Landwirtschaft wird mit mehreren Instrumenten betrieben. Erstens mittels Importzöllen, die mit dem Verarbeitungsgrad der landwirtschaftlichen Produkte stiegen (»Zolleskalation«); dadurch wird es den Ländern erschwert, die Verarbeitung ihrer Agrarprodukte selbst vorzunehmen. Auch nach der Uruguay-Runde werden verarbeitete Agrarprodukte mit höheren Zöllen belegt: Für rohen Kaffee verlangt die EU keinen Zoll mehr, aber gerösteter Kaffee wird mit einem Zollsatz von 7,4 Prozent belegt; auf frische beziehungsweise getrocknete Tropenfrüchte wird ein Zollsatz von 5,1 Prozent erhoben, auf konservierte Früchte jedoch 18,6 Prozent. Zweitens wurden Sonderzölle auf jene Agrargüter erhoben, bei denen die Europäische Gemeinschaft Überschüsse produzierte. Durch diese »Einfuhrabschöpfungen« wurden die Einfuhrpreise auf das hohe EG-Preisniveau angehoben. Drittens wurde die Einfuhr landwirtschaftlicher Güter durch Importquoten begrenzt; Obergrenzen galten insbesondere für Rindfleisch, Zucker, Gemüse, Obst und Milchprodukte.

Eine Studie der Weltbank schätzt, dass die Exporte Afrikas (ohne Erdöl) um 14 Prozent zunehmen würden, wenn alle Handelsbarrieren für afrikanische Exportgüter in Kanada, der Europäischen Union, Japan und den USA beseitigt werden würden.[18]

Die Beseitigung dieser staatlichen Maßnahmen des Nordens bedeutet für die Exporteure des Südens jedoch nicht notwendigerweise einen besseren Marktzugang. Dieser wird nämlich in zunehmendem Maße durch die transnationalen Konzerne bestimmt. Gerade im Agrarbereich kontrolliert eine immer geringere Zahl von Großkonzernen die gesamte Kette von der Produktion in den Exportländern bis zum Einzelhandel der Abnehmermärkte. Die sechs größten Unternehmen des Agrargüterhandels (z. B. Cargill-Continental Grain, ADM und Zen Noh) vermarkten fast 90 Prozent aller weltweiten Exporte von Weizen, Mais, Kaffee, Baumwolle, Tabak und Jute. Ihre Marktmacht drückt stark auf die Preise der Produzenten. Besonders problematisch ist zudem die Ausfuhrerstattung, die die Exporteure landwirtschaftlicher Produkte aus der Europäischen Gemeinschaft erhalten, damit sie mit ihren Preisen auf das niedrigere Weltmarktniveau kommen.

Mit anderen Worten: Die Industrieländer nutzen ihren industriellen Reichtum, um den Bereich zu unterstützen, der gegenüber anderen Ländern nicht konkurrenzfähig ist. Die Folgen beschreibt Franz Nuscheler in seinem Lern- und Arbeitsbuch Entwicklungspolitik drastisch: »Ein berüchtigtes Beispiel war das Folgende: die EG subventionierte seit 1984 den Export ihrer Rindfleischüberschüsse nach Westafrika mit rund 800 Millionen DM und ruinierte damit die traditionelle Wirtschaftsweise im Sahel-Raum, mit der Viehwirtschaft und dem Viehhandel auch einen der letzten funktionierenden Erwerbszweige. Das Dumping von tiefgefrorenem Fleisch aus EG-Beständen, das in den küstennahen Verbraucherzentren um 30 bis 50 Prozent billiger als das Fleisch aus den Sahelländern verkauft wurde, führte dazu, dass sich die Verkäufe dieser bettelarmen Länder innerhalb weniger Jahre halbierten und Zehntausende von Nomadenfamilien in Burkina Faso, Mali und Niger ihre Existenzgrundlage verloren. Gleichzeitig wurde ein mit Entwicklungshilfe aufgebauter Schlachthof zur Entwicklungsruine. Das war nicht nur ein protektionistischer Unsinn, sondern auch ein entwicklungspolitischer Skandal, den die Steuerzahler der EG unwissentlich finanzierten.«[19]

Bei Gründung der Welthandelsorganisation wurde ein Abbau der Beschränkungen in dem Handel mit Agrarprodukten vereinbart. Laut einer OECD-Studie fiel der Außenschutz im Agrarbereich bei den meisten Mitgliedsländern allerdings einige Jahre nach Gründung der WTO sogar noch höher aus als zuvor.[20]

Mit der Gründung der Welthandelsorganisation wurde zugleich auch das Übereinkommen über handelsbezogene Aspekte der *Rechte des geistigen Eigentums* (TRIPS) vereinbart. Damit wird versucht, unter Drohung des Entzugs von Handelsprivilegien die im Rahmen der Weltorganisation für das geistige Eigentum (WIPO) vereinbarten völkerrechtlichen Verträge u. a. zum Urheberrecht, zum Markenschutz, zu geographischen Herkunftsbezeichnungen, zu gewerblichen Mustern und zu Patenten weltweit durchzusetzen.[21]

Die Initiative zu dieser Übereinkunft ging von jenen Ländern aus, deren Unternehmen führende Produzenten von Filmen, Musik und Software sind, die bekannte Markennamen besitzen (z. B. Nike), die dank ihrer langjährigen Forschungsaktivitäten über zahlreiche Patente verfügen (z. B. Bayer) und die es verstanden haben, ihre Agrarprodukte durch eine geographische Herkunftsbezeichnung als besondere Qualitätsprodukte zu vermarkten (z. B. Champagner): die reichen Industrieländer, allen voran die USA. Sie wollten Einnahmeverluste durch »geistigen Diebstahl« und Produktpiraterie, zum Beispiel durch Raubkopien von Software und Musik-CDs, sowie bei Medikamenten verhindern. Damit sicherten sie sich aber auch zugleich ihren Vorsprung gegenüber den Entwicklungsländern und verfestigten das Nord-

Abb. 3.3: Globale Verteilung der Patente

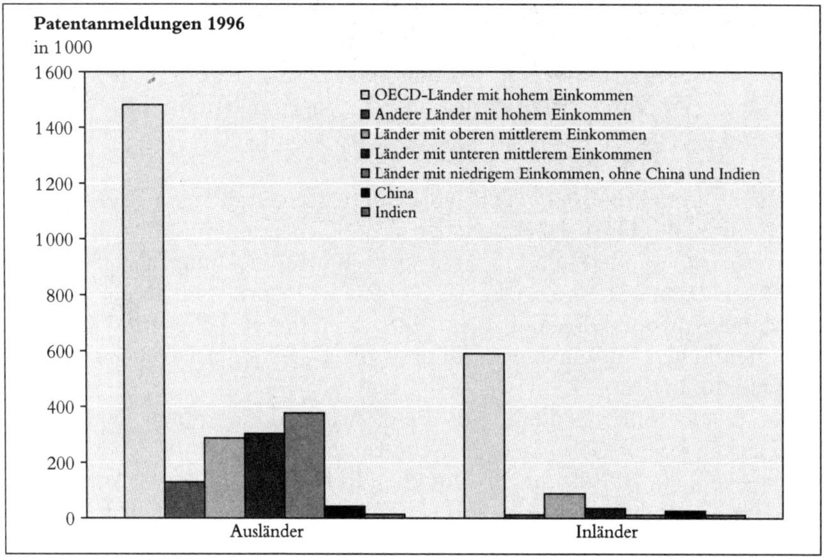

Quelle: Globale Trends, Sonderausgabe der Bundeszentrale für politische Bildung, 2002, S. 291.

Süd-Gefälle. Dem späteren Nobelpreisträger für Ökonomie und damaligen Mitglied des US-amerikanischen wirtschaftlichen Sachverständigenrats, Joseph Stiglitz, war das bereits bei Abschluss dieser Übereinkunft 1994 klar: »In der Endphase der Uruguay-Verhandlungen äußerte die Befürchtung sowohl die US-Behörde für Wissenschaft und Technologie als auch unser Sachverständigenrat, dass uns keine interessengerechte Abwägung gelungen sei – das Abkommen stellte die Interessen der Produzenten über die der Nutzer. Wir waren der Ansicht, dass dadurch der wissenschaftliche Fortschritt und die technische Innovation behindert würden; schließlich ist Wissen bei der Forschung der wichtigste Faktor, und ein stärkerer Schutz geistigen Eigentums kann den Preis dafür erhöhen.«[22]

Für die Entwicklungsländer wird jedoch nicht nur der Zugang zu neuen Technologien verteuert; sie laufen auch Gefahr, ihre Bevölkerung nicht angemessen mit Medikamenten versorgen zu können. Unter Berufung auf das TRIPS-Übereinkommen hatten 39 multinationale Konzerne der Pharmaindustrie Klage gegen die südafrikanische Regierung erhoben. Sie warfen ihr vor, gegen das Übereinkommen zu verstoßen, indem sie parallele Importe von Nachahmungen der patentierten Mittel aus Drittländern erlaube (wo Medikamente billiger sind als bei den von den Pharmakonzernen lizenzierten Großhändlern) und die Patentinhaber zwänge, ihre Patente weit unter Preis südafrikanischen Unternehmen zur Verfügung zu stellen (»Pflichtlizenzen«). Angesichts der dortigen AIDS-Katastrophe – mittlerweile ist fast jeder fünfte Südafrikaner HIV-positiv – kam es allerdings zu weltweiten Protesten. Die Pharmakonzerne zogen daraufhin ihre Klage zurück und gaben den Widerstand gegen den Verkauf auf.

Selbst die *Entwicklungshilfe* dient vornehmlich eigennützigen Zielen, denn ein Großteil des Geldes fließt wieder in die Geberländer zurück. Eine Zeit lang war insbesondere die US-amerikanische Entwicklungshilfe sogar ausdrücklich daran gekoppelt, dass die Empfängerländer das erhaltene Geld für Maschinen aus den USA ausgaben. 1988 waren nur 36,1 Prozent der gesamten öffentlichen Entwicklungshilfe der OECD-Mitglieder frei von solchen Verpflichtungen.

Doch auch ohne Bedingungen dieser Art wird ein erheblicher Teil der Hilfeleistungen für Güter aus den Geberländern verwandt. In den 80er-Jahren flossen zirka 70 Prozent der deutschen Entwicklungshilfe als Aufträge an die deutsche Industrie wieder zurück. Erfolgt die Hilfe mehr in Form von Beratung, dann sind die Begünstigten zunächst die eingesetzten Berater, die so genannten Entwicklungshelfer aus dem Norden. Eine Studie des Entwicklungsprogramms der Vereinten Nationen (UNDP) führte selbstkritisch aus, dass in manchen Ländern die Gehälter und Reisekosten der ausländischen Experten das Budget für den öffentlichen Dienst übersteigen; das Gehaltsgefälle zwischen den ausländischen Experten und ihren inländischen Gesprächspartnern liegt durchschnittlich bei 20:1, und in den Wohnbezirken dieser Experten entfaltet sich eine Konsumkultur, die auf die Einheimischen provozierend wirkt.[23]

Erhebliche Mittel fließen außerdem in Länder, die nicht an erster Stelle der Hilfebedürftigkeit stehen. So erhalten Israel und Ägypten den größten Teil der US-amerikanischen Auslandshilfe. Ein nicht unerheblicher Teil der deutschen Entwicklungshilfe wird für die Volksrepublik China verwendet: Die Deutsche Gesellschaft für Technische Zusammenarbeit (GTZ), die einen Großteil der Projekte des Bundesministeriums für wirtschaftliche Zusammenarbeit und Entwicklung ausführt, war im Jahre 2002 an mehr als 60 Vorhaben in China beteiligt (in den 90er-Jahren gab die GTZ umgerechnet circa 450 Mio. Euro dort aus). Die Volksrepublik erwirtschaftet heute mit den höchsten Handelsüberschuss, verfügt über eine der größten Währungsreserven und erzielt seit Jahren das schnellste Wirtschaftswachstum. Entwicklungshilfe in China dient den Geberländern im Wesentlichen dazu, Einfluss zu wahren im Verhältnis zu anderen OECD-Ländern, wie beispielsweise den USA. Dieser Einfluss soll zum einen der eigenen Industrie zugute kommen (z. B., indem der europäische Flugzeughersteller Airbus und nicht der US-amerikanische Konzern Boeing Aufträge erhält) und zum anderen allgemeineren außenpolitischen Zielen dienen.

Im letzten Jahrzehnt hat die Bereitschaft zur Finanzierung der Entwicklungshilfe stark nachgelassen. Das im Rahmen der UNO vereinbarte Ziel, 0,7 Prozent des Bruttosozialproduktes dafür bereitzustellen, wird seit Jahren mit zumeist 0,3 Prozent weit verfehlt. Während des Ost-West-Konfliktes wurde Entwicklungshilfe auch dafür eingesetzt, die begünstigten Länder vom Wechsel in das jeweils andere Lager abzuhalten. Nach Ende des Konfliktes vor fast 15 Jahren ist dieser Grund entfallen und entsprechend sank die Zahlungsbereitschaft.

Die Wirksamkeit der Entwicklungshilfe hinsichtlich des eigentlichen Zieles, industrielle Entwicklungsprozesse anzustoßen, ist zudem stark umstritten. Häufig ging die Hilfe an den lokalen Bedingungen vorbei. Es entstanden »Kathedralen« in der Wüste, die der Bevölkerung wenig nutzten und alsbald verfielen. So gaben Weltbankexperten in den 70er-Jahren den Regierungen Afrikas den stereotypen Rat, Zuckerverarbeitungsfabriken zu errichten.

Tatsächlich wurden in mehreren Ländern durch Entwicklungshilfe finanzierte gleiche Fabriken hochgezogen. Als dann die Zuckerpreise auf dem Weltmarkt infolge der Überproduktion in den Keller rutschen, mussten die Regierungen diese Fabriken entweder bezuschussen oder gar schließen.

Nicht selten werden die Leistungen der Entwicklungshilfe sogar durch das Verhalten der Industriestaaten auf anderen Politikfeldern zunichte gemacht. So finanzierte beispielsweise die Europäische Union die Erneuerung zweier Schlachthöfe und ein Programm zur kommunalen Rinderhaltung in Namibia, damit die namibischen Rinderzüchter vom südafrikanischen Markt profitieren können. Zugleich aber subventionierte die EU den europäischen Rindfleischexport nach Südafrika und verdarb damit den namibischen Exporteuren die Preise.[24]

Doch nicht nur die staatliche Entwicklungshilfe verursacht zum Teil mehr Probleme, als sie Lösungen anbietet; auch die Nichtregierungsorganisationen (NGOs) sind vor Fehlern nicht gefeit. So gibt es beispielsweise in Äthiopien immer wieder Jahre, in denen die Erntemenge für die Ernährung der Bevölkerung ausreicht und sogar noch Überschüsse für den Export vorhanden sind. Aber auch in diesen Jahren kauften die NGOs das Getreide für die Gebiete mit Ernteausfällen nicht in den erntereichen Gebieten Äthiopiens, sondern importierten es aus ihren Herkunftsländern, wo es mit Hilfe von Subventionen produziert wurde. In der Folge sanken die Getreidepreise in den Regionen mit guter Ernte; die Bauern dort hatten große Schwierigkeiten, ihre Steuern zu bezahlen und die Kredite für die Düngemittel zurückzuerstatten.

Insgesamt ist die Entwicklungshilfe trotz gegenteiliger Beteuerungen noch viel zu sehr durch den Monolog gekennzeichnet: Die Experten des »entwickelten« Nordens erzählen dem Süden, wo es langgehen soll. Doch, wie bereits ausgeführt, dürfte der Norden angesichts seiner Ressourcenverschwendung wohl kaum als weltweit verallgemeinerbares Vorbild dienen. Wollten die Vertreter des Nordens wirklich solidarisch mit dem Süden sein, müssten sie verstärkt den Dialog suchen, das Gespräch mit wechselseitigem Zuhören.

Mit dieser kritischen Sicht auf die Entwicklungshilfe wollen wir aber nicht ihre Verdienste übersehen. Insbesondere die Helferinnen und Helfer tragen mit ihrer Umsetzung häufig entscheidend zur Sensibilisierung der Öffentlichkeit für die Probleme der Entwicklung und des Nord-Süd-Gefälles bei. Im Vordergrund des entwicklungspolitischen Konzeptes der letzten Jahre steht auch nicht mehr die Hilfe im Einzelfall, sondern der kritische Blick auf die bisherigen Regeln der Weltwirtschaft. Die Bundesregierung verfolgt das Ziel einer Strukturpolitik, die dazu beitragen soll, dass diese Regeln zugunsten der Entwicklungsländer geändert werden.[25]

Die *Schuldenkrise* Lateinamerikas begann mit dem »Mexiko-Schock« im September 1982. Mexiko schockte die Finanzwelt mit der Ankündigung, dass es nicht mehr in der Lage sei, die fällig gewordenen Kredite zurückzuzahlen. Bald nach dieser Offenbarung wurde deutlich, dass auch sehr viele andere lateinamerikanische Länder ihre Kredite nicht mehr »bedienen« konnten.[26]

Was war geschehen? Zur aufholenden Industrialisierung bedarf es großer Investitionen in die Infrastruktur, in neue Produktionsstätten und in die Ausbildung der Arbeitskräfte. Das hierfür benötigte Geld kann im Inland bei den Sparern aufgenommen, aber auch aus dem Ausland bezogen werden. In den Ländern des Südens ist Kapital eher knapp vorhanden. Selbst wenn die einzelnen Haushalte, wie in Asien, einen beträchtlichen Teil ihres Einkommens sparen (in manchen Ländern bis zu 30 Prozent), fällt das absolute Sparvolumen aufgrund der niedrigeren Einkommen geringer aus als in den Hochlohnländern des Nordens. Somit besteht ein starker Anreiz, durch Zufuhr ausländischen Kapitals die eigene industrielle Entwicklung zu beschleunigen.

Warum sollten aber ausländische Banken ihr Geld in solchen Ländern anlegen? Banken vergeben nur Kredite, wenn sie höhere Zinsen erwarten.

Höhere Zinsen können sie von denjenigen erwarten, die knapp an Kapital sind, also den Entwicklungsländern. Lange Zeit hatten sich allerdings die Banken kaum in den Entwicklungsländern engagiert, da sie aus der Zwischen- und Vorkriegszeit noch wussten, dass das Risiko, dass der Kredit nicht zurückgezahlt wird, in diesen Ländern besonders hoch ist. Zudem wuchsen die OECD-Volkswirtschaften in den ersten Nachkriegsjahrzehnten rasch, sodass die Kapitalnachfrage im Norden groß genug war.

In Reaktion auf den Ölpreisschock von 1973 gingen jedoch die Investitionen in den Industrieländern zurück, sodass die Nachfrage nach Kapital abnahm. Die Gewinner des Ölpreisschocks, insbesondere die bevölkerungsarmen arabischen Förderländer Saudi-Arabien, Kuwait und die Vereinigten Arabischen Emirate, konnten ihrerseits das viele Geld nicht vollständig produktiv in ihren eigenen Ländern einsetzen und hielten international Ausschau nach Anlagemöglichkeiten für ihre Gewinne.

Dieses Überangebot an Kapital führte zu äußerst geringen Zinsen, die wiederum auf die Staaten und Unternehmen in Lateinamerika sehr anziehend wirkten. Aus Sicht der Banken waren die Lateinamerikaner sehr attraktive Kunden, da ihr Reichtum an Rohstoffen zu einer Zeit, als über deren Endlichkeit nachgedacht wurde, gute wirtschaftliche Aussichten versprach. Bei der Vergabe von Krediten übertrumpften sich die in Konkurrenz zueinander stehenden Banken und schlugen alle Warnungen in den Wind, dass ihre Kredite möglicherweise nicht für zukunftsfähige Investitionen verwendet und deshalb irgendwann »faul« würden.

Für etliche Jahre waren diese Befürchtungen tatsächlich unbegründet, zumal es 1979 zu einer zweiten Welle drastischer Ölpreiserhöhungen kam. Doch gerade diese zweite Welle sollte entscheidend zur späteren Schuldenkrise beitragen, denn sie erhöhte die Inflation in den Industrieländern und untergrub das Vertrauen in den US-Dollar. Der Vertrauensverlust rührte vor allem aus der Skepsis gegenüber der Fähigkeit der USA, ihren Energiebedarf zu drosseln. Auf den Inflationsschub und den Dollar-Verfall reagierte jedoch die US-amerikanische Zentralbank mit einer dramatischen Zinserhöhung. Nach etlichen Jahren zeigte diese Politik die erhofften Ergebnisse: Der US-Dollar gewann gegenüber den anderen Währungen wieder an Wert, und die Inflation ging zurück.

Tab. 3.3: Realzinsen im Durchschnitt der sieben großen OECD-Länder

Jahr	1976	1977	1978	1979	1980	1981	1982
Realzinsen in Prozent	−0,3	−0,6	−0,3	1,2	2,4	4,2	4,0

Quelle: IMF, 1983: World Economic Outlook, Washington D. C., S. 227.

Doch der Preis für diesen Erfolg war hoch. Die hohen Zinsen drosselten die US-amerikanische Volkswirtschaft und damit auch ihre Nachfrage nach ausländischen Gütern. Für viele der lateinamerikanischen Länder blieben deshalb die bei der Kreditaufnahme gehegten Erwartungen in wachsende Absatzmärkte im Norden unerfüllt. Zugleich verteuerten die gestiegenen Zinsen in den USA die Kosten der weiteren Kreditaufnahme. So kamen die lateinamerikanischen Länder in eine Schere: Sie hatten Investitionen mit Blick auf eine Nachfrage getätigt, die zu dem entscheidenden Zeitpunkt nicht mehr existierte, und zugleich verteuerten sich die für diese Investitionen aufgenommenen Kredite.

Als Erdöl förderndes, aber bevölkerungsreiches Land hat Mexiko diese äußeren Entwicklungen besonders hart zu spüren bekommen. Mit der nach den Ölpreisschocks entsprechenden Zuversicht in eine »goldene« Zukunft nahmen die staatlichen und privaten mexikanischen Unternehmen in hohem Umfang Kredite auf *(siehe Tab. 3.4)*. Der Rückgang der Nachfrage zu Beginn der 80er-Jahre und die Zinserhöhungen wirkten sich dann umso

Tab. 3.4: Auslandsverschuldung der großen lateinamerikanischen Länder in ausgewählten Jahren (in Mio. US-Dollar)

	1980	1990	1998
Argentinien	27 151	62 730	144 050
Brasilien	71 520	119 877	232 004
Mexiko	57 365	104 431	159 959
Gesamt Lateinamerika	257 259	475 867	786 019

Quelle: Maddison, Angus, 2001: The World Economy in Millennial Perspective, Paris: OECD, S. 166.

heftiger aus: Nicht nur trugen die mit den Krediten getätigten Investitionen noch keine Früchte, sondern zugleich ging auch die Nachfrage nach mexikanischem Erdöl zurück. Mit diesem Rückgang fiel der Ölpreis, und damit schrumpften die Exporterlöse der mexikanischen Wirtschaft. Die Folge war Zahlungsunfähigkeit.

Damit die kreditgebenden Banken nicht selbst zahlungsunfähig wurden, half die US-amerikanische Regierung zusammen mit dem Internationalen Währungsfonds der mexikanischen Zentralbank, die völlige Zahlungseinstellung zu vermeiden. Sie bekam Geld, um zumindest einen Teil der Zinsen bezahlen zu können. Ferner wurde ein Moratorium vereinbart, d. h. die Zinszahlungen wurden zeitlich gestreckt.

Die Hilfe war allerdings an *Bedingungen* geknüpft. Zum einen musste Mexiko weiterhin, wenn auch nicht sofort, für seine Schulden aufkommen. Damit wurde das Land zum alleinigen Schuldigen der Krise erklärt. Die Banken, die Mexiko die Kredite förmlich aufgedrängt hatten, wurden dafür nicht in die Pflicht genommen. Während des gesamten »Schuldenmanagements« stiegen durch Zinseszinsen die Schulden weiter an.

Nobelpreisträger Stiglitz brachte die traurige Wahrheit auf den Punkt: »Wenn vom Westen empfohlene und gemeinsam mit westlichen Beratern konzipierte (sowie von der Weltbank oder auch anderen Institutionen finanzierte) Projekte in den Bereichen Landwirtschaft oder Infrastruktur scheitern, müssen die Armen in der Dritten Welt die Kredite dennoch zurückzahlen.«[27]

Die Pflicht zur Zinszahlung zwingt die Länder, ihre knappen Ressourcen für den Export einzusetzen, damit sie die benötigten Devisen erwirtschaften. Diese Mittel stehen dann nicht für eine nachhaltige Entwicklung zur Verfügung. Stattdessen bleiben die Schuldnerländer weiterhin auf den Export unverarbeiteter Rohstoffe und Landwirtschaftsgüter festgelegt, was die Abhängigkeit von schwankenden Weltmarktpreisen und der Technologie des Nordens erhöht.

Da viele Länder gleichzeitig in die Schuldenfalle geraten sind und dementsprechend verstärkt auf den Export setzen mussten, erhöhte sich die Konkurrenz auf dem Weltmarkt. Diese führte zu sinkenden Rohstoffpreisen und den bereits erwähnten verschlechterten Terms of Trade. Die Hilfe für Mexiko wurde nur unter Auflagen gewährt. Diese entsprangen dem »Washingtoner Konsens« (siehe Infobox 3.1, S. 54) und umfassten im Kern den Abbau von Zollschranken, die Privatisierung von Staatsunternehmen, die Rationalisierung der staatlichen Verwaltung und die Stärkung der Marktkräfte.

Insbesondere in Lateinamerika wurde der Washingtoner Konsens umgesetzt. Denn schon bald nach dem Ausbruch der Schuldenkrise in Mexiko standen die meisten anderen mittel- und südamerikanischen Länder vor der Zahlungsunfähigkeit: Brasilien, Argentinien, Peru, Venezuela etc. Das dann jeweils notwendige Schuldenmanagement folgte im Wesentlichen dem mexikanischen »Vorbild«.

Die lateinamerikanischen Länder haben ihre wirtschaftliche Position gegenüber den anderen Ländern der Welt nicht verbessern können. Zwischen 1996 und 2001 haben alle lateinamerikanischen Volkswirtschaften mit Ausnahme Brasiliens (laut dem Global Competitiveness Report des Weltwirtschaftsforums) niedrigere Rangplätze im Vergleich zu anderen Volkswirtschaften eingenommen. Insbesondere Argentinien, das die Rezeptur des

»Washingtoner Konsens« besonders konsequent in den 90er-Jahren angewendet hat, steckt seit 1998 in einer tiefen Krise, die seit dem Herbst 2001 dramatische Dimensionen angenommen hat und auch Ende 2004 noch nicht überwunden war.

In Afrika, Lateinamerika und Osteuropa wurden zudem häufig die sozialen Auswirkungen der Sparmaßnahmen vernachlässigt. Es kam zu Kürzungen der Gelder für die Ausbildung der Menschen, womit gerade eine der zentralen Voraussetzungen für erfolgreiche Entwicklung nicht gewahrt wurde. Die vom Internationalen Währungsfonds verlangten Strukturmaßnahmen wirkten sich besonders negativ in Afrika aus. Zwar hatten sich viele Staaten dort längst nicht so hoch verschuldet wie in Lateinamerika, aber im Verhältnis zur eigenen, deutlich geringeren Wirtschaftskraft gleichfalls in einer auf Dauer nicht tragbaren Höhe.

In den afrikanischen Staaten, in denen die Regierung die fast ausschließliche Finanzquelle des Bildungssystems ist, hat die Kürzung der Staatshaushalte im Zuge der Strukturanpassungsmaßnahmen zum Teil verheerende Wirkung gezeigt.

Der Afrikaexperte Rainer Tetzlaff stellt fest: »Der *brain drain* aus Afrika in Richtung Westen bzw. Norden – jährlich mehrere Zehntausend – hat schon zu einer flächendeckenden ›Entleerung‹ der afrikanischen Universitäten von wissenschaftlich unverzichtbaren Arbeitsmitteln (Büchern, Zeitschriften, Laborgeräten) geführt und versetzt Afrika in einen Zustand substanzieller Entkoppelung von den internationalen Innovationszentren. ... Während in Afrika südlich der Sahara im Jahre 1985 durchschnittlich 92 US-Dollar pro Schüler ausgegeben wurden und zehn Jahre später nur noch 87 US-Dollar, betrugen die entsprechenden Zahlen in Ostasien 60 bzw. 155 US-Dollar, in Südasien 77 bzw. 223 US-Dollar.«[28]

Die Art des Schuldenmanagements kann jedoch nicht allein den Gläubigernationen und dem Internationalen Währungsfonds angelastet werden. In vielen Ländern des Südens haben die wirtschaftlich Mächtigen ihre Schulden gegenüber dem Ausland dem Staat übereignet und ihr eigenes Vermögen im Ausland in Sicherheit gebracht. Durch diese *Kapitalflucht* steht den Auslandsschulden einiger Länder das Privatvermögen ihrer Bürger und Bürgerinnen im Ausland fast in gleicher Höhe gegenüber *(vgl. Tab. 3.5)*. Diese Reichen haben natürlich kein Interesse daran, dass die Banken, bei denen sie ihr Vermögen deponieren, für die Kreditvergabe gegenüber ihren Heimatländern zur Verantwortung gezogen werden.

Zum einen wäre dann zu befürchten, dass diese Banken selbst Bankrott machen und somit die Kapitalflüchtigen einen Teil ihres Vermögen verlieren würden, zum anderen wäre nicht auszuschließen, dass sich die Vermögensbesitzer aus den Schuldnerländern politisch ebenfalls verantworten müssten, wenn die Banken in die Pflicht genommen würden. Da die Regierungen der Gläubigernationen und der Internationale Währungsfonds die privaten Gläubiger jedoch nicht zur Verantwortung ziehen, werden sie zu deren

Tab. 3.5: Privates Auslandsvermögen und Außenschulden von sieben Ländern Lateinamerikas, 1987 (Mio. US-Dollar)

Land	Auslands-vermögen (1)	Außen-schulden (2)	(1) / (2) in %
Argentinien	42 614	56 814	75,0
Brasilien	20 634	112 777	18,3
Kolumbien	2 994	15 361	19,5
Mexiko	79 102	101 882	77,6
Peru	4 148	18 058	23,0
Uruguay	902	4 235	21,3
Venezuela	48 027	36 519	131,5
zusammen	198 421	345 646	57,4

Quelle: nach Manuel Pastor, Jr., 1989: Capital Flight and the Latin American Debt Crisis, Washington, DC: Economic Policy Institute.

Komplizen bei der Abwälzung der Folgen fehlgeschlagener Investitionen auf die Bevölkerung der Schuldnernationen.[29]

Wie unter der Last gewaltiger Schuldenberge die Entwicklungsländer die Aufholjagd gegenüber den reichen Industrieländern erfolgreich bestehen sollen, ist die große Frage. Die Antwort des Washingtoner Konsenses war, das jeweilige Land für private Kapitalanleger attraktiv zu machen.

1.5 Die Verlockungen kurzfristigen Kapitals

Die Strategie, sich für ausländische Kapitalanleger »schön« zu machen, hat sich für einzelne Länder ausgezahlt. Die privaten Kapitalanlagen konzentrieren sich auf sehr wenige Länder – in den letzten Jahren insbesondere China – und haben sich, solange sie nicht langfristig in der Produktion angelegt wurden (Direktinvestitionen), als wenig verlässlich erwiesen. Die kurzfristigen »Portfolioinvestitionen« (der Kauf von Aktien oder Anleihen durch ausländische Kapitalanleger) stellten sich oft als Verführungen mit fatalen Folgen dar. Wieder einmal spielte Mexiko den Vorreiter.

Im Vorfeld seiner mit den USA und Kanada verwirklichten Freihandelszone (NAFTA) strömte viel kurzfristiges Kapital nach Mexiko; doch schon im ersten Jahr von NAFTA, 1994, schwand das Vertrauen in die Konkurrenzfähigkeit der mexikanischen Wirtschaft unter dem damaligen Wechselkursverhältnis von mexikanischem Peso zu US-amerikanischem Dollar. Innerhalb weniger Tage verlor der Peso gegenüber dem Dollar fast zwei Drittel seines Wertes. Die Währungskrise schlug rasch in eine Finanzkrise und harte Rezession um, die die Arbeitslosigkeit in die Höhe und zahlreiche Unternehmen in den Bankrott trieb.

Das nächste Mal zeigten die kurzfristigen Kapitalbewegungen ihre verheerenden Folgen in Asien. Im Vergleich zu den lateinamerikanischen Ländern zeichnen sich die südostasiatischen Schwellenländer durch hohe Sparquoten aus. Sie konnten deshalb ihr rapides Wachstum im Wesentlichen mit lokalen Ersparnissen finanzieren; hinzu kamen die Direktinvestitionen transnationaler Konzerne. Auf Anraten des Internationalen Währungsfonds begannen die Länder im Laufe der 90er-Jahre jedoch, ihre Kapitalverkehrskontrollen zu lockern und zugleich ihre Währungen an international führende Währungen wie den US-Dollar zu binden.

Die Fixierung des Wechselkurses diente u. a. dazu, ausländische Investoren vom Risiko seiner Schwankungen zu befreien. Tatsächlich strömte bald in großen Mengen ausländisches Kapital in diese Länder, das deren schnelles Wachstum noch zusätzlich beschleunigte. Doch nicht alles Geld konnte sinnvoll eingesetzt werden, und der fixierte Wechselkurs belastete die Exporte dieser Länder.

Schon bald merkten Spekulanten, dass insbesondere eines der jüngsten Schwellenländer, Thailand, den gewählten Wechselkurs nicht lange aufrecht halten konnte. Dank der ab 1987 schrittweisen Abschaffung der Kapitalverkehrskontrollen (z. B. Beschränkung der Verschuldung in ausländischer Währung bzw. der Kreditvergabe an ausländische Firmen) konnten sich diese Spekulanten in der thailändischen Landeswährung Baht kurzfristig verschulden. Diese Bahts wechselten sie dann in großen Mengen am 2. Juli 1997 in US-Dollar um. Die starke Dollar-Nachfrage machte schnell die Runde und plötzlich verloren auch viele andere Anleger ihr Vertrauen in die thailändische Währung. Die thailändische Zentralbank war nicht in der Lage, den Wechselkurs zu verteidigen, in wenigen Tagen verlor der Baht gegenüber dem US-Dollar drastisch an Wert. Die ersten Spekulanten konnten nun mit ihren Dollar ihre stark entwerteten Baht-Schulden günstig begleichen und strichen hohe Gewinne ein (siehe Infobox 3.3). Thailand hingegen erlitt eine tief greifende Wirtschaftskrise. Andere Länder in der Region ereilte dasselbe Schicksal.[30]

Infobox 3.3: Schneller Reichtum durch Währungsspekulation

Joseph Stiglitz, Nobelpreisträger für Ökonomie, erklärt die Spekulation gegen die thailändische Währung: »Nehmen wir an, der Spekulant Fred geht zu einer thailändischen Bank und nimmt einen Kredit über 24 Milliarden Baht auf, die er, beim ursprünglichen Wechselkurs, in eine Milliarde Dollar umtauschen kann. Eine Woche später fällt der Wechselkurs; statt 24 Baht ist ein Dollar jetzt 40 Baht wert. Er nimmt 600 Millionen Dollar, tauscht sie in Baht zurück, anschließend zahlt er mit den 24 Milliarden Baht, die er dafür erhält, den Kredit zurück. Die verbleibenden 400 Millionen Dollar sind sein Gewinn – ein stattlicher Betrag für eine Woche Arbeit und nur einen marginalen Einsatz eigener Mittel. Wenn er fest davon überzeugt ist, dass die Landeswährung nicht an Wert gewinnt (. . .), ist das Geschäft weitgehend risikofrei – schlimmstenfalls, wenn sich der Wechselkurs nicht verändern würde, verlöre er die Zinsen einer Woche. Je mehr sich die Überzeugung festigt, dass eine Abwertung unmittelbar bevorsteht, umso unwiderstehlicher wird der Lockreiz abzukassieren, und Spekulanten aus der ganzen Welt sammelten sich, um die Situation auszunutzen.«[31]

1.6 Fazit

Wenngleich einige zum Teil sehr gewichtige Länder wie beispielsweise China von der Globalisierung profitieren, so vergrößert sich doch für die meisten Entwicklungsländer der Abstand zu den führenden Industrieländern. Die Ursachen dafür haben wir im Entwicklungsstand vor der Kolonialisierung, im kolonialen Erbe, in der Logik der Konkurrenz, den Regeln der Weltwirtschaft und im Verhalten der reichen Industrieländer gesucht. Zum Schluss haben wir das Verhalten der politischen und wirtschaftlichen Eliten in einigen Entwicklungsländern ins Visier genommen. Deren Fehlverhalten sollte hier nicht unerwähnt bleiben, kann jedoch nicht allein als selbst verschuldet gewertet werden; vielmehr muss es im historischen Zusammenhang und in der Komplizenschaft der nördlichen Entscheidungsträger verstanden werden.

Insbesondere das Schuldenmanagement ist als skandalös zu bezeichnen. Die folgenden Generationen der Entwicklungsländer werden für die Fehler sowohl der Gläubiger als auch der Schuldner der vorangegangenen Generation bestraft. Der Blick auf die Regeln des Weltmarktes und das Verhalten der Regierungen und Wirtschaftsorganisationen im Norden macht aber auch deutlich, dass das Gefälle zwischen reichen Industriestaaten und armen Entwicklungsländer nicht naturgegeben ist.

2. Der Nationalstaat in der Globalisierung

Die Frage nach den Auswirkungen der Globalisierung auf die Souveränität und Handlungsfähigkeit von Nationalstaaten gehört zu den größten Kontroversen der Globalisierungsdebatte.

2.1 Auswirkungen auf die Handlungsfähigkeit von Nationalstaaten

Staatliche Steuerungskompetenzen verschieben sich vom Nationalstaat an die Regionen und Städte, an inter- und supranationale Institutionen und auch an demokratisch nicht legitimierte Akteure wie transnationale Unternehmen und Nichtregierungsorganisationen (vgl. die Diskussion zu »Global Governance« in Kap. 4).

Viele Beobachter schreiben insbesondere transnationalen Unternehmen und Investmentfonds größere Macht zu als nationalen Parlamenten und Regierungen. Das immer mobilere Kapital könne mit Abwanderungsdrohungen die Handlungsfähigkeit des räumlich verankerten Staates einschränken. Vom »Ende des Nationalstaates« oder vom »Ende der Souveränität« ist die Rede.[32] Dabei ist ein Vergleich des Bruttosozialproduktes von Ländern mit Unternehmensumsätzen, wie in *Tab. 3.6,* etwas gewagt: In die Umsätze gehen auch Vorprodukte ein, die von den Transnationalen Unternehmen (TNU) eingekauft werden.

Tab. 3.6: Die 50 größten »Ökonomien« der Welt nach Sozialprodukt bzw. Umsatz im Jahr 1999 (BSP und Umsätze in Mrd. US-Dollar)

Rang	Art	Ökonomie	Land	Branche	BSP / Umsatz	Einwohner / Beschäftigte
1	Land	USA			9 152,1	278 000 000
2	Land	Japan			4 346,9	127 000 000
3	Land	Deutschland			2 111,9	82 000 000
4	Land	GB			1 441,8	60 000 000
5	Land	Frankreich			1 432,3	59 000 000
6	Land	Italien			1 171,0	58 000 000
7	Land	China			989,5	1 254 000 000
8	Land	Brasilien			751,5	168 000 000
9	Land	Kanada			635,0	30 000 000
10	Land	Spanien			595,9	39 000 000
11	Land	Mexiko			483,7	97 000 000
12	Land	Indien			447,3	998 000 000

Rang	Art	Ökonomie	Land	Branche	BSP / Umsatz	Einwohner / Beschäftigte
13	Land	Korea, Rep.			406,9	47 000 000
14	Land	Australien			404,0	19 000 000
15	Land	Russland			401,4	146 000 000
16	Land	Niederlande			393,7	16 000 000
17	Land	Argentinien			283,2	37 000 000
18	Land	Schweiz			258,6	7 000 000
19	Land	Belgien			248,4	10 000 000
20	Land	Schweden			238,7	9 000 000
21	Land	Österreich			208,2	8 000 000
22	Land	Türkei			185,7	64 000 000
23	*TNU*	*General Motors*	*USA*	*Automobil*	*176,6*	*398 000*
24	Land	Dänemark			174,3	5 000 000
25	*TNU*	*Ford*	*USA*	*Automobil*	*162,6*	*364 550*
26	*TNU*	*Exxon Mobil*	*USA*	*Mineralöl*	*160,9*	*107000*
27	Land	Hong Kong			158,9	7 000 000
28	Land	Polen			155,2	39 000 000
29	Land	Norwegen			152,9	4 000 000
30	*TNU*	*DaimlerChrysler*	*Deutschl.*	*Automobil*	*151,0*	*466 938*
31	Land	Indonesien			142,5	207 000 000
32	Land	Saudiarabien			139,4	20 000 000
33	*TNU*	*Wal-Mart*	*USA*	*Einzelhdl.*	*137,6*	*1 140 000*
34	Land	Südafrika			131,1	42 000 000
35	Land	Finnland			129,7	5 000 000
36	*TNU*	*Mitsubishi*	*Japan*	*Diverse*	*127,3*	*7 556*
37	Land	Griechenland			125,1	11 000 000
38	Land	Thailand			124,4	60 000 000
39	*TNU*	*Toyota*	*Japan*	*Automobil*	*119,7*	*214 631*
40	*TNU*	*Mitsui*	*Japan*	*Diverse*	*118,5*	*31 250*
41	*TNU*	*Itochu*	*Japan*	*Handel*	*115,3*	*40 683*
42	Land	Portugal			113,7	10 000 000
43	*TNU*	*General Electric*	*USA*	*Elektronik*	*111,6*	*310 000*
44	Land	Iran			110,8	63 000 000
45	*TNU*	*Royal Dutch / Shell*	*Niederl. / GB*	*Mineralöl*	*105,4*	*99 310*
46	*TNU*	*Sumitomo*	*Japan*	*Handel / Masch.*	*103,5*	*33 057*
47	Land	Venezuela, RB			102,2	24 000 000
48	Land	Israel			100,8	6 000 000
49	*TNU*	*Marubeni*	*Japan*	*Handel*	*99,3*	*8 618*
50	Land	Irland			93,4	4 000 000

Quellen: Weltbank, 2001: World Development Indicators, Washington; www.geohive.com.

Wie können die Auswirkungen der Globalisierung auf die Handlungsfähigkeit der Nationalstaaten gemessen werden? Eine oft herangezogene Messlatte ist die Staatsquote: der Anteil der Gesamtausgaben des Staates an den Gesamtausgaben einer Volkswirtschaft. Würde diese Quote sinken, hätte also der Staat einen kleineren Anteil an der Gesamtwirtschaft, so wäre dies ein Indiz für weniger Handlungsfähigkeit. Diese Quote ist aber nicht gesunken, sondern im Gegenteil gerade bei solchen Staaten angestiegen, die gegenüber dem Weltmarkt besonders offen sind *(vgl. Tab. 3.7).*

Tab. 3.7: Entwicklung der Staatsausgaben, 1913–1999 (in Prozent des BIP zu laufenden Preisen)

	1913	1938	1950	1973	1999
Frankreich	8,9	23,2	27,6	38,8	52,4
Deutschland	17,7	42,4	30,4	42,0	47,6
Niederlande	8,2[a]	21,7	26,8	45,5	43,8
Großbritannien	13,3	28,8	34,2	41,5	39,7
Durchschnitt Westeuropa	12,0	29,0	29,8	42,0	45,9
USA	8,0	19,8	21,4	31,1	30,1
Japan	14,2	30,3	19,8	22,9	38,1

a) 1910

Quelle: Maddison, Angus, 2001: The World Economy in Millennial Perspective, Paris: OECD, S. 135.

Die Staatsquote ist allerdings eine recht grobe Messlatte; die Quote kann beispielsweise aufgrund von Verschuldung gestiegen sein, die dann künftig die Handlungsfähigkeit einschränkt. Aussagekräftiger ist die Entwicklung in der Steuerpolitik. Seitdem grenzüberschreitende Kapitalbewegungen kaum noch staatlich überwacht werden, können z. B. Vermögensbesitzer die Zahlung von Steuern leicht vermeiden, indem sie ihr Vermögen vor dem eigenen Steuerstaat in ausländische so genannte Steueroasen in »Sicherheit« bringen. Hat dies einen Wettlauf nach unten in der Zinsbesteuerung ausgelöst? Sinken die Unternehmenssteuern, weil Unternehmen zum einen ihren Hauptsitz verlegen und zum anderen durch konzerninterne Bewertungs- und Abrechnungsregeln (»Transferpreisgestaltung«) die Gewinne in Niedrigsteuerländern anfallen lassen können?

Die äußerst unterschiedlichen Steuersysteme erschweren einen Vergleich und damit die Untersuchung der Globalisierungsauswirkungen. Denn Staaten können in verschiedenster Weise steuerpolitisch handeln, um Investitionen anzulocken oder zu halten: Steuersätze absenken, eine geringere Zahl von Einkunftsarten besteuern, die Steuererklärungen weniger gründlich prüfen. Darüber hinaus können sie ihre Mittel standortpolitisch einsetzen, beispielsweise durch die gezielte Unterstützung einzelner Wirtschaftsbereiche (Subventionen).

Untersuchungen für die Staaten der OECD zeigen vielfach eine steuerliche Bevorzugung transnationaler Konzerne gegenüber den weniger mobilen mittelständischen Unternehmen. Bisher gibt es keinen dramatischen Wettlauf um die günstigsten Steuersätze *(vgl. Abb. 3.4)*, allerdings haben diese Untersuchungen noch nicht die Auswirkungen der deutschen Steuerreform 2000 erfasst, die zumindest kurzfristig zu großen Ausfällen bei den Steuern auf Unternehmen geführt hat.

Die am 6. Juli 2000 vom Deutschen Bundestag beschlossene Steuerreform senkte nicht nur die Einkommenssteuersätze zugunsten der Bürgerinnen und Bürger, sondern auch die Körperschaftsteuersätze auf einheitlich 25 Prozent. Des Weiteren wurde das System der Besteuerung von Kapitalgesellschaften und Anteilseignern zu deren Gunsten verändert. Gewinne aus der Veräußerung von Anteilen an Kapitalgesellschaften durch Kapitalgesellschaften sind jetzt in der Regel steuerfrei.

Ein solcher Wettlauf ist nach dieser Reform nicht auszuschließen, da immer wieder versucht wird, unter Verweis auf eine im Ausland niedri-

Abb. 3.4: Steuerbelastungen in Deutschland, Großbritannien und den USA

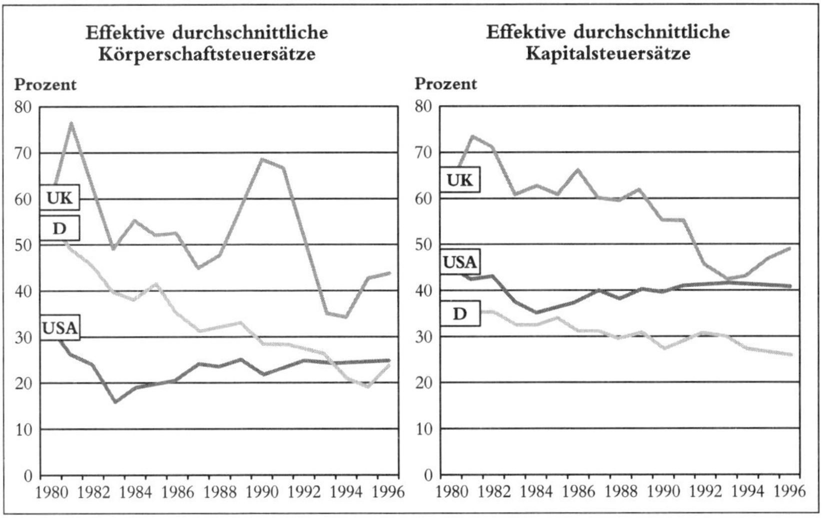

Quelle: Deutscher Bundestag, 2002: Schlussbericht der Enquete-Kommission »Globalisierung der Weltwirtschaft – Herausforderungen und Antworten« (Drucksache 14/9200), S. 98 f.

gere Steuerart den entsprechenden eigenen Steuersatz zu senken. Dabei wird nicht das gesamte Paket an Steuerlast und staatlichen Subventionen berücksichtigt. Im Ausland wird dann wiederum versucht, mit Verweis auf diese Steuersenkung ebenfalls eine Senkung durchzusetzen. Soll eine Spirale nach unten verhindert werden, sind ein hohes Maß an gegenseitiger Information und die Gegenwehr der von den Kürzungen Betroffenen notwendig.

Ein weiterer Bereich, in dem sich die Globalisierung auf die Steuerungsfähigkeit des Staates auswirken könnte, ist die Regulierung wirtschaftlicher Tätigkeiten. Zieht sich der Nationalstaat in der Globalisierungskonkurrenz aus der Steuerung wichtiger Bereiche zurück? Werden z. B. Umwelt- und Arbeitsrechtsbestimmungen für Unternehmen abgeschwächt, weil diese bindungslos geworden sind und in einer liberalisierten Welt auf bessere, d. h. weniger stark regulierte Standorte ausweichen können?

Ein Extrembeispiel ist die Hochseeschifffahrt, bei der einige Kleinstaaten durch den Verzicht auf staatliche Sicherheitsauflagen und Arbeitsstandards einen weltweiten Deregulierungsprozess ausgelöst haben. Ein weiterer, viel diskutierter Fall ist die Bekleidungsindustrie, die – so ihre Kritiker – wie ein Schiff immer dort anlegt, wo gerade die niedrigsten Arbeitskosten vorherrschen.

Für ein breiteres Spektrum von Branchen zeigen Untersuchungen über die Staaten der OECD erstens, dass Ausmaß und Formen staatlicher Regulierung zwischen Ländern und Politikbereichen stark variieren, und zwar unabhängig vom jeweils erreichten Globalisierungsstand. Zweitens werden durchaus vermehrt Löcher im sozialen Netz sichtbar, z. B. im Gesundheitssystem. Drittens kann gezeigt werden, dass die Unternehmen zumeist nicht allein nach billigen Standorten Ausschau halten, sondern dass Rechtsstaatlichkeit, soziale Stabilität und eine gute Infrastruktur als Investitionsanreize und positive Standortfaktoren unverändert wichtig sind.

2.2 »Sachzwang Globalisierung«?

Wie eine Verminderung nationalstaatlicher Handlungsfähigkeit durch Globalisierung zu bewerten ist, wird kontrovers diskutiert. Befürworter einer solchen Entwicklung argumentieren, dass Globalisierung und die gestiegene Mobilität privatwirtschaftlicher Akteure lediglich die bestehende Unwirtschaftlichkeit und Ineffektivität staatlicher Maßnahmen ans Licht bringen. Angesichts des »Sachzwangs Weltmarkt«, der auch einen globalen Wettbewerb zwischen staatlichen Regulierungssystemen ausgelöst habe, gebe es keine Alternative zu einem »schlanken Staat«, der sich auf seine Kernkompetenzen beschränkt. Höheres Wirtschaftswachstum und verbesserte Innovationsdynamik könnten nur durch sparsame staatliche Finanzpolitik, die der Währungsstabilität Vorrang vor staatlichen Investitionen zur Bekämpfung von Wirtschaftsflauten gibt, durch die Liberalisierung vor allem der Arbeits- und Kapitalmärkte, die Privatisierung von Staatsbetrieben und die Deregulierung vor allem staatlich geschützter Wirtschaftsbereiche erreicht werden.[33]

Kritiker eines solchen minimalen »Wettbewerbsstaates« befürchten jedoch, dass der verschärfte Standortwettbewerb, d. h. das konkurrierende Werben um Investitionen und Arbeitsplätze, zu einem »Wettlauf nach unten« bezüglich nationaler Regelungen wie Sozial- und Umweltstandards führen könne. Die Ausrichtung der Politik auf die vermeintlichen Zwänge der globalisierten Märkte mache überdies eine Wirtschaftspolitik, die in Krisenzeiten gegensteuere, sowie eine eigenständige nationale Unternehmens- und Gewinnbesteuerung unmöglich. Der moderne Sozialstaat könne so in seiner Handlungs- und Leistungsfähigkeit beschränkt werden, und dies könne zu einem »Globalisierungsdilemma« führen: Für Ausgleichszahlungen an Globalisierungsverlierer und zur Herstellung sozialen Friedens braucht »Globalisierung . . . für ihren Erfolg Sozialpolitik, erfolgreiche Globalisierung aber untergräbt nationale Wohlfahrtsstaaten«.[34] Wenn aber angesichts globaler Wirtschaftsprozesse nationalstaatliche Regelungen nicht mehr greifen und national gewählte Regierungen Globalisierungsverlierer nicht mehr schützen können, kann Globalisierung auch ihre Legitimationsgrundlage verlieren.[35]

Einige der Kritiker bestreiten überdies, dass Globalisierung alleine oder hauptsächlich für die eingeschränkte Handlungsfähigkeit der Nationalstaaten verantwortlich ist. Der »Sachzwang Globalisierung« sei vor allem ein ideologischer Kampfbegriff, eine Drohgebärde zur Abwehr gewerkschaftlicher Lohnforderungen und zur Erzwingung einer radikalen Entstaatlichung zugunsten von Marktmechanismen. Diese Kritiker weisen darauf hin, dass die Befürworter eines schlanken Staates diesen auch schon vor der Globalisierungsdiskussion gefordert haben, und sehen daher vor allem hausgemachte Ursachen für die Strukturveränderungen des Staates. Globalisierung sei von den Regierungen der Nationalstaaten politisch gewollt und also auch innenpolitisch veränderbar.

Kritiker der Globalisierungsthese meinen zudem, dass die Einschränkungen der Handlungsfähigkeit übertrieben werden. Der souveräne Nationalstaat ist ungeachtet aller Globalisierungsprozesse weiterhin alleiniges Völkerrechtssubjekt, das heißt Vertragspartner anderer Staaten. Nach innen sichert das Gewaltmonopol den Herrschaftsanspruch des Staates. Mit Polizei und Justizapparat ausgestattet, stellt der Staat Verbindlichkeit von Recht und Gesetz her. Er bleibt Bezugspunkt für die gesellschaftlichen Akteure und Garant der Verbindlichkeit von Absprachen privater Akteure und von so genannten Public Private Partnerships, den Netzwerken und Verhandlungssystemen privater und politischer Akteure.[36] Somit besteht ein nationaler Spielraum für die Art und Weise, wie auf die Herausforderungen der Globalisierung geantwortet werden kann. Sein Umfang hängt von einer Reihe Faktoren ab.

Zunächst hängt der Handlungsspielraum des Nationalstaates von seiner Größe, seiner Wirtschaftskraft und militärischen Stärke sowie von seiner Stellung unter den anderen Staaten ab. Einige Autoren halten heute nur die USA für wirklich souverän, und auch die einzige Weltmacht befindet sich in einer Welt immer größerer Verwundbarkeit, sei es durch Umweltkatastrophen, Terrorismus oder Massenvernichtungswaffen.

Kleine, industriell weniger entwickelte Staaten wie Thailand sind nicht nur stärker den Entwicklungen auf den Kapitalmärkten ausgesetzt (vgl. Kapitel III 1. »Der globale Süden«), sondern auch machtpolitisch in ihren Handlungen weniger souverän. Dies gilt heutzutage insbesondere für all jene Länder, die in die Verschuldungsfalle geraten und dadurch dem Internationalen Währungsfonds rechenschaftspflichtig geworden sind.

Um während der Finanzkrise Asiens 1997 Darlehen zu erhalten, mussten viele Länder zahlreiche Auflagen des Internationalen Währungsfonds (IWF) akzeptieren und ihre Wirtschafts- und Sozialpolitik ändern. Diese »Strukturanpassungsprogramme« betreffen laut Joseph Stiglitz, dem bekanntesten Kritiker des IWF, häufig Bereiche, die mit den Krisenursachen kaum etwas zu tun haben, z. B. die Einführung von Schulgebühren.[37] Diejenigen Staaten, die die Auflagen des IWF ablehnten – und dementsprechend zunächst auf Kredite zur Stützung ihrer Währung verzichteten –, erholten sich schneller und besser von der Krise. Aber dazu waren eben nur Staaten wie Südkorea in der Lage, die bereits über eine leistungsfähige Bürokratie verfügten und deren Stellung in der internationalen Arbeitsteilung erwarten ließ, dass sie auch in einer Krise ausländisches Investitions- und Anlagekapital im Lande halten oder anziehen konnten. Doch auch Länder, die nicht verschuldet sind, können in ihrer Souveränität eingeschränkt sein, wenn sie für ihre Sicherheit auf andere Staaten angewiesen sind, wie zum Beispiel Kuweit und Saudi-Arabien auf die USA.

Auch muss ein politischer Wille bestehen, den Handlungsraum auch voll zu nutzen. Dieser Wille ist keinesfalls eine Selbstverständlichkeit; für viele ist es sehr verlockend, die Globalisierung als Sachzwang darzustellen: Wenig populäre politische Maßnahmen können als unausweichlich dargestellt werden, da ja die Globalisierung keine Alternative lasse. Im Englischen wurde für dieses Verhalten ein – der ehemaligen Premierministerin Margaret Thatcher zugeschriebener – Begriff geprägt, das TINA-Prinzip: There Is No Alternative. So wird seit langem der Abbau von rechtlichen sowie tariflichen Schutzmaßnahmen für Arbeitnehmerinnen und Arbeitnehmer gefordert; als Begründung dient nun seit ihrer »Entdeckung« die Globalisierung (vgl. Kapitel III 3. »Globalisierung und das Kräfteverhältnis der Tarifparteien«).

Inwieweit ein politischer Wille zur Gestaltung besteht, ist somit abhängig von innenpolitischen Machtverhältnissen. Die Mächtigen sind hier im Vorteil. Doch vielfach bestehen Interessenunterschiede zwischen ihnen. In neuen Situationen müssen die Mächtigen selbst zunächst herausfinden, was in ihrem Interesse liegen könnte. Beispielsweise setzten sich 1996 einige deutsche Firmenvorstände für dezentrale Tarifverhandlungen wie im US-amerikanischen Modell ein, d. h. für Verhandlungen auf der Ebene der einzelnen Unternehmen. Unabhängig von der Stärke der Gewerkschaften standen viele Großkonzerne dieser Forderung ambivalent gegenüber. Sie befürchteten, dass die Grundlagen der konstruktiven Zusammenarbeit zwischen Geschäftsführung und Betriebsräten unterminiert würden, wenn die Betriebsräte gewerkschaftliche Verhandlungskompetenzen bekämen.[38]

Tatsächlich könnten dezentrale Tarifverhandlungen sogar dazu führen, dass die betrieblichen Arbeitnehmervertreter ihre gesetzlichen Rechte zur Durchsetzung überdurchschnittlicher Lohnerhöhungen nutzen.

Außerdem können sich die bisher weniger Mächtigen durch gute Argumente und politisches Engagement Gehör und Einfluss verschaffen. Dafür finden sich in Kapitel IV einige Beispiele. Freilich gelingt dies nicht auf jedem Politikfeld gleichermaßen gut. Beispielsweise ist die Geldpolitik institutionell und aus Gewohnheit von öffentlichen Debatten recht gut abgeschirmt. Die Bundesbank und die europäische Zentralbank unterstehen nicht dem Parlament, und zudem herrscht ein Konsens darüber, dass die Geldpolitik den Experten überlassen werden solle.

Auf anderen Feldern reicht häufig der nationale Wille nicht mehr aus. Dies gilt auch für die Geldpolitik in Deutschland, die mit der Einführung des Euro europäisiert wurde. Dazu gehört ferner das Feld der Besteuerung insbesondere von mobilem Kapital, also den Gewinnen aus Finanzanlagen. Zur Verhinderung eines Wettbewerbs bei der Senkung der Steuersätze bedarf es einer engen internationalen Koordination. Also: Wenn es um die Rahmensetzung der Globalisierung geht, müssen internationale Koalitionen gebildet werden.

2.3 Was wird aus dem »Modell Deutschland«?[39]

Das »Modell Deutschland«, von dem Bundeskanzler Helmut Schmidt im Wahlkampfjahr 1976 sprach, bezeichnet vor allem die gelungene Verbindung von internationaler Wettbewerbsfähigkeit und sozialem Konsens. Die hohe politische Bindekraft des Modells Deutschland nach dem Zweiten Weltkrieg beruhte auf dem Anknüpfen an die so genannten korporatistischen Politikstrukturen aus dem nationalsozialistischen Deutschland. Unter Korporatismus versteht man, dass Korporationen, d. h. Berufsverbände, unter der Leitung der staatlichen Bürokratie die Politik bestimmen. Zwar wurde im Nachkriegsdeutschland das Parlament als zentraler Ort politischer Entscheidungen wieder eingeführt und damit auch die Parteienkonkurrenz; doch der Wettstreit von Christdemokratie und Sozialdemokratie fand auf der gemeinsamen Grundlage des politisch vermittelten Kompromisses zwischen Kapital und Arbeit statt.

Die partnerschaftliche Zusammenarbeit zwischen Unternehmen sowie Gewerkschaften zeigte sich in vielfältigen Institutionen. Neben der tarifpolitischen Autonomie der Sozialpartner gilt die Arbeitnehmermitbestimmung im Betrieb und im Unternehmen als besondere Errungenschaft des Modells Deutschland, die maßgeblich zum sozialen Frieden beigetragen habe. Politische Koordinierungsformen wie die Konzertierte Aktion, Runde Tische sowie Modernisierungs- und Krisenkartelle erzeugten eine hochkomplexe politische Entscheidungsstruktur, die auf der Grundlage eines föderativen Staatsaufbaus zu Recht als »Verhandlungsstaat« gekennzeichnet wird.

Dieser »sozialdemokratische Klassenkompromiss« ruhte auf dem nach G. Esping-Andersen so bezeichneten korporatistisch-konservativen Wohlfahrtsstaat in der Bundesrepublik Deutschland.[40] Seine Leistungen sind von der Vorstellung eines männlichen Ernährers geleitet, und viele davon werden nach dem Versicherungsprinzip gewährt und nicht allgemein aus dem Steueraufkommen bezahlt.

Neben dem Verhandlungsstaat und dem Wohlfahrtsstaat zeichnete das Modell Deutschland noch ein relativ großer gemeinwirtschaftlicher Sektor aus, vor allem im kommunalen Raum, im Verkehrs- und Energiebereich, aber auch im Finanzbereich (Sparkassen und Raiffeisenbanken) sowie in der regionalen Kulturpolitik.

Die organisatorische Struktur der deutschen Wirtschaft wird ebenfalls von den korporatistischen Politikstrukturen berührt. Der Korporatismus erforderte auf Seiten des Kapitals eine starke Selbstorganisation zur Bündelung firmen- und branchenspezifischer Interessen und politischer Forderungen.

Zentrale Verbände der Unternehmenswelt, die eher regional orientierten Industrie- und Handelskammern sowie Handwerkskammern machen diese Selbstorganisation möglich. Sie alle gehen mit einer ökonomischen Struktur einher, die von einem exportorientierten Kernsektor meist größerer Unternehmen dominiert wird. Im Bereich der Investitionsgüterindustrie (Maschinen- und Anlagenbau, Fahrzeuge, Chemische Industrie, Elektrotechnik und Stahl) hatte die deutsche Wirtschaft ihren (inter-)nationalen Wettbewerbsvorteil.

Im Finanzsystem war das Modell Deutschland von industriepolitisch engagierten Großbanken geprägt, während der regional orientierte Mittelstand stark von den kommunal orientierten gemeinwirtschaftlichen Kreditinstituten profitierte. Die besondere Form der Verschmelzung von Bank- und Industriekapital via Überkreuzbeteiligungen und Kreditfinanzierungen industrieller Projekte ermöglichte industrielle Wettbewerbsfähigkeit und brachte der so genannten *Deutschland AG* stetige Exportüberschüsse, zu denen auch eine stabilitätsorientierte Geldpolitik der Bundesbank nicht unwesentlich beitrug.

Abb. 3.5: Deutschlands Exporte

390 540 © Erich Schmidt Verlag

Quelle: Datenreport 2002, BpB, S. 256, Abb. 5.

Diese Strukturmerkmale waren in eine wirtschaftliche Phase eingebettet, die als das »goldene Zeitalter des Kapitalismus« bezeichnet wurde. Die Wiederherstellung des Weltmarktes durch die USA und die Investitionen US-amerikanischer Unternehmen in Europa ermöglichten hohe Wachstumsraten. Vollbeschäftigung und sozialpolitische Maßnahmen schufen in Deutschland einen »Traum immerwährender Prosperität« (Burkhart Lutz).

Doch die Wirtschaftsrezession in den 70er-Jahren brachte einen starken Einschnitt. Die entstehende Massenarbeitslosigkeit offenbarte das Versicherungsprinzip des deutschen Wohlfahrtsstaates als Problem. Da die Leistungen nur von den Erwerbstätigen und nicht von allen Steuerzahlern gezahlt werden, erhöhte sich rasch die Last des Sozialstaats für die noch Erwerbstätigen und auch für die Unternehmen, die die jeweilige Hälfte der Sozialversicherungsbeiträge übernehmen.

Neben der Massenarbeitslosigkeit fordern folgende Trends das Modell Deutschland heraus: 1. die deutsche Wiedervereinigung; 2. anhaltende, bereits vor 1990 beginnende Veränderungen des globalen Produktionssystems; 3. das sich seit den 60er-Jahren herausbildende globale Finanzsystem; 4. Veränderungen in den demographischen Mustern und den individuellem und familiärem Verhalten zugrunde liegenden sozialen Werten; 5. ein qualitativer Sprung vorwärts im Prozess der Europäischen Integration.

2.4 »One best way« oder Pfadabhängigkeit?

Das »Modell Deutschland« ist also unter Druck. Können Nationalstaaten im Kontext der Globalisierung überhaupt noch eigene Wege gehen? Die bisherige Handlungsfähigkeit von Nationalstaaten zeigte sich nicht zuletzt in den Unterschieden, die zwischen ihnen bestehen. Beispielsweise unterscheiden sich die wirtschaftlichen Institutionen der Bundesrepublik Deutschland von denen der USA u. a. wie in *Tab. 3.8* dargestellt.

Werden diese Unterschiede der Globalisierung widerstehen? Die These vom *one best way* besagt, dass die Staaten aufgrund der Globalisierung um Investitionen und die besten Arbeitskräfte konkurrieren. Dabei wird der Staat gewinnen, der die günstigsten Bedingungen und die geringsten Einschränkungen für Kapital und Arbeit bietet. Alle anderen sind somit gezwungen, die leistungsfähigsten Politiken und Institutionen zu übernehmen – es findet eine Angleichung (Konvergenz) statt.

Horst Siebert, Leiter des Kieler Weltwirtschaftsinstituts, meint, dass es angesichts des Standortwettbewerbs für ein einzelnes Land geradezu notwendig sei, nicht nur seinen Unternehmen die Übernahme der leistungs-

Tab. 3.8: Wirtschaftliche Institutionen in Deutschland und den USA

	Deutschland	USA
Finanz-beziehungen	enge Verflechtung zwischen Unternehmen und Banken; große Bedeutung der kommunal orientierten gemeinwirtschaftlichen Kreditinstitute	Banken stehen stärker untereinander in Konkurrenz; große Bedeutung der Aktien- und Anleihemärkte; gewinnorientierte Finanzwirtschaft
Arbeits-beziehungen	gesetzlich vorgeschriebene Betriebsräte und Mitbestimmung im Aufsichtsrat; flächendeckende Tarifverträge	weder Betriebsräte noch Mitbestimmung, dafür spezifizieren die einzelnen Tarifverträge im Detail die Arbeitsbedingungen
Staats-beziehungen	immer noch umfangreiche Beteiligungen des Staates an Unternehmen; enge Kooperation mit den Spitzenverbänden der Wirtschaft	kein staatlicher Industriebesitz; offenes Lobbying aller Unternehmen und Verbände

fähigsten Techniken zu erleichtern, sondern auch die eigenen wirtschaftspolitischen Institutionen am international leistungsfähigsten Modell auszurichten.[41]

Tatsächlich bestehen aber auch zwischen entwickelten Industrieländern starke Unterschiede im Institutionengefüge. Selbst innerhalb des europäischen Binnenmarktes ist hinsichtlich der Beziehungen zwischen Kapital und Arbeit, Kapitalbeschaffung und Ausbildung bisher kaum eine Angleichung auf ein einziges Modell zu erkennen. Sogar bei den Firmen, die international agieren oder internationaler Konkurrenz ausgesetzt sind, bestehen noch nationale Unterschiede in der Managementorganisation. Auf diese Unterschiede weisen die Vertreter der »Pfadabhängigkeitsthese« hin. Diese besagt, dass sich im Wettbewerb durchaus nicht immer die Besten durchsetzen, weder die besten Produkte noch die besten Institutionen. Warum nicht? Sind einmal Institutionen begründet worden, gibt es einige Hindernisse, die bei einer Veränderung überwunden werden müssen: die hohen Gründungskosten, die Lern- und Koordinationseffekte der beteiligten Akteure und die von der Veränderung zu erwartenden Anpassungskosten.

Ein Beispiel: Bevor sich eine Institution wie das duale Ausbildungssystem (Ausbildung im Betrieb und in der Berufsschule) in Deutschland etablierte, mussten sich die Schulbehörden, die Unternehmen und die Gewerkschaften einigen. Berufsschulen waren zu gründen, die Industrie- und Handelskammern hatten ein Vertretungsmonopol für die gesamte Wirtschaft zu erhalten, und sie mussten Prüfer ausbilden. Mit der Zeit wurde das System stets weiter verfeinert: Beispielsweise wurden die betrieblichen Ausbilder selbst ausgebildet und Lernanforderungen auch für die betriebliche Phase formuliert.

Das duale Ausbildungssystem funktioniert nicht nur nach den niedergeschriebenen Regeln, sondern auch nach den Gewohnheiten, die Ausbilder, Berufsschullehrer und Auszubildende im Laufe der Zeit entwickeln und zu einem »Pfad« verdichten. Zwar bestehen in jeder Entscheidungssituation Alternativen; doch deren Anzahl wird vom Pfad beschränkt. Nachdem sich das duale Ausbildungssystem im Kaiserreich um 1900 etabliert hatte, war es zwar immer wieder neuen Herausforderungen ausgesetzt (z. B. durch das Entstehen neuer Berufe); darauf wurde jedoch innerhalb des Systems reagiert, dieses wurde angepasst, aber nicht gänzlich infrage gestellt. So kann es also durchaus rational sein, auch an einer nicht ganz optimalen Institution festzuhalten.

Laut Douglass North wird von dem Pfad erst dann abgewichen, wenn die politischen Entscheidungsträger die Nachteile höher einschätzen als die Kosten einer neuen, effizienteren Institution.[42] Der Abschied vom dualen Ausbildungssystem würde demgemäß erst dann erfolgen, wenn ein neues System der beruflichen Ausbildung nicht nur effizienter als das alte, sondern um so viel effizienter ist, dass es auch die Kosten für der Abschaffung des alten Systems (z. B. Schließung der Berufsschulen) trägt. Effizienzbeurteilungen sind jedoch interessengeleitet und abhängig von den Umständen. Die Leistungsfähigkeit der dualen Ausbildung etwa wird heute sehr unterschiedlich eingeschätzt: von Gewerkschaften eher hoch, von neuen Unternehmen der Informationstechnologien eher gering.

Diese Befunde und Beobachtungen stellen nicht notwendigerweise die Angleichungsthese infrage. Tatsächlich meinen viele Beobachter feststellen zu können, dass es in jüngster Zeit zu einer stärkeren Angleichung gekommen sei, und sie erwarten angesichts der Liberalisierung der Kapitalmärkte, die die Zugangskriterien zu Finanzquellen vereinheitlichen wird – insbesondere die Ausrichtung am »shareholder-value« –, künftig einen stärkeren Vereinheitlichungsdruck. Von »shareholder value« wird gesprochen, wenn ein Unternehmen ausschließlich den Interessen seiner Eigentümer verpflichtet ist und vorrangig auf Gewinnerzielung hinarbeitet. Bei Aktiengesellschaften ist das Ziel die Steigerung der Dividende und des Kurswertes. Den z. T. eher kurzfristigen Interessen der Anteilseigner (»shareholders«) sind dann die eher langfristigen Interessen z. B. von Beschäftigten und Kommunen (»stakeholders«) untergeordnet.

Aber auch im nationalen Raum, wo die Märkte am weitesten entwickelt sind, bestehen zwischen Firmen, sogar in der gleichen Branche, noch Unterschiede in der Unternehmenskultur. Da Markterfolg nicht nur eine Frage des preisgünstigsten Angebots ist, sondern auch vieler anderer Faktoren, wie beispielsweise Zuverlässigkeit, besteht erheblicher Spielraum für unternehmerische Strategien. Ferner sind die meisten Unternehmen im Dienstleistungssektor weniger von der internationalen Konkurrenz berührt und stehen deshalb unter geringerem Anpassungsdruck. Vor allem aber stellt sich die Frage, auf welche Weise sich der auf den Firmen lastende Anpassungsdruck auf staatliche Institutionen überträgt.

Doch selbst wenn tatsächlich noch mehr Bereiche marktwirtschaftlicher Logik unterworfen wären und die politischen Institutionen rasch auf die Anforderungen ihrer Unternehmen reagieren würden, folgt eine Angleichung nicht zwingend. Gemäß der »Theorie komparativer institutioneller Vorteile« kann es analog zur Produktspezialisierung auch zu einer Spezialisierung der wirtschaftspolitischen Institutionen kommen.[43] Diese Theorie überträgt David Ricardos (1772–1823) Idee der gegenseitigen Gewinne vom Welthandel (siehe Kapitel II 3. »Antriebskräfte der Globalisierung«) auf die institutionelle Ebene.

So wie es zu einer Spezialisierung bei den gehandelten Waren kommt, spezialisieren sich die einzelnen Nationen auch hinsichtlich ihres Institutionengefüges, denn die jeweils verfolgte Produktstrategie bedarf ihres eigenen institutionellen Hintergrundes. So konzentrieren sich die Aktivitäten deutscher Firmen auf inkrementale, d. h. schrittweise, Innovation, weil u. a. das deutsche Arbeitsrecht und Finanzsystem den benötigten langfristigen Planungshorizont sichern. In gleicher Weise nutzen US-amerikanische Firmen die dortigen institutionellen Rahmenbedingungen, wie z. B. stark marktorientierte Arbeitsbeziehungen und dynamische Risikokapitalmärkte, um Strategien »radikaler Innovationen« zu verfolgen.

Weder die zunehmende zwischenstaatliche Konkurrenz noch die Beharrungskräfte des bisherigen Institutionengefüges geben die nationalstaatlichen Antworten auf die Globalisierung vor. Es ist also sinnvoll, statt von Angleichung oder Pfadabhängigkeit von »institutionellen Beharrungskräften« im Zusammenhang eines wirkmächtigen internationalen Konkurrenzprozesses zu sprechen.

2.5 Fazit

Alle Staaten müssen heute auf Globalisierungsprozesse reagieren. Für einen Abgesang auf den Nationalstaat ist es aber zu früh. Staaten sind weiterhin relevante Akteure in der internationalen Politik, und nationale Regierungen bleiben zentraler Bezugspunkt für alle gesellschaftlichen Akteure, auch im Bereich wirtschaftlicher Prozesse.

Ob und inwiefern die Handlungsfähigkeit von Nationalstaaten durch ökonomische Globalisierungsprozesse beschränkt wird, hängt vornehmlich davon ab, ob Staaten über ein ausgebautes und funktionsfähiges Institutionensystem verfügen, das Rechtsstaatlichkeit und effektives Regieren gewährleistet. Durch die Institutionensysteme werden Globalisierungsprozesse »gefiltert«, und die nationalstaatlichen Akteure können gegebenenfalls notwendige Anpassungsprozesse gestalten. Des Weiteren kommt es auf den Platz an, den ein Nationalstaat in der internationalen Arbeitsteilung einnimmt. Ein Land, das im Wesentlichen Rohstofflieferant ist, hat – sofern die Rohstoffe auch anderweitig bezogen werden können – einen größeren Grad der Abhängigkeit vom Weltmarkt als ein Land mit einer großen Branchenvielfalt und einem großen Binnenmarkt.

3. Globalisierung und das Kräfteverhältnis der Tarifparteien

Die gestiegene Mobilität des Kapitals lässt, wie im vorherigen Kapitel ausgeführt, die Kommunen, Länder und Nationen eine ruinösen Konkurrenz um Investitionen und Arbeitsplätze befürchten: Um Investitionen anzulocken, werden Steuern gesenkt, Arbeitsrecht und Umweltgesetze verändert und den Unternehmen Subventionen angeboten, für die woanders gespart werden muss. Arbeitskräfte sind hingegen zwar grundsätzlich mobil, wie die großen Migrationsbewegungen zeigen, doch zumeist weniger als global operierende Unternehmen. Während in den letzten Jahrzehnten die Barrieren für grenzüberschreitenden Waren- und Kapitalverkehr Schritt für Schritt abgebaut wurden, erwiesen sich die Grenzen für Arbeitskräfte als zunehmend weniger durchlässig.[44]

Innerhalb der Europäischen Union wurden zwar die Grenzen auch für Arbeitnehmerinnen und Arbeitnehmer abgebaut, dafür aber gegenüber der nichteuropäischen Welt strikter gezogen. Für die einzelne Arbeitskraft, insbesondere wenn sie familiär gebunden ist, sind Ortswechsel mit hohen Kosten verbunden: Verkauf des Eigenheims oder Wohnungssuche, Suche nach einer geeigneten Schule etc. Diese Kosten werden nur denjenigen abgenommen, die entweder über viel Einfluss verfügen oder über Fähigkeiten, die am Markt knapp sind und deshalb stark nachgefragt werden.

Den transnationalen Konzernen gelingt es dank der rasanten Entwicklung der Kommunikationstechnik immer besser, fern voneinander liegende Produktionsstätten zu kontrollieren und aufeinander abzustimmen. Zugleich wurde ihre Rechtsstellung gegenüber den Gastländern gestärkt: Sie werden immer weniger staatlichen Auflagen unterworfen, und das Enteignungsrisiko, das insbesondere für Rohstoffförderkonzerne in den 70er-Jahren real bestand, ist fast völlig entfallen.

Die Privatisierung der bisher in staatlicher Regie geführten Infrastrukturunternehmen wie Bahn, Post und Telekom eröffnet den Konzernen in vielen Ländern neue Betätigungsfelder. Alles zusammen stärkt ihre so genannte Exit-Option: Wenn die Konzerne mit den Bedingungen an einem Produktionsort nicht zufrieden sind, können sie sich von diesem leichter als früher verabschieden.

Infobox 3.4: Frauen – die Verliererinnen der Globalisierung?

Frauen sind keine sozial homogene Gruppe, und es gibt ohne Zweifel Globalisierungsgewinnerinnen. Geschätzte 80 Prozent der Beschäftigten am »globalen Fließband«, den Exportfabriken und exportorientierten computerisierten Dienstleistungsbranchen, sind Frauen. Sie sind also die Arbeitsplatzgewinnerinnen der Weltmarktintegration. Viele von ihnen sind überdies jung und stammen aus beengten und oft patriarchalischen dörflichen Verhältnissen. Sie sind somit auch Freiheitsgewinnerinnen. Viele haben Zugang zu Berufen und Karrieren gefunden, die vor nicht allzu langer Zeit noch als Männerdomänen galten.

Die zahllosen Berichte von schlechten Arbeitsbedingungen, schlechter Bezahlung, Zwangsverabreichung von Kontrazeptiva, sexueller Belästigung und Vergewaltigungen zeigen jedoch deutlich die Schattenseiten der Globalisierung für viele Frauen in den Weltmarktfabriken und deren Subunternehmen im informellen Sektor.

Die 19-jährige Li Chunmei hätte man auch als Globalisierungsgewinnerin bezeichnen können: Sie hatte in der Bainan-Spielwarenfabrik im Südosten Chinas Arbeit gefunden und konnte so ihrem Dorf entfliehen. Im November 2001 ist Li Chunmei aber an *gualoasi*, an Überarbeitung, gestorben. Für das Weihnachtsgeschäft musste sie oft an sieben Tagen in der Woche von 8 Uhr morgens bis 22 Uhr abends in hektischem Tempo Augen, Ohren und andere Teile für die Markenstofftiere zu den Näherinnen bringen. Urlaub gab es nicht, und weil der Arbeitgeber Lohnzahlungen zurückhielt, konnte sie auch nicht in ihr Dorf zurück. Bainan, ein Zulieferer der koreanischen Kaiming Industrial Ltd, bestritt nicht nur die Überarbeitung, sondern auch, dass Li Chunmei überhaupt ihre Angestellte gewesen sei. Offiziell arbeitete sie für einen Sub-Zulieferer, der nach dem Todesfall aber nicht mehr aufzufinden war.[45]

Während im entwickelten Westen Haushalts- und Erziehungsarbeiten zunehmend »eingekauft« und an Migrantinnen delegiert werden – was auf eine ethnische Trennung der Arbeitsmärkte hindeutet –, müssen die Frauen in den Entwicklungsländern die traditionelle Frauenarbeit weiterhin unbezahlt leisten, zusätzlich zu ihrer Erwerbsarbeit. Letztere ist zudem oft nur von begrenzter Dauer: Unter dem Druck der Auftraggeber werden vor allem in der Textil- und Spielzeugbranche in Stoßzeiten viele Überstunden verlangt; dafür sind die Beschäftigten dann in den auftragslosen Zeiten arbeitslos, zumeist ohne Arbeitslosenunterstützung. Und wenn ein Strukturwandel von der arbeitsintensiven Produktion – die »frauenintensiv« ist – hin zu eher kapitalintensiverer Produktion erfolgt, verlieren überproportional viele Frauen ihren Arbeitsplatz. Die Soziologin und Entwicklungsexpertin Christa Wichterich bringt es auf den Punkt: »Je mehr Technologie, desto weniger Frauen«.[46]

Die Arbeit von Frauen in der Globalisierung – und zwar nicht nur im Süden der Welt, sondern zunehmend auch im Osten und im »entwickelten Norden« – konzentriert sich also auf zumeist unqualifizierte Tätigkeiten im formellen und informellen Niedriglohnbereich, bei weiter bestehenden Lohndifferenzen zu den männlichen Beschäftigten. Gesellschaftlich werden ihre Vollzeittätigkeiten oft weiterhin als »Zuverdienst« von Ehefrauen und Müttern betrachtet. Unternehmerinnen, die einen Einstieg in internationale Märkte finden, gibt es kaum.

Geschätzte 70 Prozent der Armen weltweit sind weiblich. Frauen subventionieren mit unbezahlter Reproduktionsarbeit, z. B. zur Erziehung der Kinder, die globale Marktwirtschaft, was durch den tendenziellen Rückzug des Staates aus der sozialen Sicherung – auch eine Folge der Globalisierung, argumentieren viele – noch verstärkt wird.

Doch Frauen sind mehr als nur von der Globalisierung »Getroffene«. Es findet auch eine transnationale Verknüpfung von Frauenorganisationen statt, die den negativen Folgen der Globalisierung entgegenwirkt. Und weil Frauen oft genug in den männerdominierten Gewerkschaften auf Sexismus und Machismo stoßen, gehen Frauengewerkschaften und Bündnisse von Frauengruppen mit anderen zivilgesellschaftlichen Akteuren vielfach eigene Wege. So berichtet das Unterstützungskomitee für Arbeiterinnen in Maquiladoras (die für den Export produzierenden Sonderwirtschaftszonen in Lateinamerika) von Fabrikbesetzungen und versteckter Rebellion.

Entsprechend fürchten Gewerkschaften, dass die transnationalen Konzerne die immer offeneren Grenzen dazu ausnutzen, einzelne Standorte gegeneinander auszuspielen und durch angedrohte oder tatsächliche Verlagerung von Arbeitsplätzen die Aufgabe tarifpolitischer Errungenschaften zu erpressen.[47]

Solche Befürchtungen betreffen nicht nur Beschäftigte transnationaler Konzerne, sondern ebenfalls nur regio- oder national tätige Unternehmen. Zum einen verlieren auch diese gegenüber den mobileren Konzernen an Verhandlungsmacht, z. B. als Zulieferer; zum anderen stellen sich die politischen, wirtschaftlichen und gesellschaftlichen Konsequenzen des Machtgefälles zwischen »global players« (eine dem Sport entliehene, verniedlichende

Metapher für transnationale Konzerne) und lokalen Akteuren für alle als eine Ausrichtung der nationalstaatlichen Wirtschaftspolitik auf Wettbewerbsfähigkeit dar (vgl. Kapitel III 2. »Der Nationalstaat in der Globalisierung«). Davon sind dann selbst ortsgebundene Dienstleistungsunternehmen betroffen.

Tab. 3.9: Deutsche »global players«

Rang unter den 500 Größten der Welt	Unternehmen	Erlöse 2001 in Mio. US-$
7	DaimlerChrysler	136,897.3
18	Allianz	85,929.2
21	Volkswagen	79,287.3
22	Siemens	77,358.9
27	Deutsche Bank	66,839.9
28	E.ON	66,453.0
53	RWE	50,663.8
72	Metro	44,346.8
75	Deutsche Telekom	43,260.6
79	Münchner Rück Gruppe	41,894.0
91	Hypo Vereinsbank	39,405.4
112	BMW	34,443.5
116	Thyssen Krupp	33,796.0
130	Deutsche Post	31,302.1
135	Robert Bosch	30,472.9

Quelle: Fortune, The 2002 Global 5000; www.fortune.com.

3.1 Unternehmen ohne Wurzeln?

Sind Unternehmen wirklich so »footloose« – gleichbedeutend mit »ungebunden« oder »wurzellos« –, dass ihre faktische Bewegungsfreiheit angestiegen ist?

Der Befund der erhöhten »Exit-Macht« mancher Unternehmen, d. h. der verbesserten Möglichkeiten zur Standortverlagerung, ist nicht unbestritten. Einige Beobachter führen die Internationalisierung der Unternehmen wesentlich auf Firmenzusammenschlüsse und Zukäufe zurück. Gegenüber diesen Trends seien reale Verlagerungen von Standorten zu vernachlässigen, denn diese würden entgegen den Bekundungen von Managern der »global players« auf große organisatorische und kulturelle Schwierigkeiten stoßen.

Diese Aussage ist schwer zu überprüfen, da der Internationalisierungsgrad eines Unternehmens nicht ohne weiteres gemessen werden kann. Finanzkennzahlen sind durch Wechselkursschwankungen, Buchhaltungspraktiken und Transferpreismanipulationen (zur Verbuchung von Gewinnen in Niedrigsteuerländern) nur bedingt aussagekräftig. So weiß eigentlich nur das Unternehmen selbst, welchen Anteil der Wertschöpfung oder des Gewinns es außerhalb des Heimatstandortes erzielt. Angaben über Beschäftigte geben auch nur bedingt Auskunft: Bei der zunehmenden rechtlichen Ausgliederung von Unternehmensteilen ist nicht sofort ersichtlich, wie viele Arbeitskräfte tatsächlich mit der Herstellung der von diesem Unternehmen letztlich vertriebenen Produkte beschäftigt sind.

Vor allem stellt sich die Frage, ob die transnationalen Konzerne tatsächlich »wurzellos« oder nicht doch vielfältig an ihre Standorte gebunden sind.

Nach welchen Kriterien wählen Unternehmen ihre Standorte aus? Darauf gibt es keine eindeutige Antwort. Nicht einmal das Profitinteresse kann Aufschluss bieten, denn dies bezieht sich auf das Unternehmen als Ganzes –

Infobox 3.5: Beispiel Volkswagen AG

»Über 320 000 Menschen an 42 Produktionsstandorten weltweit sind im VW-Konzern zu einem Entwicklungs-, Produktions-, Absatz- und Dienstleistungsverbund integriert« (Werner Widuckel, Referent des Gesamt- und Konzernbetriebsrats).

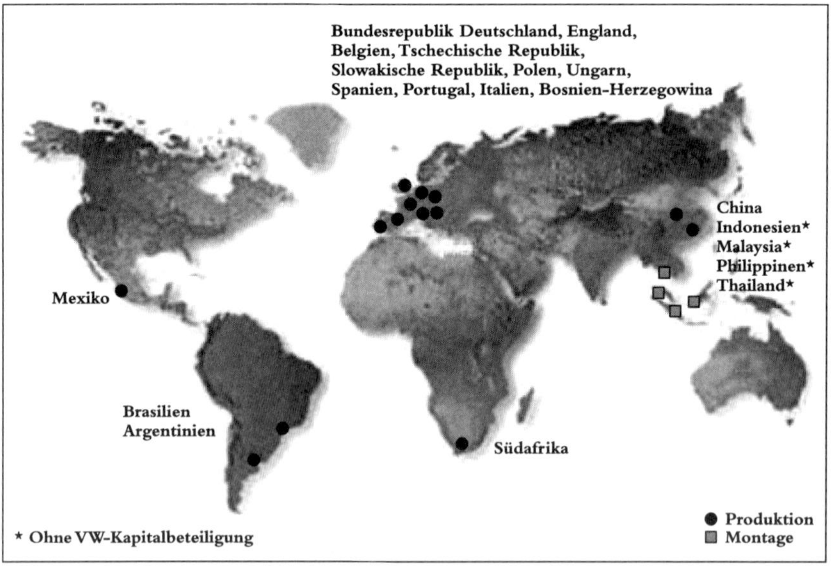

Quelle: www.volkswagen-ag.de.

an einzelnen Standorten kann es opportun sein, Verluste hinzunehmen, sei es aus steuerlichen Gründen oder weil die Präsenz auf wichtigen Märkten (»lead markets«) aus Imagegründen notwendig ist, sei es, weil die Konzentration aufwendiger Forschungs- und Entwicklungskapazitäten anderweitig Vorteile bietet.

Trotz vieler möglicher Faktoren lassen sich gewisse Muster bei den Standortentscheidungen erkennen, sobald man zwischen einzelnen Unternehmensfunktionen und Produktionsstufen unterscheidet.[48] So befinden sich die Firmenzentralen meist entweder am Stammsitz, von wo aus das Unternehmen gewachsen ist, oder an Orten, wo es viele unternehmensnahe Dienstleister wie Wirtschaftsprüfer, Anwaltskanzleien und Werbeagenturen gibt. Im ersteren Fall wird oft auch der Markenname mit dem Standort verbunden; zudem sind die führenden Personen des Unternehmens vielfältig in das gesellschaftliche Leben am Stammsitz eingebunden. Eine Verlagerung ist somit eher unwahrscheinlich, aber nicht gänzlich auszuschließen. Zu solchen Ausnahmen gehören das Chemieunternehmen Hoechst, das seinen Firmensitz von Hoechst am Main nach Straßburg verlegte, und der Flugzeughersteller Boeing, der vom angestammten Seattle nach Chicago wechselte. Beide Firmensitzverlagerungen erfolgten im Zuge umfangreicher Umstrukturierungen der Unternehmen.

Hat eine Firma ihre Zentrale an einem Ort mit vielen unternehmensnahen Dienstleistern, ist eine Verlagerung etwas wahrscheinlicher, es sei denn, es handelt sich um Unternehmen einer Branche, bei der eine Konzentration von Vorteil ist, wie z. B. im Bankgewerbe. »Gerade um weltweit agieren zu können, muss das Unternehmen lokal eingebettet sein – in Kommunikations- und Kooperationsbeziehungen, in Qualifikationsstrukturen, in Verkehrs- und Dienstleistungsinfrastrukturen, aber auch in kulturelle Sinnbezüge der Region, aus der sich seine Innovationskraft speist. Der ›Standort‹ des Unternehmens weist sich längst nicht mehr nur durch Merkmale wie Rohstoffnähe, logistische Vorzüge, Lohnkostenniveau usw. aus – vielmehr gewinnen seine integralen Qualitätsmerkmale im Zeitalter der Globalisierung ausschlaggebende Bedeutung.«[49]

Zwei Funktionsbereiche eines Unternehmens sind besonders auf ein stimulierendes Umfeld angewiesen: Design und Forschung. Beide benötigen sowohl die Nähe zu Kommunikationsnetzen von kreativen Menschen ihrer jeweiligen Spezialisierung als auch zu denen, die ihre Ideen und Entwicklungen in der Produktion anwenden. Dieser Anforderung wird zum Teil Genüge getan durch einen Spagat zwischen dem Standort in einem kreativen Ballungszentrum, wie beispielsweise dem Silicon Valley, und dem in der Nähe des Hauptwerkes.

Inwiefern die Hauptwerke von Verlagerungsentscheidungen bedroht werden können, hängt stark davon ab, wie standardisiert ihre Produktion ist. Weitgehend ausgereifte Produkte sind besonders gefährdet, denn ihre Herstellung kann mit weniger qualifizierten Arbeitskräften in einem weniger innovationsförderlichen Klima fortgeführt werden. Dies betrifft auch komplexe Konsumgüter, wie beispielsweise Fernseher, sobald eine Stufe der technischen Entwicklung ausgereizt ist. Wenn das Unternehmen seinen Standort nicht von selbst verlagert, ist es wahrscheinlich, dass ein Konkurrenzunternehmen, das günstiger im Ausland produziert, an Marktanteilen gewinnt und das erste Unternehmen irgendwann gezwungen ist, seine Produktionsstätte zu schließen – es sei denn, es gelingt ihm, das Produkt innovativ fortzuentwickeln.

Doch selbst in Branchen, wo es kurze Innovationszyklen gibt und komplexe Produkte hergestellt werden, wie z. B. Mikroprozessoren, sind die Stammwerke nicht vor Verlagerung geschützt. Ihre Funktion können Pilotfertigungsstätten übernehmen, wo die Herstellung der jeweils neuesten Produktgeneration in kleiner Serie getestet und verfeinert werden kann. Die Massenfertigung übernehmen dann weltweit operierende so genannte Kontraktfertiger (siehe Infobox 3.6).

Infobox 3.6: Zum fabriklosen Unternehmen?[50]

Die Produktionsorganisation der Unternehmen befindet sich derzeit im Umbruch. Ein ganz neuer Trend ist das Contract Manufacturing (Auftragsfertigung) als neue Form der Vergabe von Aufträgen, die zuvor im Unternehmen selbst ausgeführt wurden, an andere Firmen (Outsourcing).

»Geburtsort des neuen Produktionsmodells Contract Manufacturing/Turn-Key Manufacturing ist der Süden der USA, wo IBM seine PC-Produktion vergab, aber auch Silicon Valley mit seiner Informations- und Kommunikationsbranche . . . (kurz: InfoCom-Industrie). In den Neunzigerjahren lagerte die InfoCom-Industrie unter dem extremen Druck beschleunigter Produkteinführung (Time to Market) und hoher Produktvolumina (Time to Volume) ihre Produktion aus oder vergab sie komplett an ›namenlose‹ Kontraktunternehmen. Die Unternehmen konnten und wollten sich die Finanzierung der Vorhaltung großer Kapazitäten nicht leisten. Lediglich die Produktinnovation und die prototypische Produktionslinie zum Anlauftest neuer Produkte verblieben beim Endhersteller.

Das wesentliche Merkmal des Contract Manufacturing (CM) oder der ausschließlich auf die Elektronikindustrie bezogenen Electronics Manufacturing Services (EMS) besteht darin, dass die gesamte Produktionskette der Fertigung zum Beispiel von PCs, Netzwerkgeräten und Surfern von spezialisierten Auftragsfertigern übernommen wird, inklusive produktionsnahen Engineering-, Logistik- und Reparaturdienstleistungen. Diese neue Form des Outsourcing bedeutet die

Herstellung des Gesamtproduktes ›außer Haus‹. CM ist mit einer Wachstumsrate von rund 25 Prozent jährlich das am stärksten wachsende Segment der ... Info-Com-Industrie.

Diese Entwicklung ist nicht auf Nordamerika begrenzt. Seit kurzem entfalten die großen Turn-Key Manufacturers auch in Europa ihre Aktivitäten. Eines der weltweit größten CM-Unternehmen, Flextronics, hat kürzlich die gesamte Handy-Produktion vom schwedischen Handyhersteller Ericsson übernommen, der nun kein einziges Handy mehr selbst produziert.

Nach derzeitigen Erkenntnissen ist in Deutschland Siemens derjenige Konzern, der sich am meisten des CM bedient. SiemensFujitsu hat ein Werk in Paderborn an Flextronics verkauft und lässt dort Hochleistungsrechner bauen. Bis 2003 hat Siemens die Produktion von 33 Millionen Handys an Flextronics vergeben. Beim Verkauf eines Siemens Telefonwerkes hat ein mittelständisches Unternehmen, Vogt-Electronic, den Zuschlag bekommen. Die Global Player wie Flextronics nutzen den Kauf von Werken im Hightech- und Hochlohnland Deutschland lediglich als Kompetenzzentrum und Eintrittsmarkt zum Aufbau von Produktionsstätten in Osteuropa. Flextronics betreibt inzwischen in Ungarn mehrere Werke und sein Konkurrent, der weltgrößte Turn-Key Manufacturer Selectron, in Rumänien und der Ukraine. Für Auftragsfertiger sind die Lohnkosten ausschlaggebend, denn 80 Prozent der Gesamtkosten sind relativ fixe Materialkosten. In Ungarn bekommt ein Arbeiter zwei Dollar die Stunde, in Rumänien einen Dollar und in der Ukraine sogar nur 30 bis 40 Cents. Flextronics beschäftigt von rund 70 000 Mitarbeitern rund 26 000 in Europa. ...

Für Deutschland ist besonders von Interesse, ob dieses neue Produktionsmodell auch in der Automobilindustrie, dem bedeutendsten Industriezweig, Anwendung findet. Am radikalsten zeichnet eine Studie von PricewaterhouseCoopers (PWC) die Entwicklung in der Automobilindustrie der nächsten zehn Jahre. [... Sie prognostiziert den Wandel der Autohersteller zu Fahrzeugmarkeneignern (Vehicle Brand Owners)], während weite Teile der Entwicklung, die komplette Fertigung, Vermarktung und Dienstleistungen auf sich bildende dynamische Lieferantennetzwerke übergehen. Markenpflege und Kundenbindung wird dann für die Fahrzeugmarkeneigner im Mittelpunkt stehen. Auf dem Weg dorthin wird die Konzentration in der Zulieferindustrie weiter zunehmen, und 2010 sollen lediglich 20 bis 30 Systemlieferanten den Markt beherrschen. ...

Um sich möglichen Entwicklungsperspektiven anzunähern, ist es hilfreich, die treibenden und hemmenden Kräfte des Outsourcing zu betrachten. Wie in der Hightech-Branche hat sich der Produktzyklus in der Automobilindustrie enorm verkürzt. Die Abdeckung aller Marktsegmente, die Variantenvielfalt und der immer bedeutendere Anteil der Fahrzeuge, die für Marktnischen entwickelt werden, stellen die Unternehmen vor enorme Flexibilitäts-, Kapital- und Innovationsanforderungen. Entsprechend sind die Motive für Outsourcing von Logistik- und Montageprozessen vor allem fertigungsbezogene Überlegungen. Das Risiko für Investitionen, die Kapitalbindung und die Verantwortung für Gewährleistung sollen auf die Zulieferer verlagert werden. Neben der Strategie der Auslagerung kompletter, integrierter räumlicher und funktionaler Systeme beziehungsweise intelligenter Großmodule werden vor allem Betreibermodell-Strategien verfolgt, die auch Build-Operate-Transfer- (BOT) Modelle genannt werden. Unter Betreibermodellen versteht man die Vergabe der Finanzierung und Umsetzung der Investitionstätigkeit des Betriebs, der Instandhaltung und Logistik an spezialisierte Unternehmen, die in der Regel aus der Zulieferindustrie kommen. Hierbei gibt es graduelle Unterschiede. So läuft zum Beispiel das MCC-Smartwerk in Hambach vollständig nach einem Betreibermodell, ebenso das VW do Brasil Werk in Resende. Auch das Ford-Werk im brasilianischen Bundesstaat Bahia wird als Betreibermodell strukturiert sein.«

Die Verlagerung von Stammwerken erfolgt allerdings selten durch Schließung und Wiederaufbau bzw. Neugründung. Typischer ist die schleichende Investitionsverlagerung: Neue Investitionen werden an alternativen Orten getätigt und nicht mehr am alten Standort (z. B. in der deutschen Pharmaindustrie). Im Bereich arbeitsintensiver Produktion kündigt sich diese Verlagerung oft nicht durch Produktionsrückgang an, im Gegenteil: Häufig werden bis zuletzt Überstunden »gefahren« und die gesetzlichen Möglichkeiten zur Emission von Schadstoffen voll ausgenutzt.

Am meisten gefährdet sind Zweigwerke oder »verlängerte Werkbänke«, die nach genauen Vorgaben Routineaufgaben erledigen und daher keine hohen Anforderungen an die Qualifikationen der Beschäftigten stellen. Wenn dann noch die eingesetzten Maschinen nicht besonders teuer, schwer oder wartungsintensiv sind, wie in der Bekleidungsindustrie, kann ein Standortwechsel rasch und mit geringen Kosten vollzogen werden.

Diese Entscheidung müssen die Belegschaften nicht passiv hinnehmen. In Frankreich setzten die betroffenen Beschäftigten häufig durch spektakuläre Aktionen ihre Firmen politisch unter Druck und konnten die Schließung hinausschieben oder ihre Abfindungen erhöhen. Insbesondere dort, wo es Mitbestimmungsstrukturen gibt, wie in Deutschland, kann im Vorfeld der Entscheidungen versucht werden, mit dem kreativen Potenzial der Beschäftigten das Produkt oder die Produktionstechnik innovativ aufzuwerten. Diesen Weg haben die Betriebsräte des VW-Werkes in Braunschweig erfolgreich beschritten. Sie konnten das Management davon überzeugen, dass es sich langfristig auszahlen würde, dem Werk mehr Kompetenzen bei der Entwicklung von Produkten zuzugestehen.

3.2 Gewerkschaftsfreie Zonen

Viele Unternehmen haben gegenüber ihren Beschäftigten an Macht gewonnen. Der Industriesoziologie Michael Schumann stellt in Deutschland die

Rückkehr zu einer traditionelleren, weniger beteiligungsorientierten Arbeitspolitik fest: Ausweitung von Schichtarbeit, Rückkehr zur Trennung von Planung und Ausführung, Einschränkung von Aus- und Weiterbildungsmaßnahmen, erneute Standardisierung der Arbeitsausführung, Ausbau von Arbeitskontrollen und Zunahme von Befristung, Zeit- und Leiharbeit. Er führt diese Entwicklungen u. a. auf den Verlust von Verhandlungsmacht auf Arbeitnehmerseite und die Globalisierung und »Amerikanisierung« der Unternehmensstrategien zurück.[51]

In einer breit angelegten Studie wies Kate Bronfenbrenner von der Cornell University nach, dass viele US-Industrieunternehmen, in denen eine Gewerkschaft versuchte, die Beschäftigten zu organisieren, Standortverlagerungen in den weitgehend gewerkschaftsfreien Süden der USA oder in das Niedriglohnland Mexiko androhten oder auch durchführten. Dabei waren sie zum großen Teil erfolgreich: Die Betriebe blieben »gewerkschaftsfrei«, die Beschäftigten ohne Vertretung und Tarifvertrag.[52]

Die Zahl der Automobilbeschäftigten stieg allein in den mexikanischen Maquiladoras, den Sonderwirtschaftszonen, von 1978 bis 1997 von 10 000 auf 169 200 an. Auch bei den US-Automobilzulieferern nahm von 1979 bis 1999 die Zahl der Beschäftigten um sieben Prozent zu, doch viele Betriebe wurden innerhalb der USA in gewerkschaftsfreie Gebiete verlagert. Die Einkommen der Beschäftigten gingen drastisch zurück, ebenso deren gewerkschaftlicher Organisierungsgrad – mit negativen Auswirkungen auf die Sozialleistungen. Um die Verlagerung nach Mexiko zu verhindern, stimmte die Gewerkschaft der Automobilarbeiter (UAW) bei einem Werk des Zulieferers Delphi in Ohio einem Einstiegslohn von acht Dollar pro Stunde zu. Dieser Lohn liegt, umgerechnet auf das Monatseinkommen, nur knapp über der Armutsgrenze für eine vierköpfige Familie.

Der Soziologe Holm-Detlev Köhler weist auf eine Gemeinsamkeit bei neuen Ansiedlungen der Industrie auf der »grünen Wiese« hin: die antigewerkschaftliche Kooperation von Konzernleitung und den politisch Verantwortlichen vor Ort.[53] Die Ansiedlung der Smart-Produktion in Hambach, Lothringen, war für den Daimler-Konzernbetriebsrat eine Niederlage, da im grenznahen »Smart Ville« deutlich billiger als unter deutschen Bedingungen produziert wird. Im DaimlerChrysler-Werk in Tuscaloosa, Alabama, konnte genauso wenig wie bei BMW in South Carolina eine Gewerkschaft etabliert werden, trotz gemeinsamer Bemühungen von IG Metall und amerikanischer Automobilarbeitergewerkschaft UAW. In Ungarn nutzte Suzuki die Bedingungen einer Sonderwirtschaftszone, in der Arbeits- und Tarifrecht teilweise außer Kraft sind, um Aktivitäten der im Aufbau begriffenen Gewerkschaften systematisch zu behindern.

Diese Beispiele zeigen erstens, dass Unternehmen die unterschiedlichen lokalen Bedingungen nutzen, um Kosten zu senken und Gewerkschaften zu verhindern. Transnationale Unternehmen verschieben zu diesem Zweck auch innerhalb des Unternehmens Investitionsmittel. Zweitens zeigt sich, dass unabhängig von der tatsächlichen Absicht allein die Drohung einer Standortverlagerung einschüchternd wirken kann. Allerdings sind nicht alle errungenen Zugeständnisse ein Sieg für das Unternehmen – wenn nämlich die durchgesetzten Veränderungen bei Arbeitsabläufen, Entlohnung und Arbeitszeiten letztlich den ursprünglich beabsichtigten betriebswirtschaftlichen Zielen zuwiderlaufen.

Insgesamt haben die Internationalisierung der Unternehmensaktivitäten, Dezentralisierungstendenzen sowie kommunikationstechnische Fortschritte die marktwirtschaftliche Gestaltung der Austauschprozesse zwischen Unternehmenseinheiten vorangetrieben, die zu eigenständig wirtschaftenden »cost centers« bzw. »profit centers« werden. Mit »cost center« bzw. »profit center« werden Ansätze der Unternehmensorganisation bezeichnet, die marktwirtschaftliche Beziehungen zwischen Unternehmensteilen etablieren. Die einzelnen Teile stehen nun zueinander im Verhältnis von Anbieter und Kunde. Dies hat zur Folge, dass durch das zunehmend internationalisierte »benchmarking« – das vergleichende Messen der Leistung von Unternehmensteilen mit dem Ziel der Verallgemeinerung von »best practices«, also des jeweils effizientesten sowie effektivsten Verfahrens – die Beschäftigten und ihre Vertreter zur Erhöhung der Konkurrenzfähigkeit gegeneinander ausgespielt werden, um Standards zu senken und angeblich »verkrustete Strukturen« aufzubrechen.

3.3 Gewerkschaften im Gefängnis ihrer nationalen Bindungen

Im Prinzip ist es für die Gewerkschaften nicht neu, dass sie ihre Aktivitäten immer wieder ausweiten müssen, um zu verhindern, dass Beschäftigte gegeneinander ausgespielt werden.[54] Vereinfacht gesagt, sind sie den Unternehmen von der lokalen zur regionalen und dann zur nationalen Ebene gefolgt. In Europa haben sie bereits einige Schritte auf die Ebene der Europäischen Union unternommen.[55]

Es gibt aber gravierende Hindernisse für effektive transnationale Gewerkschaftsarbeit: unterschiedliche Organisationsstrukturen, Tarifverhandlungspraktiken und nationale Systeme industrieller Beziehungen, gegensätzliche Interessen und Forderungen sowie gesetzliche Hürden, Furcht vor dem Verlust von Autonomie, Kostenerwägungen, ideologische oder manchmal auch religiöse Unterschiede, und nicht zuletzt Sprachbarrieren. Dazu kommen die Schwierigkeiten im Umgang mit dem Gegenüber, den transnationalen Konzernen: mangelnde Transparenz von Eigentums- und Entscheidungsstrukturen, Zurückhaltung von Informationen über Strategien und Geschäftspolitik, Widerstand gegen die Institutionalisierung transnationaler Gewerkschaftsstrukturen.

Infobox 3.7: Volkswagen AG

Laut Werner Widuckel, Referent des Euro- und Weltbetriebsrates der Volkswagen AG, werden in diesen Gremien die strategischen Leitlinien der Interessenvertretung abgestimmt. Deren lokale Grundlagen bestehen dabei weiter, insbesondere ihre Legitimationsbasis durch Wahlen. Internationale Solidarität, einschließlich »solidarische[m] Ausgleich von Risiken und Entwicklungschancen zwischen den Standorten« (so die Präambel für den Vertrag über den Europäischen Volkswagen-Konzernbetriebsrat), wird für wichtig gehalten. Alle würden mit ihr besser fahren als mit der kurzfristigen Ausnutzung von Konkurrenzvorteilen – wobei VW nach eigenem Bekunden nicht die Strategie verfolgt, konzernintern Standorte gegeneinander auszuspielen.[56]

Erklärung zu den sozialen Rechten und den industriellen Beziehungen bei Volkswagen

Präambel

Volkswagen dokumentiert mit dieser Erklärung die grundlegenden sozialen Rechte und Prinzipien. Sie sind Grundlage des Selbstverständnisses der Unternehmenspolitik von Volkswagen. Die in dieser Vereinbarung beschriebenen sozialen Rechte und Prinzipien orientieren sich an den einschlägigen Konventionen der Internationalen Arbeitsorganisation.

Die Zukunftssicherung von Volkswagen und der Beschäftigten erfolgt im Geiste der kooperativen Konfliktbewältigung und der sozialen Verpflichtung auf der Grundlage und mit dem Ziel der wirtschaftlichen und technologischen Wettbewerbsfähigkeit. Besonderer Ausdruck der sozialen Verpflichtung ist die Sicherung und Entwicklung der Beschäftigung.

Die Globalisierung von Volkswagen ist für die internationale Wettbewerbsfähigkeit und damit für die Zukunftssicherung des Unternehmens und seiner Belegschaft unverzichtbar.

Volkswagen und die Belegschaft stellen sich gemeinsam den Herausforderungen der Globalisierung. Gemeinsam sollen die Chancen für den Unternehmens- und Beschäftigungserfolg sowie für die Wettbewerbsfähigkeit genutzt und mögliche Risiken eingeschränkt werden.

Die Volkswagen AG, der Weltkonzernbetriebsrat der Volkswagen AG und der Internationale Metallgewerkschaftsbund vereinbaren folgende Ziele für die im

Volkswagen Weltkonzernbetriebsrat vertretenen Länder und Regionen. Die Verwirklichung der nachfolgenden Ziele erfolgt unter der Berücksichtigung der in den verschiedenen Ländern und Standorten geltenden Gesetze und bestehenden Gepflogenheiten.

§ 1 Grundlegende Ziele

1.1 Vereinigungsrecht

Das Grundrecht aller Arbeitnehmer/-innen, Gewerkschaften und Arbeitnehmervertretungen zu bilden und ihnen beizutreten wird anerkannt. Volkswagen und die Gewerkschaften bzw. Arbeitnehmervertretungen arbeiten offen und im Geiste einer konstruktiven, kooperativen Konfliktbewältigung zusammen.

1.2 Keine Diskriminierung

Chancengleichheit und Gleichbehandlung, ungeachtet von ethnischer Herkunft, Hautfarbe, Geschlecht, Religion, Staatsangehörigkeit, sexueller Ausrichtung, sozialer Herkunft oder politischer Einstellung, soweit diese auf demokratischen Prinzipien und Toleranz gegenüber Andersdenkenden beruht, wird gewährleistet.

Arbeitnehmer/-innen werden grundsätzlich auf der Grundlage ihrer Qualifikation und ihrer Fähigkeiten ausgesucht, eingestellt und gefördert.

1.3 Freie Wahl der Beschäftigung

Volkswagen lehnt jegliche wissentliche Nutzung von Zwangs- und Pflichtarbeit einschließlich Schuldknechtschaft oder unfreiwilliger Häftlingsarbeit ab.

1.4 Keine Kinderarbeit

Kinderarbeit ist untersagt. Das Mindestalter für die Zulassung zur Beschäftigung nach Maßgabe der staatlichen Regelungen wird beachtet.

1.5 Vergütung

Die Vergütungen und Leistungen, die für eine normale Arbeitswoche gezahlt oder erbracht werden, entsprechen mindestens den jeweiligen nationalen gesetzlichen Mindestnormen bzw. den Mindestnormen der jeweiligen nationalen Wirtschaftsbereiche.

1.6 Arbeitszeiten

Die Arbeitszeit entspricht mindestens den jeweiligen nationalen gesetzlichen Vorgaben bzw. den Mindestnormen der jeweiligen nationalen Wirtschaftsbereiche.

1.7 Arbeits- und Gesundheitsschutzschutz

Volkswagen hält zumindest die jeweiligen nationalen Standards für eine sichere und hygienische Arbeitsumwelt ein und wird in diesem Rahmen angemessene Maßnahmen zur Gewährleistung der Gesundheit und der Sicherheit am Arbeitsplatz treffen, damit gesundheitsgerechte Beschäftigungsbedingungen gewährleistet werden.

§ 2 Durchführung

2.1 Die Beschäftigten von Volkswagen werden über alle Bestimmungen dieser Erklärung unterrichtet. Im Rahmen der jeweiligen betrieblichen Gepflogenheiten wird gewerkschaftlichen Organisationen oder den vorhandenen gewählten Arbeitnehmervertretungen die Möglichkeit gegeben, diese Unterrichtung gemeinsam mit Vertretern des Managements durchzuführen.

2.2 Volkswagen unterstützt und ermutigt ausdrücklich ihre Geschäftspartner, diese Erklärung in ihrer jeweils eigenen Unternehmenspolitik zu berücksichtigen. Sie sieht hierin eine vorteilhafte Basis für die gegenseitigen Beziehungen.

2.3 Auf Vorschlag des Vorstandes der Volkswagen AG oder des Volkswagen-Weltkonzernbetriebsrates wird über diese Erklärung und deren Umsetzung im Rahmen der Weltkonzernbetriebsratssitzung zusammen mit Vertretern des Managements der Volkswagen AG diskutiert und beraten werden. Bei Bedarf werden angemessene Maßnahmen vereinbart.

2.4 Aus dieser Erklärung können durch Dritte keinerlei Ansprüche geltend gemacht werden.

Die Erklärung tritt mit ihrer Unterzeichnung in Kraft und gilt nicht rückwirkend.

Bratislava, den 6.6.2002

für den Volkswagen Weltkonzernbetriebsrat	für die Volkswagen Konzernleitung	für den Internationalen Metallgewerkschaftsbund

3.4 Auf dem Weg zur europäischen Mitbestimmung?

In Europa entsteht langsam ein gesetzlicher Rahmen für die gewerkschaftliche Kooperation. Da der Prozess der europäischen Integration vor allem darauf abzielt, durch die Beseitigung nationaler Regeln einen gemeinsamen Markt zu schaffen (»negative Integration«), mussten Bestimmungen zur Etablierung von Eurobetriebsräten und der Sicherung der Mitbestimmung im Statut der Europäischen Aktiengesellschaft mühselig erkämpft werden.

Die Eurobetriebsratsdirektive verleiht den – potenziell zehntausenden – Beschäftigtenvertretern ein Informations- und Konsultationsrecht.[57] Dies ist allerdings auf die Standorte in der EU beschränkt, und es besteht kein Vetorecht gegen Entscheidungen des Managements. Das Statut regelt, wie Unternehmen aus verschiedenen Mitgliedstaaten eine Europäische Aktiengesellschaft gründen können. Es enthält zwar die »Richtlinie des Rates zur Ergänzung des Statuts . . . hinsichtlich der Beteiligung der Arbeitnehmer«;

dieser Beschluss stand allerdings ungefähr 30 Jahre aus, da sich die Mitgliedstaaten nicht über europaweite Mitbestimmungsrechte von Beschäftigten in den Unternehmensorganen einigen konnten.

Innerhalb der Europäischen Union unterscheiden sich diese Rechte ganz erheblich. Für deutsche Beschäftigte besteht durchweg die Gefahr, dass Unternehmen durch die Verlagerung ihres Firmensitzes in einen anderen Staat der Gemeinschaft die geltenden Mitbestimmungsrechte umgehen. Diese Gefahr ist durch die Richtlinie nicht gebannt, da diese auf ein einheitliches europäisches Modell verzichtet und lediglich Regelungen zur Aushandlung der Arbeitnehmerbeteiligung vorgibt. So bleibt das vergleichsweise hohe Niveau des deutschen Systems von den Regelungen formal zwar unberührt; doch wird die Ausgestaltung bei der Gründung einer Europäischen Aktiengesellschaft letztlich maßgeblich von den Verhandlungen mit den Leitungen der beteiligten Unternehmen, aber auch von der Position (bzw. Solidarität) der Beschäftigten und der Gewerkschaften in den anderen Ländern abhängen.

Infobox 3.8: Berthold Baur (IG Metall)

Berthold Baur von der IG Metall ist bei seiner Gewerkschaft zuständig für den Aufbau von Eurobetriebsräten (EBR). Diese Gremien, die zwar zurzeit nur das Recht haben, informiert und angehört zu werden, können auf Verlangen bei den Unternehmen eingerichtet werden, die mindestens 1000 Beschäftigte in zwei Ländern der EU haben. Alleine in Deutschland gibt es 1150 Unternehmen (Stand Januar 2002), die diese Bedingungen erfüllen, aber noch keinen EBR eingerichtet haben.

Berthold Baur führt Gespräche mit den Betriebsräten bei Unternehmen im Organisationsbereich der IG Metall. Und er organisiert die schwierigen ersten Schritte beim Aufbau der Gremien, die den Beschäftigten und Gewerkschaften helfen sollen, die Globalisierung im europäischen Rahmen zu gestalten.

Worum geht es dabei? Zunächst um Sprachunterricht, denn alle Eurobetriebsräte, ob aus Deutschland, Frankreich oder Italien, müssen notgedrungen miteinander auf Englisch kommunizieren (jedenfalls außerhalb gedolmetschter Konferenzen). Dann um die Überbrückung von gewerkschaftskulturellen Unterschieden. Wie kämpferisch, wie kooperativ soll die Arbeit mit dem Management sein? Wie hält man die unterschiedlichen politischen Vorstellungen der Eurobetriebsräte aus, wenn aus einigen Ländern Vertreter von Richtungsgewerkschaften kommen, die schon untereinander uneins sind? Aber Berthold Baur meint, dass die Sitzungen des EBR den Beschäftigtenvertretern dabei helfen, dass sie sich »nicht mehr so leicht gegeneinander ausspielen« lassen, wenn von der Geschäftsleitung Standortschließungen, Entlassungen oder Streikforderungen diskutiert werden. »Sie können einfach mal was am Telefon klären.«[58]

3.5 Standortkonkurrenz und Wettbewerbskorporatismus

Die neuen gewerkschaftlichen Koordinationsgremien müssen sich noch gegen den dominanten Trend des europäischen Binnenmarktes, die Verschärfung der Standortkonkurrenz, bewähren. Mit dem Argument, dass durch die verschärfte internationale Konkurrenz eine erhöhte Wettbewerbsfähigkeit der Unternehmen notwendig sei, sind viele Gewerkschaften dazu bewogen worden, über Öffnungsklauseln und andere Regelungen einer »Verbetrieblichung« der Gewerkschaftspolitik zuzustimmen. Die bisher zwischenbetrieblich einheitlichen Lohntarife weichen zunehmend voneinander ab, da viele Betriebsräte unter Druck gesetzt werden, kooperative Konfliktlösungsstrategien einzuschlagen und weitgehende Zugeständnisse zu machen.

Die Politik dieses »Wettbewerbskorporatismus« gründet sich auf der Betonung gemeinsamer Interessen von Arbeitgebern und Beschäftigten. In der Diskussion wird der Betriebsrat oft gar als Co-Management bezeichnet; dies unterstellt jedoch ein Machtgleichgewicht zwischen Betriebsrat und Unternehmensleitung und einen grundsätzlichen Einfluss der Betriebsräte auf die Unternehmenspolitik.

Die Politik des Wettbewerbskorporatismus ignoriert damit aber zum einen Interessengegensätze zwischen Kapital und Arbeit und zum anderen die tatsächlichen Kräfteverhältnisse zwischen Unternehmen und Beschäftigten bzw. deren Vertretern, denn der Einfluss der Betriebsräte setzt erst auf einer dem Management untergeordneten Entscheidungsebene ein.

Die schleichende Auflösung der institutionalisierten Solidarität durch eine Politik von betrieblichen Wettbewerbsbündnissen behindert die Entwicklung grenzüberschreitender Solidarität.[59]

3.6 Die Herausforderung: Zuwanderung

In Umfragen wird deutlich, dass viele Gewerkschaftsmitglieder Vorbehalte gegenüber der Globalisierung haben und vor allem gegenüber der weiteren Zuwanderung von Arbeitskräften. Dies lässt vermuten, dass ihre Bereitschaft und praktische Fähigkeit für grenzüberschreitendes solidarisches Handeln, vorsichtig ausgedrückt, noch schwach entwickelt ist. Der Reflex zur Abschottung, des Vertrauens auf die eigene Stärke scheint eher zu überwiegen, zumal dieser durch viele Elemente des »Modells Deutschland« institutionell abgesichert wird. Ein solcher Reflex führt jedoch nicht nur in die gewerkschaftspolitische Isolation, sondern auch in einen Unterbietungswettlauf zur Aufgabe sozialer Errungenschaften.

Zudem wird ein solches Standortdenken aufgrund demographischer Entwicklungen langfristig nicht erfolgreich sein. Ab dem Jahre 2010 wird das Arbeitskräfteangebot in Deutschland wegen der geburtenschwachen Jahrgänge abnehmen, ab 2020 sogar drastisch. Langfristig, so könnte man meinen, wird sich das Problem der Arbeitslosigkeit also dank der demographischen Entwicklung von selbst erledigen. Doch nicht nur das »Vorbild« Japan, wo der gesellschaftliche Alterungsprozess bereits weiter fortgeschritten ist, sondern vor allem ökonomische Zusammenhänge lassen an diesem optimistischen Szenario zweifeln: Erstens ist anzunehmen, dass die deutsche Wirtschaft ihr hohes Produktivitätstempo beibehalten wird, zweitens werden Tätigkeiten mit geringen Qualifikationsanforderungen, aber auch standortunabhängige Tätigkeiten mit hohen Anforderungen eher von jüngeren Arbeitskräften im Ausland übernommen werden, und drittens fehlen einer alternden Gesellschaft die binnenwirtschaftlichen Nachfrageimpulse durch junge Familien mit geringen bzw. negativen Sparquoten.

Eine alternde, sich abschottende Gesellschaft wird den Standortwettbewerb nicht erfolgreich bestehen können. Somit ergibt sich zusätzlich zum Problem grenzüberschreitender Solidarität die Herausforderung des Umgangs mit erneut stärkerer Zuwanderung. In beiden Fällen müsste Solidarität mit jenen geübt werden, die latent oder aufgrund gezielter Firmenstrategien tatsächlich in Konkurrenz stehen. Dies ist eine alte, quasi die Gewerkschaften definierende Problemstellung, doch angesichts der neuen globalen Dimension der Konkurrenz und der Vorbehalte der Mitglieder stellt sie sich in einer neuen Qualität dar.

3.7 Internationale Solidarität

Die internationale Gewerkschaftskooperation hat eine lange Geschichte. Bereits 1864 gab es ein erstes Treffen europäischer Gewerkschafter. 1869 nahm zum ersten Mal ein amerikanischer Delegierter an einer Konferenz in Basel teil. Die Gewerkschaften koordinierten transnational die Durchsetzung erst des Zehn- und dann des Achtstundentages. Allerdings kam es im 20. Jahrhundert zu einer längeren »fordistischen« Pause (vgl. Kapitel II 2.) im internationalen Engagement. Durch die Weltkriege, in denen sich die nationalen Gliederungen der ehemals internationalen Arbeiterbewegung mit ihrem jeweiligen Nationalstaat identifizierten und dadurch häufig erst eine staatliche Anerkennung als legitime gesellschaftliche Organisationen erhielten, sowie durch den Aufbau des Sozialstaats haben sich die Gewerkschaften »nationalisiert«.

Was an internationalen Aktivitäten übrig blieb, stand in der Nachkriegszeit im Zeichen des Kalten Krieges. Während dieser Zeit waren die internationalen Gewerkschaftsbünde gespalten. Sowohl der neu gegründete westliche, antikommunistische Internationale Bund Freier Gewerkschaften (IBFG) als auch der Weltgewerkschaftsbund (WGB) waren mehr an der Festigung ihres jeweiligen Lagers als an transnationaler Koordination interessiert.

Erst mit der gewachsenen Bedeutung transnationaler Konzerne in den 1960er-Jahren begannen vor allem die Internationalen Berufssekretariate – internationale Zusammenschlüsse von Gewerkschaften einer Branche – ihre Aktivitäten zu verstärken. Heute begünstigen die verringerten politischen Differenzen nach dem Ende des Kalten Kriegs, der gestiegene Druck durch die internationale Konkurrenz sowie die technischen Möglichkeiten des Internets die transnationale Kooperation von Gewerkschaften.[60]

In den letzten Jahren haben die Gewerkschaften bemerkt, dass auch die transnationalen Konzerne durchaus störanfällige Gebilde sein können, insbesondere, wenn sie dezentral organisiert sind, z. B. nach den Prinzipien des »just in time«, also der lagerlosen Fertigung mit Lieferung von Teilen direkt in die Endmontage. So offenbarte der erste Streik beim Smart-Werk in Lothringen im November 1999 die Verwundbarkeit modularer Systeme (die auf der Verwendung gleicher Grundkomponenten für eine Vielzahl von Endprodukten beruhen): Ein Streik bei drei Zulieferern brachte die gesamte Produktion zum Stillstand.

Es lohnt sich also für Gewerkschaften und Betriebsräte, die Strategien und Strukturen der Unternehmen zu verstehen. Darüber hinaus bedarf es auch eines Verständnisses für die unterschiedlichen kulturellen Bezüge der Belegschaften. Die Beschäftigten eines transnationalen Konzerns unterscheiden sich zunehmend nach Herkunft, Sprache, Religion und Hautfarbe, und erfolgreiche solidarische Zusammenarbeit muss sich auf diese Unterschiede einstellen. Bereitschaft zur Solidarität ergibt sich nicht automatisch durch ein gemeinsames Beschäftigungsverhältnis, sondern erst, wenn mit den kulturellen und politischen Unterschieden bewusst umgegangen wird (vgl. das Interview mit Jeffrey Raffo, Infobox 3.9).[61]

Infobox 3.9: Beispiele für internationale Gewerkschaftsarbeit

– Die deutsche Industriegewerkschaft Bergbau, Chemie, Energie (IGBCE) und die britische Gewerkschaft GMB gewähren ihren Mitgliedern in beiden Ländern Schutz.

– Die Association of Flight Attendants (AFA-CWA) in den USA hat 1996 internationale Tarifverhandlungen mit der Fluggesellschaft United Airlines abgeschlossen.

Der weltweit gültige Tarifvertrag gilt für 24 000 Flugbegleiterinnen und -begleiter aus 40 verschiedenen Ländern. Nun muss die Gewerkschaft viele Herausforderungen bewältigen: internationale Treffen arrangieren, konstruktive Verbindungen zu nationalen Gewerkschaften aufbauen, die ebenfalls das Flugbegleitungspersonal organisieren wollen, und Versuche des Unternehmens abwehren, durch Auslagerung von Tätigkeiten den Tarifvertrag zu unterlaufen.

– Zwischen den Beschäftigtenvertretern des 1998 fusionierten Konzerns DaimlerChrysler findet ein intensiver Lernprozess über unterschiedliche Praktiken der Interessenvertretung und Möglichkeiten gemeinsamer Arbeit statt. So hat die deutsche IG Metall einen Sitz im Aufsichtsrat des Unternehmens an den Vorsitzenden der amerikanischen Automobilarbeitergewerkschaft UAW abgetreten, denn in US-Unternehmensverfassungen sind Arbeitnehmervertreter in den Gremien der Geschäftsleitung nicht vorgesehen. Internationale Vernetzung von Beschäftigtenvertretern findet aber auch auf der Ebene der Produktionsstätten statt, z. B. durch gegenseitige Besuche und Videokonferenzen zwischen dem Betriebsrat des DaimlerChrysler-Werks in Untertürkheim und Gewerkschaftern in den USA, die im Produktionsnetzwerk eine ähnliche Funktion haben. So kann durch rechtzeitigen Informationsaustausch verhindert werden, dass die Standorte gegeneinander ausgespielt werden.

Interview mit Jeffrey Raffo (OrKa)

Jeffrey Raffo war früher »Organizer« bei verschiedenen amerikanischen Gewerkschaften. Er hat Beschäftigten geholfen, in ihren Betrieben das Vertretungsrecht der Gewerkschaft zu erringen. Heute arbeitet er in Deutschland bei OrKa (Organisierung und Kampagnen), einem Netzwerk von Kampagnenplanern, um für deutsche und amerikanische Gewerkschaften Aktionen im internationalen Rahmen zu organisieren. Wir befragten ihn zur erfolgreichen Kampagne der US-Textilarbeitergewerkschaft UNITE beim Versandunternehmen Brylane im US-Bundesstaat Indiana.

– *Jeffrey, worum ging es bei der Kampagne bei Brylane?*
– Die Beschäftigten in Logistikzentren des Versandunternehmens Brylane hatten versucht, gemeinsam mit UNITE ihr Recht auf gewerkschaftliche Vertretung durchzusetzen. Mehr als die Hälfte der Arbeiterinnen und Arbeiter bei Brylane gehören ethnischen Minderheiten an, viele sind neue Immigranten. Sie verdienten sehr wenig und waren fast nicht sozial abgesichert. Brylane reagierte mit einer aggressiven antigewerkschaftlichen Strategie. UNITE hat daraufhin in einer weltweiten Kampagne Druck auf Brylane ausgeübt.
– *Unter anderem wurden in vielen Ländern Aktionen bei Verkaufsstellen von Gucci organisiert. Warum Gucci?*
– Weder Brylane noch sein französischer Mutterkonzern Pinault-Printemps-Redoute (PPR) sind in der Öffentlichkeit bekannte Unternehmen. Gucci, ein weiteres Tochterunternehmen von PPR, ist dagegen vielen ein Begriff, selbst wenn sie noch nie dort gekauft haben. Im Rahmen einer gewerkschaftlichen

Kampagne ist es sinnvoll, sich auf den schwächsten oder angreifbarsten Teil des Unternehmensnetzwerks zu konzentrieren – und damit meine ich nicht nur das Unternehmen direkt, sondern auch seine vielfältigen Beziehungen zur gesellschaftlichen Umwelt. In diesem Fall waren wir der Meinung, dass Gucci ein geeignetes Ziel sei. Bei unseren Flugblattaktionen, z. B. in Berlin, Hamburg und Düsseldorf, waren selbst die Manager von Gucci überrascht, dass sie über den Mutterkonzern PPR etwas mit Brylane in den USA zu tun haben. Sie waren darüber nicht besonders erfreut.

– *Welche Rolle haben deutsche Gewerkschaften in der Kampagne gespielt?*
– In allen Ländern arbeitet UNITE, zum Teil über die Fachberufs- und Dienstleistungsinternationale UNI und den Internationalen Textilarbeiterbund, mit lokalen Gewerkschaften und NGOs zusammen. In Deutschland beteiligte sich vor allem ver.di an den Aktionen. Wir haben zum Beispiel eine Pressekonferenz in der ver.di-Zentrale am Potsdamer Platz in Berlin durchgeführt. Dort berichtete eine ehemalige Vorarbeiterin von Brylane, dass sie von der antigewerkschaftlichen Unternehmensberatung Ice-Miller, die von Brylane engagiert worden war, zu Gesetzesverstößen aufgefordert wurde, um die gewerkschaftliche Organisierung zu verhindern. Verdianerinnen und Verdianer waren auch an allen unseren Aktionen bei Gucci in Deutschland beteiligt.
- *Im Juli 2002 brachten UNITE und der US-Dachverband AFL-CIO eine OECD-Beschwerde gegen den Mutterkonzern PPR vor, wegen Arbeitsrechtsverletzungen und des Missbrauchs demokratischer Rechte in den Vereinigten Staaten. Was sollte damit erreicht werden?*
- Die neuen OECD-Leitlinien für Multinationale Unternehmen [vgl. Kapitel IV] sind von vielen als zahnlos kritisiert worden, weil sie nicht rechtsverbindlich sind. Wir wollten testen, ob sie dennoch helfen können, Beschäftigte zu unterstützen, denen das Recht auf gewerkschaftliche Organisierung verweigert wird. Besonders erfreulich war, dass Gewerkschaften in Frankreich und in den Niederlanden wegen der Situation in den USA solidarisch ebenfalls Beschwerde gegen PPR eingelegt haben.

In Europa hat eine Transnationalisierung der Gewerkschaftspolitik stattgefunden, vor allem durch den Europäischen Gewerkschaftsbund (EGB) und die europäischen Branchengewerkschaftsbünde.[62] Der EGB steht vor der schwierigen Aufgabe, die nationalen Strategien zu koordinieren und sie in Brüssel zu einer wirksamen Lobby zu bündeln. Dabei wird er bisher jedoch kaum von örtlichen Funktionären und aktiven Mitgliedern unterstützt.

Was den Gewerkschaften bei ihren Bemühungen um internationale Zusammenarbeit doch Mut machen müsste, ist der Trend zur »corporate social responsibility«: »Die soziale Verantwortung der Unternehmen endet nicht an den Werkstoren. Sie reicht in die lokale Gemeinschaft hinein und bezieht neben den Arbeitnehmern und den Aktionären eine Vielzahl weiterer Stakeholder (Personen mit besonderen Interessen am Unternehmen) ein: Geschäftspartner und Zulieferer, Kunden, Behörden, lokale Gemeinschaften ebenso wie den Umweltschutz vertretende Nichtregierungsorganisationen.«[63]

3.8 Fazit

Gewerkschaften sind durch die Globalisierung und die gestiegene Mobilität der Unternehmen geschwächt worden, aber nicht so sehr, wie sie selbst oft meinen und wie andere es gern hätten. Noch gibt es keine weltumspannende und absolute »Herrschaft der Konzerne«. Deren Bemühungen stoßen auf mehr Hindernisse, als es die Autoren der betriebswirtschaftlichen Globalisierungsliteratur prophezeit haben. Außerdem eröffnen die Veränderungen in den Unternehmensstrukturen und -strategien auch Möglichkeiten für Gewerkschaften und andere gesellschaftliche Akteure, ihre Interessen gegenüber den Unternehmen durchzusetzen.

Nicht zuletzt unternehmen Gewerkschaften eigene Anstrengungen, ihre lokalen und nationalen Beschränktheiten zu überwinden und mit anderen Gewerkschaften weltweit einen Informationsaustausch und gemeinsame Aktionen zu organisieren. Bis zu globalen Tarifverträgen ist es zwar noch ein weiter Weg, aber gemeinsam mit anderen Akteuren aus der »Globalen Bewegung für soziale Gerechtigkeit« (siehe dazu Kapitel IV) können Gewerkschaften auch in der Globalisierung eine wichtige Rolle spielen.

Anmerkungen

1 Messner, Dirk, 1990: Von der Importsubstitution zur weltmarktorientierten Spezialisierung: Optionen für den Industriesektor Uruguays, Berlin; Schirm, Stefan A., 1999: Globalisierung – eine Chance für Entwicklungsländer? In: Bundeszentrale für politische Bildung (Hg.), Informationen zur politischen Bildung Nr. 263, Globalisierung, Bonn, S. 26–31.
2 Scott, Robert, et al., 2001: NAFTA at 7, EPI Briefing Paper, Washington D.C.
3 Giegold, Sven, 2003: Steueroasen: trockenlegen! Die verborgenen Billionen für Entwicklung und soziale Gerechtigkeit heranziehen, Hamburg.
4 World Bank, 2001: The 2001 Global Development Finance Advance Release CD-ROM, Washington D.C.
5 Boris, Dieter, 1987: Schuldenkrise und Dritte Welt. Stimmen aus der Peripherie, Köln.
6 Glunk, Fritz R. (Hg.): 1998: Das MAI und die Herrschaft der Konzerne. Die Veränderung der Welt durch das Multilaterale Abkommen über Investitionen, München.

7 Pohlmann, Markus C., 2002: Der Kapitalismus in Ostasien: Südkoreas und Taiwans Wege ins Zentrum der Weltwirtschaft, Münster.
8 Messner, Dirk, 1995: Die Netzwerkgesellschaft. Wirtschaftliche Entwicklung und internationale Wettbewerbsfähigkeit als Probleme gesellschaftlicher Steuerung, Köln.
9 Frank, Andre Gunder, 1998: ReOrient: Global Economy in the Asian Age, Berkeley.
10 Reinhard, Wolfgang, 1996: Kleine Geschichte des Kolonialismus, Stuttgart.
11 Niess, Frank, Beatrice Mandeau und Gudrun Fienemann, 1986: Der Koloss im Norden. Geschichte der Lateinamerikapolitik der USA, 2. Auflage, Köln.
12 Altvater, Elmar, Jürgen Hoffmann und Willi Semmler, 1979: Vom Wirtschaftswunder zur Wirtschaftskrise. Ökonomie und Politik in der Bundesrepublik, Berlin.
13 Boris, Dieter, 2001: Zur politischen Ökonomie Lateinamerikas: der Kontinent in der Weltwirtschaft des 20. Jahrhunderts, Hamburg.
14 Thiel, Reinhold E. (Hg.), 2001: Neue Ansätze zur Entwicklungstheorie, Bonn.
15 Mutter, Theo, 1995: Internationaler Rohstoffhandel. Wirtschaftliche Interessen und ökologische Grenzen, in: Peter J. Opitz (Hg.): Weltprobleme, Bonn, Bundeszentrale für politische Bildung, S. 281–306.
16 Wiemann, Jürgen, 1999: Die Entwicklungsländer vor der neuen WTO-Runde, in: Aus Politik und Zeitgeschichte B46-47, S. 32–39.
17 Fritz, Thomas, 2001: Marktzugangsprobleme für Entwicklungsländer im Agrarsektor, Forum Umwelt & Entwicklung, Bonn.
18 Iancchovina, Elena, Aaditya Mattoo und Marcelo Olarreaga, 2001: Unrestricted Market Access for Sub-Saharan Africa: How Much Is It Worth and Who Pays? World Bank, Washington.
19 Nuscheler, Franz, 1996: Lern- und Arbeitsbuch Entwicklungspolitik, 4. Auflage, Bonn, S. 290.
20 OECD, 1997: The Uruguay Round Agreement on Agriculture and Processed Agricultural Products, Paris.
21 Frein, Michael, 2002: Die Globalisierung von Rechten an geistigem Eigentum und der Nord-Süd-Konflikt, in: Prokla Heft 126, 32(1), S. 103–125.
22 Stiglitz, Joseph, 2002: Die Schatten der Globalisierung, Berlin, S. 281.
23 Nuscheler, Franz, 1996: Lern- und Arbeitsbuch Entwicklungspolitik, 4. Auflage, Bonn, S. 409.
24 Deutsche Welthungerhilfe / Terre des hommes, 1997: Die Wirklichkeit der Entwicklungshilfe. Fünfter Bericht 1996 / 97, S. 24–26.
25 Hillebrand, Ernst, und Günther Maihold, 1999: Von der Entwicklungspolitik zur globalen Strukturpolitik. Zur Notwendigkeit der Reform eines Politikfeldes, in: Internationale Politik und Gesellschaft 4, S. 339–352.
26 Schubert, Alexander, 1985: Die internationale Verschuldung, Frankfurt / M.
27 Stiglitz, Joseph, 2002: Die Schatten der Globalisierung, Berlin, S. 22
28 Tetzlaff, Rainer (Hg.), 2000: Weltkulturen unter Globalisierungsdruck. Erfahrungen und Antworten aus den Kontinenten, Bonn, S. 54f.
29 Brown, Brendan, 1987: The Flight of International Capital. A Contemporary History, London.
30 Dieter, Heribert, 1998: Die Asienkrise. Ursachen, Konsequenzen und die Rolle des Internationalen Währungsfonds, Marburg.
31 Stiglitz, Joseph, 2002: Die Schatten der Globalisierung, Berlin, S. 115.
32 Ohmae, Kenichi, 1996: End of the nation state. The rise of regional economies, London.

33 Afheldt, Horst, 2001: Anpassung an die neoliberale Globalisierung? in: Aus Politik und Zeitgeschichte, B9, S. 3–5.
34 Vobruba, Georg, 2001: Integration + Erweiterung. Europa im Globalisierungsdilemma, Wien, S. 43.
35 Altvater, Elmar, und Birgit Mahnkopf, 1999: Grenzen der Globalisierung: Ökonomie, Ökologie und Politik in der Weltgesellschaft, 4. Auflage, Münster.
36 Esser, Josef, 1999: Der kooperative Nationalstaat im Zeitalter der ›Globalisierung‹, in: Dieter Döring (Hg.): Sozialstaat in der Globalisierung, Frankfurt/M., S. 117–144.
37 Thelen, Kathleen, 2001: Varieties of Labor Politics in the Developed Democracies, in: Peter A. Hall und David Soskice (Hg.): Varieties of Capitalism. The Institutional Foundations of Comparative Advantage, Oxford, S. 71–103.
38 Stiglitz, Joseph, 2002: Die Schatten der Globalisierung, Berlin.
39 Bearbeiteter und gekürzter Auszug aus Beck, Stefan, Gülay Caglar und Christoph Scherrer, 2002: Nach der New Economy. Perspektiven für die deutsche Wirtschaft, Münster, S. 14ff.
40 Esping-Andersen, Gösta, 1990: The three worlds of welfare capitalism, Cambridge.
41 Siebert, Horst, 2002: Die Angst vor der internationalen Arbeitsteilung. Eine Auseinandersetzung mit den Globalisierungsgegnern, in: Außenwirtschaft 57(1), S. 7–31.
42 North, Douglass Cecil, 1992: Institutionen, institutioneller Wandel und Wirtschaftsleistung, Tübingen.
43 Hall, Peter A., und David Soskice (Hg.), 2001: Varieties of Capitalism. The Institutional Foundations of Comparative Advantage, Oxford.
44 Silver, Beverly J., 2003: Forces of Labor. Workers' Movements and Globalization since 1870, Cambridge.
45 Vgl. Washington Post, 13. 5. 2002.
46 Wichterich, Christa, 1998: Billig, flink und flexibel. Frauen als Reservearmee der ökonomischen Globalisierung, in: Graswurzelrevolution (www.graswurzel.net / kalender / 98-billig.shtml).
47 Harrod, Jeffrey, und Robert O'Brien, 2002: Global Unions? Theory and strategies of organized labour in the global political economy, London, New York.
48 Ruigrok, Winfried, und Rob van Tulder, 1995: The logic of international restructuring, London.
49 Mückenberger, Ulrich, 2002: Globale Unternehmen und örtliche Zeitpolitik, in: Ulrich Mückenberger (Hg.): Der Global Player und das Territorium, Opladen, S. 18.
50 Gekürzter Auszug aus Klobes, Frank: Digitale Revolution und Unternehmensstrategien, in: Beck, Stefan, Gülay Caglar und Christoph Scherrer, 2002: Nach der New Economy. Perspektiven für die deutsche Wirtschaft, S. 94–97; vgl. auch Lüthje, Boy, 2001: Standort Silicon Valley: Ökonomie und Politik der vernetzten Massenproduktion, Frankfurt / M., New York.
51 Vgl. Schumann, Michael, 2002: Zwischen Weltmarktausrichtung und regionaler Einbindung – neue Strategien der Unternehmenspolitik?, in: Ulrich Mückenberger (Hg.): Der Global Player und das Territorium, Opladen, S. 93–98.
52 Bronfenbrenner, Kate, 2000: Uneasy Terrain: The Impact of Capital Mobility on Workers, Wages, and Union Organizing. Submitted to the U. S. Trade Deficit Review Commission, September 6.
53 Köhler, Holm-Detlev, 2002: Lokale Vernetzung in der globalen Produktion am Beispiel der Automobilkonzerne, in: Ulrich Mückenberger (Hg.), Der Global Player und das Territorium, Opladen, S. 125–151.

54 Greven, Thomas, 2003: Gewerkschaften in der Globalisierung. Die Herausforderung transnationaler Gewerkschaftspolitik, in: Albert Scharenberg and Oliver Schmidtke (Hg.): Das Ende der Politik. Globalisierung und der Strukturwandel des Politischen, Münster, S. 336–354.
55 Waddington, Jeremy, und Reiner Hoffmann (Hg.), 2000: Zwischen Kontinuität und Modernisierung. Gewerkschaftliche Herausforderungen in Europa, Münster.
56 Vgl. Widuckel, Werner, 2002: Global Player – Local Player: Zwei Seiten einer Medaille, in: Ulrich Mückenberger (Hg.): Der Global Player und das Territorium, Opladen, S. 267–272.
57 Müller, Torsten, und Aline Hoffmann, 2001: EWC Research: A Review of the Literature, Warwick Papers in Industrial Relations, No. 65.
58 SZ vom 8. 1. 2002, S. 11.
59 Fichter, Michael, Jochen Gerster und Bodo Zeuner, 2001: Zukunft der Gewerkschaften, Arbeitspapier 44, Hans Böckler Stiftung, Düsseldorf.
60 Müller, Torsten, Hans-Wolfgang Platzer und Stefan Rüb, 2003: Globalisierung und gewerkschaftliche Internationalisierung – Zur Politik der Global Union Federations, in: WSI Mitteilungen 11, S. 666–672.
61 Greven, Thomas, 2001: Tausend Nadelstiche. Die Gewerkschaftskampagne der United Steelworkers gegen die Continental AG, in: Marco Althaus (Hg.): Kampagne! Neue Strategien für Wahlkampf, PR und Lobbying, Münster, S. 307–326.
62 Weinert, Rainer, 2001: Zwangs-Europäisierung europäischer Nationalgewerkschaften, in: Soziale Welt 3, S. 323 ff.
63 Europäische Kommission 2001: Europäische Rahmenbedingungen für die soziale Verantwortung der Unternehmen. Grünbuch, Juli 2001, Luxemburg: Amt für amtliche Veröffentlichungen der europäischen Gemeinschaft.

IV Globalisierung und Arbeitnehmerrechte

Gesellschaften können in unterschiedlicher Weise auf Globalisierungsprozesse reagieren. Relativ weit verbreitet sind Aufforderungen zur best- und schnellstmöglichen Anpassung an die neuen Herausforderungen, damit die Chancen der Globalisierung genutzt werden können.[1] Diese Position wird vor allem auf den Wirtschaftsseiten der Zeitungen vertreten, jedoch von anderen kritisiert, weil sie eine Anpassungsspirale nach unten befürchten (vgl. Kapitel III 2. »Der Nationalstaat in der Globalisierung«).[2] Alternativ wird eine Abwehrhaltung eingenommen und z. B. für eine Rückkehr zu nationaler Abschottung durch Handelsschranken plädiert. Eine solche protektionistische Position wird häufig der globalisierungskritischen Bewegung und den Gewerkschaften vorgeworfen. Kritiker argumentieren, dies sei Egoismus gegenüber den Entwicklungsländern, die den Zugang zu den Märkten der westlichen Welt dringend bräuchten. Zwischen diesen Positionen liegen Bemühungen, auf die Globalisierung gestaltend einzuwirken.

Insgesamt lassen sich die Reaktionsweisen auf die Globalisierung sowohl nach Strategie als auch nach Regelungsebene unterscheiden. Die Strategien können unterteilt werden nach Versuchen, Globalisierungstendenzen zu ignorieren, sich ihnen gegenüber abzuschotten, sich anzupassen, und schließlich in Bemühungen, die Rahmenbedingungen zu ändern. Die Anpassungsstrategien sind weiterhin nach vorwegnehmenden (neoliberal marktorientierten) und nach sozial abfedernden Ausrichtungen zu differenzieren. Strategien, die auf eine Änderung der Regeln abzielen, unter denen sich die Globalisierung vollziehen soll, können ebenfalls in eine neoliberale und in eine soziale Variante eingeteilt werden.[3]

Die Regelungsebenen lassen sich vom Stadtteil bis hin zu globalen Abkommen fein unterteilen, doch praktisch erscheint eine Dreiteilung: global / Staatenbünde, national / Bundesland, regional / Stadt. So findet sich beispielsweise an der Schnittstelle von neoliberaler Anpassungsstrategie und der Regelungsebene Umlandverband / Stadt das politische Konzept einer »schlanken« Stadtverwaltung – also die Konzentration auf kommunale Kernaufgaben bei gleichzeitiger Einsparung von Stellen – und einer ungeregelten Konkurrenz unter den Kommunen der Region, z. B. um Investitionsansiedlungen.

In der folgenden Abbildung stellen wir weitere Reaktionsvarianten vor, z. B. eine soziale Anpassungsstrategie, die auf der Regelungsebene des Natio-

Abb. 4.1: Typologie der Reaktionen auf Globalisierung und der Regelungsebenen

Strategien		Regelungsebenen		
		global/EU	national/Bundesland	regional/Stadt
Ignoranz/Abschottung			Status quo	Status quo
Anpassung	neoliberal		Deregulierung	»schlanker Staat«
	sozial		z. B. aktive Industrie- und Technologiepolitik; ökologische Steuerreform	z. B. Infrastrukturvorleistungen; Armutsbekämpfung
Änderung der Rahmenbedingungen		z. B. Harmonisierung der Steuern, Finanzen, Wechselkurszielzonen	Schließung von Steuerschlupflöchern; Einführung einer Quellensteuer	z. B. Gründung von Städtebünden

nalstaats die Form einer aktiven Industrie- und Technologiepolitik, also der Förderung zukunftsträchtiger Wirtschaftsbereiche, haben könnte. Eine neoliberale Strategie auf kommunaler Ebene würde z. B. Investitionskonkurrenz zwischen den Städten zulassen; darauf würde eine Strategie der Setzung von Rahmenbedingungen z. B. mit dem Konzept von Städtebünden antworten, sodass eine letztlich für alle schädliche Unterbietungskonkurrenz bei sozialen und anderen Standards und Leistungen verhindert werden könnte.

Die größten Differenzen in der Literatur zur Globalisierung bestehen hinsichtlich der zu wählenden Steuerungsmechanismen. Die Wahl wird stark von der jeweiligen Interessenlage abhängen. Die Politikwissenschaft steht vor der großen Aufgabe, Steuerungskonzepte zu entwickeln, die ein möglichst breites Spektrum von Interessen einbinden und somit eine friedliche Austragung der Interessenkonflikte erlauben.

In diesem Kapitel werden wir uns auf die globale bzw. europäische Regelungsebene konzentrieren sowie die Möglichkeiten und Grenzen einer Änderung der Rahmenbedingungen für den Bereich Arbeitnehmerrechte diskutieren. Dabei werden wir aber auch die anderen Regelungsebenen in den Blick nehmen.

1. Die Debatte um Global Governance

Nationale Regierungen haben durch politische Entscheidungen, z. B. über multilaterale Zollsenkungen im Rahmen des Allgemeinen Zoll- und Handelsabkommens GATT, zentral zu ökonomischen Globalisierungsprozessen beigetragen. Einerseits sind dadurch nationale Kompetenzen beschränkt worden. Durch die Gründung internationaler Organisationen und die Schaffung globaler, regionaler oder sektoraler Steuerungsnetzwerke (auch Regimes genannt) sind andererseits aber gleichzeitig Ebenen der Regulierung und neue Formen der Steuerung und Problembewältigung »jenseits des Nationalstaates« entstanden, an denen nationale Regierungen teilhaben.[4]

So ist die Europäische Union z. B. einerseits Motor der ökonomischen Globalisierung, weil sie aktiv die Liberalisierung vorantreibt. Andererseits bietet sie auch Schutz, zum einen durch Subventionen an strukturschwache und zukunftsträchtige Bereiche, zum anderen, weil sie ihren Mitgliedstaaten ermöglicht, gemeinsam Antworten auf die Globalisierung zu finden. Dabei ist allerdings die Entwicklung einer gemeinsamen Sozial- und Finanzpolitik gegenüber der wirtschaftlichen Integration bisher weit zurückgeblieben.

1.1 Auf dem Weg zur Weltgesellschaft?

Für die Gestaltungsprozesse auf der globalen Regelungsebene werden unterschiedliche Begriffe diskutiert, z. B. »globale Politiknetzwerke«, »Weltordnungspolitik« oder »globale Strukturpolitik«. Da Globalisierung bisher häufig mit Deregulierung verbunden war, wird oft auch von »Re-Regulierung« des Weltmarktes gesprochen, manchmal auch von seiner »Wieder-Einbettung« in die Gesellschaft. Andere bevorzugen den Begriff der »Entschleunigung« der Marktprozesse. Die weiteste Verbreitung in Politik und Wissenschaft hat der Begriff »Global Governance« erfahren, der auch hier verwendet werden soll.[5]

In Abgrenzung zu Vorstellungen von einem Weltstaat (»Government«) wird mit dem Begriff »Governance« die Möglichkeit des Regierens jenseits des Staates angesprochen. Im Unterschied zum klassischen Regieren steht stärker die Kooperation und Moderation in politischen Netzwerken im Mittelpunkt: Um den globalen Problemdruck zu bewältigen, sollen Regierungen mit anderen Regierungen, mit inter- und supranationalen Organisationen und mit Nichtregierungsorganisationen (NGOs) zusammenarbeiten – die Zahl der international tätigen NGOs hat sich zwischen 1976 und 1997 von gut 5 000 auf knapp 16 000 mehr als verdreifacht; die aktuelle Zahl wird auf bis zu 25 000 geschätzt, allerdings mit einer deutlichen Ungleichverteilung zugunsten der entwickelten Industrieländer.[6] Angesichts der vielfachen gegenseitigen Abhängigkeiten, etwa im Bereich der Umwelt, können Nationalstaaten alleine diese Probleme nicht mehr lösen, so das Argument. Nur mit Global Governance können sie die verloren gegangene Steuerungsfähigkeit zurückgewinnen und den Märkten wieder Zügel anlegen.

George Soros, durch Währungsspekulationen reich geworden und heute mit seiner Stiftung »Open Society Fund« um die Förderung der Demokratie vor allem in Osteuropa bemüht, schreibt: »Um die globale Wirtschaft zu stabilisieren und zu regulieren, benötigen wir ein globales System der politischen Entscheidungsfindung. Kurz: wir brauchen eine Weltgesellschaft, die die Weltwirtschaft trägt.«[7]

Mit dem Konzept der Global Governance werden neue Entwicklungen erfasst: In vielen Bereichen ist tatsächlich zunehmend eine »grenzüberschreitende Mehrebenenpolitik«[8] zu beobachten, etwa beim internationalen Handel, wo die Welthandelsorganisation (WTO) für die Mitgliedstaaten verbindliche Regeln überwacht und durchsetzt (vgl. Infobox 2.2, S. 44). In der bestehenden, sich weiter entwickelnden »Global Governance Architektur« gibt es allerdings deutliche Lücken bzw. Ungleichgewichte: Während z. B. die WTO über ein Streitschlichtungsverfahren verfügt, an dessen Ende Geldstrafen oder Handelssanktionen verhängt werden können, kann die Internationale Arbeitsorganisation (ILO) nur über den öffentlichen Druck durch Bloßstellung von Verstößen ihren Arbeitsrechtskonventionen Geltung verschaffen – ungeachtet der Tatsache, dass diese von vielen Ländern ratifiziert worden sind (vgl. Infobox 4.1).

Aufgrund der Lücken und Machtungleichgewichte im System der Global Governance schlagen daher viele Vertreter dieses Konzepts Reformen vor, meist in Richtung einer Demokratisierung sowie einer stärker sozial-ökologischen Prägung der Institutionen. Diese Reformperspektive weist darauf hin, dass das Konzept in hohem Maße den Charakter politisch-strategischer Empfehlungen hat. Den Vertretern einer solchen Vorstellung von Global Governance ist gemeinsam, dass sie große Hoffnungen in die Zivilgesellschaft bzw. in eine Weltbürgergesellschaft setzen, vor allem in die Expertise und die Aktivitäten von Nichtregierungsorganisationen und deren transnationale Netzwerke.[9]

Infobox 4.1: Die Internationale Arbeitsorganisation (ILO)

Die Gründung der ILO im Jahre 1919 steht in unmittelbarem Zusammenhang mit dem traumatischen Erlebnis des Ersten Weltkriegs. Ihre Verfassung wurde im Rahmen der Pariser Friedenskonferenz erarbeitet. Die Gründung und die Aufgaben der Organisation beruhen auf der Erkenntnis, »dass der Weltfriede auf Dauer nur auf sozialer Gerechtigkeit aufgebaut werden kann« (Präambel).

Zu den grundlegenden Zielsetzungen gehört einerseits, das Los der arbeitenden Bevölkerung nachhaltig zu verbessern. Neben diesem sozialethisch-humanitären Ansatz gibt es aber auch eine auf den internationalen Handel ausgerichtete Komponente: Mit weltweit anerkannten Sozialstandards soll verhindert werden, dass sich Handelsteilnehmer durch Abbau von Arbeitnehmerrechten und Verschlechterung der Arbeitsbedingungen Vorteile verschaffen. Dies kann nur durch eine internationale Vernetzung des sozialpolitischen Regelwerks erreicht werden.

Mit Gründung der Organisation wurden zum ersten Mal die Verantwortung der internationalen Gemeinschaft und die Zuständigkeit einer internationalen Organisation anerkannt, wie ein Gesetzgeber Fragen anzugehen und zu regeln habe, die vorher ausschließlich innere Angelegenheit eines jeden Staates waren.

Die ILO ist heute eine UN-Sonderorganisation, die internationale Arbeitsstandards in Form von Konventionen und Empfehlungen formuliert, mit denen sie Minimalstandards grundlegender Arbeitsrechte setzt. Sie dokumentiert regelmäßig die Verstöße gegen ihre Konventionen. Sie leistet technische Unterstützung in den Bereichen Arbeitsrecht, Berufsausbildung, Weiterbildung und berufliche Rehabilitation, Arbeitsschutz, Arbeits- und Beschäftigungspolitik. Innerhalb des UN-Systems hat die ILO eine einzigartige dreiteilige Struktur mit Regierungsvertretern, Arbeitnehmern und Arbeitgebern.

1. Die Allgemeine Konferenz der Internationalen Arbeitsorganisation *(International Labour Conference)*, zu der sich einmal jährlich die Delegierten der Mitgliedstaaten (jeweils zwei Regierungsvertreter, ein Arbeitgeber- und ein Arbeitnehmervertreter) treffen, legt die Arbeitsstandards fest, bestimmt den Verwaltungsrat und beschließt das Budget. Darüber hinaus werden sozial- und arbeitspolitische Fragen diskutiert.
2. Der Verwaltungsrat *(Governing Body)*, der dreimal im Jahr in Genf zusammentritt, ist das Exekutivorgan. Er setzt sich zusammen aus 28 Regierungsvertretern und jeweils 14 Vertretern der Arbeitnehmer und der Arbeitgeber. Zehn der Regierungssitze werden permanent von wirtschaftlich bedeutenden Industrieländern besetzt, die übrigen werden alle drei Jahre von der Allgemeinen Konferenz gewählt. Arbeitnehmer- und Arbeitgebervertreter werden entsprechend von deren Delegierten gewählt. Der Verwaltungsrat trifft wichtige politische Entscheidungen und stellt Programme und Budget der ILO auf. Er bestimmt auch für die Amtszeit von fünf Jahren einen Generaldirektor *(Director General)*, der an der Spitze des Internationalen Arbeitsamtes steht.
3. Das Internationale Arbeitsamt *(International Labour Office)* bildet mit rund 1 900 Bediensteten aus über 110 Nationen in der Genfer Zentrale und rund 40 weiteren Büros weltweit das permanente Sekretariat der ILO und den Knotenpunkt für alle Programme und Aktivitäten der ILO. In Zusammenarbeit mit rund 600 Expertinnen und Experten führt das Internationale Arbeitsamt Programme und Forschung der ILO durch, leistet technische Unterstützung und erstellt Studien, Berichte sowie Periodika (www.ilo.org/public).

Die ILO-Konventionen sind zwar bindend für die unterzeichnenden Mitgliedsländer (zurzeit insgesamt rund 7000 Ratifikationen der 175 Mitgliedsländer), jedoch verfügt die Organisation nicht über effektive Sanktionsmittel, die die Umsetzung bzw. Einhaltung sicherstellen könnten. Sie hat bisher konsequent auf Freiwilligkeit und Konsens gesetzt und nutzt diplomatischen und moralischen Druck durch

Veröffentlichung von Verstößen. Daran hat auch die im Juni 1998 verabschiedete »Declaration on Fundamental Principles and Rights and Work« nichts geändert, die alle Mitgliedstaaten verpflichtet, fundamentale Arbeitnehmerrechte – Vereinigungsfreiheit, Recht auf Kollektivverhandlungen, Verbot von Kinderarbeit, von Zwangsarbeit, von Diskriminierung – zu respektieren und zu fördern, auch wenn sie die entsprechenden Konventionen nicht ratifiziert haben.

1.2 »Global Governance« in der Kritik

Eine »neue« Global Governance kann Chancen bieten, wichtige Probleme in Zukunft (besser) zu bearbeiten, wie Umweltverschmutzung, hoher Ressourcenverbrauch, schlechte Lebens- und Arbeitsbedingungen in vielen Teilen der Welt. Und in der Tat mehren sich regionale, nationale und globale Formen politisch-gesellschaftlicher Steuerung, die nicht mehr ausreichend mit dem traditionellen Konzept des »Regierens« gefasst werden können. Moderne »Governance« ist oft weniger hierarchisch als klassische staatliche Steuerung. Sie besteht in Netzwerken und so genannten Public Private Partnerships: mehr oder weniger institutionalisierte Kooperationen zwischen dem öffentlichen und dem privaten Sektor. Die Konzeption, die hier anknüpft und eine »Weltbürgergesellschaft« im Blick hat, wird vor allem von der UN Commission on Global Governance, der Gruppe von Lissabon und in Deutschland vom Institut für Entwicklung und Frieden (INEF) formuliert.[10] Sowohl die bestehende Global Governance-Architektur als auch die darüber hinaus weisenden Reformkonzepte sind vielfach kritisiert worden.[11] Mindestens vier Kritikpunkte können unterschieden werden:

Erstens wird ein Demokratiedefizit bei den derzeitigen Institutionen der Global Governance – z. B. WTO, Weltbank und Internationaler Währungsfonds – konstatiert und darum eine »Privatisierung der Weltpolitik« bzw. ihre »Entstaatlichung« befürchtet. Privates Engagement wird in den Augen der Kritiker dann fragwürdig, wenn es Staaten die Ausrede verschafft, sich nicht um ihre ureigenen Aufgaben zu kümmern. Ein Beispiel: Die Spende des Medienmoguls Ted Turner an die Vereinten Nationen, die angesichts deren Haushaltssorgen in den Medien zu Recht begrüßt wurde, hat letztlich den Handlungsspielraum der UNO kaum erweitert. Vielmehr offenbart sich aufgrund gesunkener oder zurückgehaltener staatlicher Beiträge die Notwendigkeit der mühseligen Suche nach alternativen Einkommensquellen (Fundraising). Die Akteure der Global Governance begrüßen grundsätzlich die verstärkte Mitwirkung von privater Seite; Kritiker argumentieren dagegen, es müssten zumindest die unterschiedlichen Motivationen und Handlungslogiken der privaten Akteure, die transnational organisiert in die Weltpolitik eingreifen – hier werden zumeist Nichtregierungsorganisationen und Unternehmen unterschieden – berücksichtigt werden sowie deren fehlende demokratische Legitimation.

Zweitens thematisieren die Kritiker die »Machtblindheit« des Global Governance-Konzeptes. Die verschiedenen staatlichen und privaten Akteure verfügen über unterschiedlich große Ressourcen, um Gehör in den Massenmedien zu finden und ihre Interessen in den Institutionen durchzusetzen. Die Interessen weniger machtvoller Akteure, wie Fabrikarbeiterinnen bzw. deren gewerkschaftliche Vertreter, laufen Gefahr, nicht berücksichtigt zu werden.

Darüber hinaus wird den Protagonisten der Global Governance »Kapitalismusvergessenheit« vorgeworfen. Die Vorstellung, den Markt durch eine Re-Regulierung welcher Art auch immer zähmen zu können, ignoriere den grundlegenden »Verwertungszwang« des Kapitals, der jeweils die Grenzen der Regulierung bestimme. Mit anderen Worten: Gegen die Logik des Profits, die dem Kapitalismus innewohne, sei eine Regulierung nicht möglich – und daher seien die Projekte der Demokratisierung und sozial-ökologischen Gestaltung illusionär.

Viertens konstatieren Kritiker die Existenz konkurrierender Vorstellungen von Global Governance. Globale Problemlagen haben nicht zur Folge, dass die verschiedenen Akteure zur sachlichen Kooperation in den Institutionen bereit sind; es gibt nämlich keinen unmittelbaren Konsens darüber, was überhaupt als Problem definiert wird. So mussten beispielsweise große Anstrengungen unternommen werden, um die Umweltproblematik nachhaltig auf der politischen Agenda der Industriestaaten zu platzieren; in vielen Entwicklungs- und Schwellenländern ist dies bis heute nicht gelungen. Darüber hinaus tragen die Akteure ihre jeweiligen Interessen und entsprechende Lösungskonzepte in die Verhandlungsprozesse.

2001 zog die US-Regierung ihre Zustimmung zum Kyoto-Protokoll zurück, in dem Maßnahmen vereinbart worden waren, um den weltweiten Ausstoß von Gasen zu verringern, welche die Ozonschicht schädigen. Dieses Beispiel zeigt, dass die innenpolitische Konstellation und die relative Durchsetzungsfähigkeit von Einzelinteressen eine Rolle spielten – in diesem Fall insbesondere die in der Global Climate Coalition versammelten Unternehmensinteressen. Dementsprechend spiegelt sich in den etablierten Institutionen wie WTO, Weltbank und Internationaler Währungsfonds die Dominanz bestimmter Konzeptionen von Globalisierung und Global Governance. Die Protagonisten dieser »neoliberalen« Globalisierung streben durchaus eine Regulierung des Weltmarktes oder gar eine Verfassung an; diese soll aber hauptsächlich die Rechte, weniger die Pflichten der global tätigen Unternehmen regeln.

2. Die Arbeitnehmerrechte im Welthandelssystem

In der Umweltpolitik, der Finanzmarktpolitik, bei der Regulierung von Steueroasen und in vielen anderen Bereichen wird deutlich, dass es für die zukünftige Ausgestaltung der Global Governance-Architektur verschiedene konkurrierende Strategien und Konzepte gibt. Meist verläuft die Konfliktlinie zwischen sozial-ökologischen und neoliberalen Gestaltungsvorschlägen: zwischen Verbindlichkeit einerseits und Freiwilligkeit beziehungsweise Selbstverpflichtung und -kontrolle andererseits oder zwischen gesetzlichen Regelungen und marktkonformen Instrumenten.

In diesem Kapitel wollen wir am Beispiel der Verankerung von Arbeitnehmerrechten im Welthandelssystem die Dynamik der Auseinandersetzungen aufzeigen. Wir konzentrieren uns auf die »Menschenrechte am Arbeitsplatz« (vgl. Infobox 4.2), weil diesen im Zusammenhang mit der Globalisierung eine besondere Bedeutung zukommt. Zum einen können Verstöße gegen Arbeitnehmerrechte Vorteile in der globalen Konkurrenz verschaffen. In der Präambel der Internationalen Arbeitsorganisation (ILO) heißt es dazu, dass »die Nichteinführung wirklich menschenwürdiger Arbeitsbedingungen durch eine Nation die Bemühungen anderer Nationen um Verbesserung des Loses der Arbeitnehmer in ihren Ländern hemmen« würde. Zum anderen ermöglichen gerade die Arbeitnehmerrechte, vor allem das Recht auf Vereinigungsfreiheit, die Globalisierung an der zentralen Stelle zu gestalten, wo die Menschen direkt von ihr betroffen sind: am Arbeitsplatz.

Im Mittelpunkt der energisch geführten politischen und akademischen Debatte zur Sicherung sozialer Rechte im Welthandel stehen folgende Instrumente: Sozialklauseln, Verhaltenskodizes für transnationale Unternehmen, soziale Gütesiegel.[12] Die gebräuchlichen Definitionen für die zentralen Begriffe in der Diskussion:

- *Sozialstandards:* umfassender Begriff für Mindeststandards bei der Ausgestaltung von Arbeitsverträgen (Arbeitszeit, Lohn, Sozialversicherung etc.) und für Arbeitnehmerrechte
- *Arbeitnehmerrechte:* Sammelbegriff für Koalitionsfreiheit sowie Tarifverhandlungsrecht, Verbot von Zwangsarbeit, Kinderarbeit und Diskriminierung in Beschäftigung und Beruf

- *Sozialklauseln:* Klauseln in Handelsvereinbarungen, die Vorschriften über Sozialstandards enthalten; mit diesem Mechanismus sollen Arbeitnehmerrechte international durchgesetzt werden
- *Verhaltenskodex*: schriftlich niedergelegte Richtlinie, die als Grundlage für das Verhalten transnationaler Konzerne gegenüber ihren Belegschaften, ihren Zulieferern und deren Belegschaften, staatlichen Behörden und der Umwelt im jeweiligen Gastland dient
- *Soziale Gütesiegel:* geben Aufschluss über Produktionsbedingungen gemäß den sozialen Mindeststandards; können für einzelne Produkte, aber auch für ganze Unternehmen vergeben werden

Unter den Befürwortern eines besonderen Schutzes von Arbeitnehmerrechten im Welthandel besteht weitgehend Übereinstimmung hinsichtlich des Inhalts von Verhaltenskodizes, sozialen Gütesiegeln und einer Sozialklausel im Rahmen der Welthandelsorganisation. Die folgenden fundamentalen Rechte, die durch die Übereinkommen der Internationalen Arbeitsorganisation definiert sind, sollten garantiert werden:

- Vereinigungsfreiheit (Konvention Nr. 87 von 1948)
- Recht auf Kollektivverhandlungen (Konvention Nr. 98 von 1949)
- Verbot von Kinderarbeit bzw. besonders ausbeuterischen Formen der Kinderarbeit (Konventionen Nr. 138 von 1973 und Nr. 182 von 1999)
- Verbot von Zwangsarbeit (Konventionen Nr. 29 von 1930 und Nr. 105 von 1957)
- Verbot von Diskriminierung in Beschäftigung und Beruf (Konvention Nr. 111 von 1958)
- Beseitigung von geschlechtsspezifischer Lohndiskriminierung (Konvention Nr. 100 von 1951)

Infobox 4.2: Menschenrechte am Arbeitsplatz

Die fundamentalen Arbeitnehmerrechte *Vereinigungsfreiheit, Verbot von Kinderarbeit, Verbot von Zwangsarbeit* sowie *Verbot von Diskriminierung in Beschäftigung und Beruf* sind in der Allgemeinen Erklärung der Menschenrechte vom 10. Dezember 1948 ausdrücklich verankert. In den verbindlicheren UN-Menschenrechtskonventionen sind die Rechte der Arbeitnehmer ebenfalls explizit erwähnt:

- Zusatzübereinkommen vom 7. September 1956 über die Abschaffung der Sklaverei, des Sklavenhandels und sklavereiähnlicher Einrichtungen und Praktiken
- Konvention zur Beseitigung jeder Form von Rassendiskriminierung von 1966
- Internationaler Pakt über bürgerliche und politische Rechte vom 19. Dezember 1966
- Internationaler Pakt über wirtschaftliche, soziale und kulturelle Rechte vom 19. Dezember 1966

- Konvention zur Beseitigung jeder Form von Diskriminierung der Frau vom 18. Dezember 1979
- Konvention über die Rechte des Kindes vom 20. November 1989

Fast alle Länder der Welt haben die UN-Kinderrechtskonvention ratifiziert – insgesamt zählte die UNO zuletzt 189 Mitgliedsländer.

Gibt es überhaupt einen Bedarf an zusätzlicher Global Governance im Bereich der Menschen- und Arbeitnehmerrechte? Schließlich gibt es zahlreiche internationale Abkommen zum Schutz der Menschenrechte, inklusive der Arbeitnehmerrechte, und darüber hinaus sogar eine besondere UN-Organisation, die ILO, die weltweit Arbeitnehmerrechte schützen soll.[13] Wer ist überhaupt von Verstößen betroffen?

Eine kurze Geschichte des Zusammenhangs von Welthandel und Arbeitnehmerrechten sowie der ILO zeigt, dass es keinen Mangel an Normen gibt, diese aber nur sehr unzureichend durchgesetzt werden.

2.1 Verstöße gegen fundamentale Arbeitnehmerrechte

Viele Länder profitieren vom Welthandel, doch erschreckend viele Beschäftigte arbeiten unter recht bedrückenden Produktionsbedingungen für den Export. Insbesondere in den »freien Exportzonen«, wo häufig Ausnahmen von nationalen Arbeitsgesetzen gewährt werden, sind die meist jungen und weiblichen Beschäftigten langen Arbeitszeiten und schlechten Arbeitsbedingungen bei niedrigster Bezahlung ausgesetzt. Zugleich können sie oft nicht von international anerkannten, fundamentalen Arbeitnehmerrechten Gebrauch machen, weil Gewerkschaften nur schwer Zutritt bekommen. Weltweit werden gewerkschaftliche Aktivitäten sogar zunehmend unterdrückt (vgl. Infobox 4.3).

Infobox 4.3: Antigewerkschaftliche Unterdrückung steigt weltweit an

Bericht des Internationalen Bundes Freier Gewerkschaften (IBFG) für 2001: 223 ermordete Gewerkschafter

Der jährliche Untersuchungsbericht des IBFG über Verletzungen von Gewerkschaftsrechten, der 132 Länder und Gebiete weltweit abdeckt, hat 223 Fälle von ermordeten oder »verschwundenen« Gewerkschafterinnen und Gewerkschaftern für das Jahr 2001 festgestellt (14 mehr als im Jahr 2000). Allein in Kolumbien wurde die erschreckende Rekordzahl von 201 Ermordungen bzw. Verschwinden verzeichnet. Über 4 000 Gewerkschafter wurden festgenommen, 1 000 verletzt und

10 000 entlassen. Dieser Bericht zeigt die sture antidemokratische Haltung bestimmter Staaten sowie die grimmige Konkurrenz in der globalen Wirtschaft; Entwicklungen, die nur mit internationaler Gewerkschaftssolidarität bekämpft werden können.

Quelle: www.icftu.org

Auch der Umfang der Kinderarbeit hat weltweit enorm zugenommen. Von den geschätzten 250 Mio. Kindern arbeiten die meisten zwar nicht direkt für die Exportwirtschaft, doch in exportorientierten Wirtschaftsbereichen, insbesondere in der Textil-, Bekleidungs-, Schuh- und Teppichindustrie. Schuldknechtschaft und andere Phänomene der »neuen Sklaverei« verbreiten sich ebenfalls.[14] Die Schuldknechtschaft ist besonders in Südasien verbreitet, findet sich aber auch in anderen Entwicklungsländern. Kinder und Jugendliche sind ebenfalls betroffen. »Häufig werden die Kinder entführt, oder die Eltern, die in der Regel zu den Ärmsten gehören, überlassen Arbeitgebern und Geldverleihern ihre Kinder als Sicherheit für Kredite. Die Kinder müssen dann Zinsen und Schulden unter unmenschlichen Bedingungen abarbeiten. [Sie] bleiben meist ein Leben lang in diesen Knechtschaftsverhältnissen gefangen.«[15]

Insgesamt werden ungefähr zehn Prozent des Warenwerts im Welthandel unter Verstoß gegen fundamentale Arbeiterrechte hergestellt. Es ist allerdings zu vermuten, dass der Anteil der betroffenen Beschäftigten im Exportsektor weltweit eher bei 30 Prozent liegt.[16]

Infobox 4.4: Gesundheitliche Auswirkungen von Kinderarbeit

Kinderarbeiter sind generell schlecht ernährt. Ihre Arbeit nimmt ihnen die letzten Energiereserven. Blutarmut, Müdigkeit und unzureichender Schlaf führen zu Infektionen und Tuberkulose. Nach Berichten aus der pakistanischen Teppichindustrie im Jahre 1991 erreichen dort 50 000 in Schuldknechtschaft tätige Kinder nicht einmal das zwölfte Lebensjahr. Die Weltgesundheitsorganisation berichtet von körperlichen Deformationen, die durch die stundenlange unnatürliche Haltung beim Teppichknüpfen oder auch durch das Tragen unverhältnismäßig schwerer Lasten entstehen. Das Augenlicht junger Mädchen, die 12 bis 14 Stunden am Tag in der Mikrocomputerindustrie tätig sind, wird in einem Zeitraum von fünf bis acht Jahren stark geschädigt.

In der gewerblichen Arbeit besteht für Kinder erhöhte Unfallgefahr wegen ihrer kürzeren Aufmerksamkeitsspanne sowie aufgrund ihrer mangelnden Erfahrung im Umgang mit für Erwachsene bestimmten Werkzeugen. Leseunkundige Kinder missachten Warnschilder und Vorsichtsmaßregeln über Werkstoffe und Geräte. Arbeitsschutzmaßnahmen existieren entweder gar nicht, ihre Einhaltung wird – mangels entsprechend ausgebildeter Arbeitsinspektoren – nicht überprüft, oder die Arbeitsinspektoren sind bestechlich.

Quelle: Bundesministerium für Arbeit und Sozialordnung, 1995: Bericht der Bundesregierung über Kinderarbeit in der Welt, S. 29.

2.2 Kurze Geschichte der Verknüpfung von Handel und Arbeitnehmerrechten

Ein Rückblick auf die Geschichte der Auseinandersetzungen um soziale Mindeststandards zeigt, dass es sich hierbei um ein frühes globales Politikfeld handelt. Bereits im frühen 19. Jahrhundert gab es Verfechter der Einsicht, dass die Weltmarktkonkurrenz eine potenzielle Bedrohung für die neuen nationalen Arbeitsmarktbestimmungen war. Bis zum ersten internationalen Vertrag über Sozialstandards, der zugleich ein Verbot des Sklavenhandels enthielt, sollte es allerdings bis 1890 dauern. 1905 verabschiedete die vier Jahre zuvor gegründete *International Association of Labor Legislation* zwei Konventionen: ein Nachtarbeitsverbot für Frauen und ein Produktions- und Handelsverbot von Streichhölzern, die mit dem giftigen weißen Phosphor produziert wurden.[17]

Unter dem Eindruck des Ersten Weltkrieges sowie der folgenden Revolutionen und gemäß der Einsicht, dass soziale Ungerechtigkeit eine Hauptkriegsursache ist, wurde bei den Friedensverhandlungen in Versailles die Gründung der Internationalen Arbeitsorganisation (ILO) beschlossen (vgl. Infobox 4.1).

Auf ihren jährlichen Internationalen Arbeitskonferenzen hat die ILO bis heute 182 Konventionen über internationale Sozialstandards entwickelt und verabschiedet, und es liegen rund 7 000 Ratifikationen durch ihre 175 Mitgliedstaaten vor. Ihre wichtige Rolle bei der Kodifizierung internationaler Rechte und Standards, der Dokumentation von Verstößen und der technischen Hilfe bei der Umsetzung der Standards in nationales Arbeitsrecht ist unangefochten; bislang ist es ihr jedoch nicht gelungen, ein funktionierendes globales Arbeitsrechtsregime durchzusetzen.

Die Arbeitgebervertreter sind sich in ihrer Ablehnung verbindlicher und sanktionsbewehrter Sozialstandards weitgehend einig. Gemeinsam mit der Mehrheit der Regierungsvertreter, vor allem denen aus Entwicklungs- und Schwellenländern, dominieren sie den Entscheidungsprozess der ILO in dieser Frage. Gewerkschaften und einige Regierungen haben daher frühzeitig begonnen, alternative Wege einer besseren Durchsetzung von Arbeitnehmerrechten zu suchen.[18] Drei Instrumente sind in der Diskussion: Sozialklauseln, Verhaltenskodizes für transnationale Unternehmen und soziale Gütesiegel.

3. Die Diskussion um weltweite Kernarbeitsnormen

Die Bemühungen zur Durchsetzung fundamentaler Arbeitnehmerrechte gelten vor allem einigen so genannten Entwicklungs- und Schwellenländern. Deswegen leitet sich die Berechtigung international verbindlicher Arbeitnehmerrechte auch von ihrem Beitrag für die Industrialisierungschancen der Entwicklungs- und Schwellenländer ab. Fragen der wirtschaftlichen Entwicklung werden vornehmlich in den Wirtschaftswissenschaften diskutiert. Befürworter weltweiter Kernarbeitsnormen können somit nicht umhin, sich mit wirtschaftswissenschaftlichen Argumenten auseinander zu setzen. Viele Ökonomen stehen allerdings globalen Sozialstandards ablehnend gegenüber. Sie betrachten diese als Hürden im industriellen Aufholprozess.[19]

3.1 Wachstum durch Freihandel?

Für den prominenten Außenwirtschaftstheoretiker Jagdish Bhagwati, der die UNO, die WTO, aber auch NGOs in Indien und den USA berät, ergeben sich bessere Lebens- und Arbeitsbedingungen nicht per Gesetz oder durch internationale Abkommen, sondern im Gefolge der Industrialisierung: Wirtschaftliche Entwicklung würde am ehesten durch ein möglichst freizügiges Handelsregime gefördert werden.[20]

Führt wirtschaftliche Entwicklung und Expansion der Exportwirtschaft notwendigerweise zur stärkeren Beachtung der Arbeitsnormen? Wohl nicht. Die Liberalisierung der Außenwirtschaftspolitik in den letzten Jahrzehnten ging in vielen Ländern des Südens mit einer Zunahme sozialer Ungleichheit und einer starken Ausweitung des informellen Sektors einher, wo Arbeitnehmerrechte generell missachtet werden. In den vielen freien Exportzonen ist zumeist das Recht auf gewerkschaftliche Vereinigungsfreiheit eingeschränkt. Die Erfahrungen in den karibischen Ländern, in denen zahlreiche freie Exportzonen eingerichtet wurden, sind einschlägig: Trotz einer verstärkten Produktion für den Export und der damit zusammenhängenden Beschäftigung verbesserten sich die Arbeitsbedingungen nicht – im Gegenteil, die Löhne fielen sogar.[21]

Der Exportboom für handgeknüpfte Teppiche führte in Indien lediglich zu einer Verbreitung der Kinderarbeit und nicht zu besseren Arbeitsbedingungen für Kinder. Auch in Ländern, die hohe Exportsteigerungen und Wohlfahrtsvermehrung zu vermelden haben, wie Thailand, stieg die Kinderarbeit stark an. Wo mit zunehmenden Weltmarkterfolgen die Rechte der Beschäftigten gestärkt wurden, wie zum Beispiel in Südkorea, waren harte gesellschaftliche Auseinandersetzungen vorausgegangen. Trotz Aufnahme in die OECD sind Arbeiterrechte in Südkorea auch heute noch nur eingeschränkt gesichert. Eine Analyse der OECD konnte, wie andere Studien auch, keinen Zusammenhang zwischen Handelsliberalisierung und Einhaltung von Arbeiterrechten feststellen. Mehr Marktöffnung führte keineswegs in allen Ländern zur besseren Achtung der Arbeiterrechte.[22]

Der Internationale Bund Freier Gewerkschaften vermeldete für das Jahr 2001: 223 ermordete oder »verschwundene« Gewerkschaftsaktivisten, 14 mehr als im Jahre 2000. Laut Amnesty International wurden im selben Jahr in 111 Ländern Menschen gefoltert oder von staatlichen Sicherheitskräften extrem schlecht behandelt (vgl. Infobox 4.3).

3.2 Ökonomische Begründung von Arbeitsnormen

Das Verbot der Zwangs- und der Kinderarbeit gehört zu den Grundprinzipien einer Marktordnung, denn der Markt wird als Warentausch zwischen *freien* Personen bzw. Körperschaften definiert. Darüber hinaus kann die Einhaltung der Rechte sowohl zu einer volks- als auch betriebswirtschaftlichen Leistungssteigerung beitragen. So verschaffen Gewerkschaften den Beschäftigten Mitspracherechte und einen gewissen Kündigungsschutz. Geringerer Arbeitsplatzwechsel mindert Reibungsverluste bei der Suche nach neuen Arbeitskräften und deren Einarbeitung. Zudem sind die Lohnabhängigen eher bereit, Wissen und Engagement einzubringen, wenn es dafür Kanäle gibt und langfristige Beschäftigungsaussichten.

Da Diskriminierung eine Form der Einschränkung der Konkurrenz ist, setzt die volle Funktionsfähigkeit des Marktes ein Diskriminierungsverbot voraus. Diskriminierung ist zudem der Leistungsfähigkeit der Produktion abträglich, da sie dazu führen kann, dass eine Person nicht an dem Arbeitsplatz beschäftigt wird, für den sie am besten geeignet ist.[23]

Löhne am unteren Ende des Existenzminimums oder sogar darunter schließen aus, dass Arbeiterinnen und Arbeiter in ihre oder die Ausbildung ihrer Kinder investieren können. Derartige Löhne reichen oft auch nicht für notwendige Ausgaben zur Gesundheitsvorsorge. Höhere Löhne hingegen versetzen die Arbeitnehmer nicht nur in die Lage, ihre Arbeitskraft zu erhalten und weiter zu qualifizieren, sondern erhöhen auch den Anreiz für Schulbesuch und leistungsorientiertes Verhalten. Insofern tragen Arbeiterrechte also zur Entwicklungsförderung bei. Besonders anschaulich wird dies am Beispiel von Kinderarbeit. Menschen, die als Kinder hart arbeiten müssen, altern in der Regel frühzeitig; sie haben nicht die Chance, sich für einen besseren Arbeitsplatz ausbilden zu lassen. Eine Untersuchung im Teppichknüpfgebiet Indiens ergab, dass 95 Prozent der Väter, die ihre Kinder zur Arbeit schicken, selbst als Kinder gezwungen waren zu arbeiten.[24]

Wenn Arbeiterrechte tatsächlich entwicklungsfördernd wirkten, müsste dann nicht ihre Einhaltung im Interesse der betreffenden Länder sein und deshalb freiwillig erfolgen? In der Tat haben fast alle Länder ILO-Übereinkommen ratifiziert, doch gerade einige der neuen Exportnationen, wie Südkorea, Thailand und China, haben nur wenige dieser Übereinkommen unterzeichnet. Machtpolitische Interessen dürften einer der zentralen Gründe dafür sein. Regierungen, die Gewerkschaften (und zumeist auch Regierungskritik) verbieten, befürchten – zu Recht –, diese könnten zu einem Hort politischer Opposition werden (wie die Gewerkschaft Solidarnosc im sozialistischen Polen der 80er-Jahre oder die südafrikanische Gewerkschaft COSATU während der Apartheid).

Ein wichtiger Grund für die Missachtung von Arbeiterrechten dürfte zudem darin liegen, dass ungewiss ist, ob sich die langfristigen Vorteile auch kurzfristig einstellen. Versuche, die Auswirkungen von fundamentalen Arbeiterrechten auf Produktionskosten zu ermitteln, blieben bisher recht unbefriedigend. Für Betriebe sind zumindest kurzfristig – und in eher geringem Umfang – Kostenerhöhungen wahrscheinlich. Gegenüber Importeuren und den Einkaufsabteilungen internationaler Konzerne können jedoch relativ geringe Lohnkostenunterschiede für die Anbieter ähnlicher Produkte eine entscheidende Rolle spielen.

Die Konkurrenz ist dort am schärfsten, wo mit ähnlichen Produktionstechniken vergleichbare Produkte angeboten werden. Mithin finden sich die schärfsten Konkurrenten von Unternehmen des Nordens im Norden, und von denen des Südens im Süden. Innerhalb des Südens wird der Konkurrenzkampf durch folgende Faktoren verstärkt:

- einfache Produktionstechniken, die den Markteintritt erleichtern
- ein stark wachsendes Arbeitskräftepotenzial aufgrund der Verdrängung traditioneller Landwirtschaft
- die Verschuldungskrise, die die Notwendigkeit für die Erwirtschaftung von Devisen (den Währungen, in denen man verschuldet ist) erhöht
- die Fähigkeit transnationaler Konzerne, Produktionsstätten zu verlagern.

Somit stehen nicht vornehmlich die Beschäftigten der reichen OECD-Länder mit denen der bevölkerungsreichen Länder des Südens in direkter Konkurrenz, sondern vor allem die Beschäftigten in den Staaten mit vergleichbaren Durchschnittslöhnen.[25]

In einigen Produktgruppen hat die scharfe Konkurrenz im Süden ein Klima erzeugt, das Verstöße gegen fundamentale Arbeitsnormen begünstigt. Der Handel mit handgeknüpften Teppichen wird beispielsweise von wenigen Firmen dominiert. Sie üben einen starken Druck auf die Preise der Anbieter aus; geringe Kostendifferenzen sind für die Auftragserteilung entscheidend. Die Internationale Arbeitsorganisation ILO berichtet von einer Umfrage unter Teppichimporteuren einer US-amerikanischen Stadt, wonach diese im Falle eines Preisanstieges für indische Teppiche von mehr als 15 Prozent ihre Ware nicht mehr aus Indien beziehen würden.

In den frühen 70er-Jahren hatten die indischen Hersteller stark von Kostensteigerungen bei den traditionellen Marktführern im Iran profitiert. Die iranischen Exportpreise waren aufgrund einer Alphabetisierungskampagne, der allgemeinen Wohlstandserhöhung und der Stärkung des Außenwerts der iranischen Währung gestiegen. Die indischen Produzenten gerieten ihrerseits unter starken Konkurrenzdruck seitens chinesischer, pakistanischer und nepalesischer Teppichknüpfer, konnten sich aber nicht zuletzt durch den verstärkten Einsatz von Kindern und ihrer schwachen Währung am Weltmarkt behaupten.

Die Einwände gegen internationale Sozialstandards beruhen letztlich auf dem Argument, dass sie die Löhne stärker als die Nachfrage wachsen lassen, die Wettbewerbsfähigkeit der betreffenden Firmen gefährden und es deshalb zu Entlassungen kommt.

Dieses Argument kann aber zugleich zur Begründung international ausgehandelter Sozialstandards herangezogen werden: Solange es für eine Wirtschaftsregion möglich ist, durch Unterbietung der in anderen Regionen herrschenden Sozialstandards einen Wettbewerbsvorteil zu erlangen, stehen diese anderen Regionen in Gefahr, Marktanteile und somit Beschäftigung zu verlieren. Diese Gefahr ist umso größer, je mehr sich Produktionsmethoden und bisherige Marktstellung zwischen den Regionen ähneln. Sie ist besonders ausgeprägt, wenn der Markterfolg nur auf einem Faktor beruht: der gering qualifizierten Arbeitskraft. In einem solchen Fall kann die Bedrohung durch niedrigere Standards nicht durch andere Faktoren, wie z. B. einen technischen Vorsprung, ausgeglichen werden. Solche Umstände treffen besonders auf Entwicklungsländer zu, die ständig Gefahr laufen, dass neue Regionen auf den Weltmarkt drängen, die über eine noch größere Zahl billiger Arbeitskräfte verfügen. Aus diesen Gründen können Entwicklungsländer nicht im Alleingang ihre Sozialstandards erhöhen, sondern nur gemeinsam durch multilaterale Abkommen.

Falls es gelingen sollte, fundamentale Arbeitsnormen international verbindlich durchzusetzen, wird sich die Wettbewerbssituation verändern: Einzelne Wettbewerber müssen dann nicht mehr befürchten, dass sie sich durch die Einhaltung dieser Standards gegenüber der Konkurrenz schlechter stellen, da die Konkurrenz unter den gleichen Bedingungen antritt.

Infobox 4.5: Ökonomische Begründung für Kernarbeitsnormen – in Kurzform

Wenn Markt als Warentausch zwischen freien Personen definiert wird, dann sind internationale Kernarbeitsnormen notwendiger Bestandteil von Märkten. Denn sie befähigen durch Mindeststandards, als freie Person in das Arbeitsverhältnis einzuwilligen. Sie sind eine wichtige Voraussetzung für die Teilnahme an allgemeiner Bildung und beruflicher Ausbildung. Sie tragen somit zu wirtschaftlichen Fortschritten bei.

Während die Einhaltung der Kernarbeiterrechte langfristig Vorteile verspricht, können kurzfristig Kosten entstehen. Der überwiegende Anteil der Exportwaren aus Entwicklungsländern wird an Großhändler oder transnationale Konzerne verkauft, sodass bereits geringe Produktionskostenunterschiede für den Markterfolg ausschlaggebend sein können. Diese scharfe Konkurrenz unter den Herstellern ist der Hauptgrund dafür, dass Arbeitsnormen international ausgehandelt werden müssen. Solange es für eine Wirtschaftsregion möglich ist, durch Verstöße einen Wettbewerbsvorteil zu erlangen, stehen die anderen Regionen in Gefahr, Marktanteile und somit Beschäftigungschancen zu verlieren.

4. Die internationale Debatte über Sozialklauseln in Handelsvereinbarungen

Die Einhaltung der fundamentalen Arbeitnehmerrechte wirkt sich langfristig positiv auf die Entwicklung eines Landes aus, weil sie Anreize auslöst zur Verbesserung der Produktivität, beispielsweise bei Bildung und Ausbildung sowie beim Einsatz von Maschinen. Alle Länder könnten sich besser stellen, wenn alle zugleich die Arbeiterrechte einhalten würden, aber für jedes einzelne Land besteht ein Anreiz, die Rechte zu missachten, um kurzfristig einen Wettbewerbsvorteil zu erzielen. Wenn ein Land diesem Anreiz folgt, mindern sich für die anderen Länder die Vorteile des gemeinsamen

Vorgehens, und in der Folge werden immer mehr dem Beispiel des ersten folgen. Die Länder des jeweiligen Marktsegments stehen somit vor dem Problem, wie sie ihr Handeln koordinieren können.

Die einfachste Lösung ist eine Vereinbarung über Mindeststandards. Die ILO stellt für solche Absprachen, die sie Übereinkommen oder Konventionen nennt, sogar ein institutionelles Gerüst zur Verfügung. Doch angesichts der fortwährenden Verstöße gegen die ILO-Übereinkommen (vgl. Infobox 4.1) reicht die Kommunikation zwischen den Vertretern von Regierungen, Arbeitgeberverbänden und Gewerkschaften offensichtlich allein nicht aus. Ohne effektive Sanktionen ist nicht sichergestellt, dass sich alle an die Konventionen halten.

Einen Beitrag zur Lösung dieses Problems können Sozialklauseln leisten, die den Marktzugang von der Einhaltung fundamentaler Arbeitnehmerrechte abhängig machen und nach deren Maßgabe ggf. Sanktionen, sprich Strafzölle, verhängt werden.[26] Handelssanktionen – selbst wenn sie nur in letzter Instanz angewendet werden – treffen nicht allein die Regierung des Landes, in dem gegen Arbeitnehmerrechte verstoßen wird, sondern auch die Unternehmen, die von derartigen Verstößen profitieren. Die Aussicht, wichtige Exportmärkte zu verlieren, wird diese Unternehmen veranlassen, bei ihrer Regierung Schritte, wenn auch zunächst nur symbolischer Art, zur Einhaltung dieser Rechte einzufordern.

4.1 Kritik am Konzept der Sozialklauseln

Gegen das Konzept, Arbeitnehmerrechte durch Sozialklauseln in Handelsverträgen zu verankern, werden vor allem drei Kritikpunkte erhoben.[27] Erstens wird vorgebracht, dass Sozialklauseln die Souveränität der Nationalstaaten verletzen, da die reichen Länder ihre politische und wirtschaftliche Stärke nutzen würden, um den anderen Ländern per Handelsvertrag Änderungen ihres Arbeitsrechts und ihrer Wirtschafts- und Sozialpolitik vorzuschreiben. Ohne Zweifel sind die Entwicklungs- und Schwellenländer von den OECD-Märkten für ihre wirtschaftliche Dynamik wesentlich abhängiger als umgekehrt. Und es sind in der Tat vornehmlich mächtige OECD-Länder, die die Forderung nach Sozialklauseln in die internationalen Handelsrunden eingebracht haben; die Adressaten sind dagegen vor allem Entwicklungs- und Schwellenländer.

Dieses Machtgefälle wird zwar dadurch deutlich verringert, dass eine Sozialklausel in den OECD-Ländern von fast allen Unternehmensverbänden abgelehnt wird und umgekehrt die Vertretungen der direkt Betroffenen, also die Gewerkschaften des Südens, mehrheitlich Sozialklauseln fordern – dies deutet an, dass weniger ein Nord-Süd-Konflikt als vielmehr der Interessengegensatz von Kapital und Arbeit die Auseinandersetzung prägt. Dennoch stellt sich die Frage, unter welchen Umständen es gerechtfertigt ist, widerstrebenden Regierungen der Nicht-OECD-Welt am Verhandlungstisch Veränderungen ihres nationalen Arbeitsrechts sowie ihrer Wirtschafts- und Sozialpolitik abzuringen. Gemeinhin kann das nur dann als legitim gelten, wenn es im Namen universell gültiger Rechte erfolgt. Die fundamentalen Arbeitnehmerrechte sind klar als Menschenrechte im Völkerrecht ausgewiesen, sie besitzen somit universelle Anerkennung und können deshalb legitimerweise mit Nachdruck in multilaterale Verhandlungsrunden eingebracht werden (vgl. Infobox 4.2).

Zweitens wird aber argumentiert, dass eine Verknüpfung von Sozialstandards und Handelsverträgen der Tradition multilateraler Verhandlungsrunden widerspreche. Handelshemmnisse seien deshalb erfolgreich abgebaut worden, weil Handelsfragen von anderen politischen Zielen abgekoppelt wurden. Tatsächlich hat sich das bisherige internationale Handelssystem im Wesentlichen dem Schutz der Eigentümer von handelbaren Gütern gewidmet, nicht dem der Produzenten. Ein Platz für Arbeitnehmerrechte muss erst noch errungen werden. Wenn heute durch veränderte Weltmarktbedingungen und ein neues politisches Bewusstsein das Thema der Arbeitnehmerrechte – wie auch das der Umwelt – auf die Tagesordnung gesetzt wird, dann steht deren Bearbeitung genau in der Tradition multilateraler Handelsvereinbarungen, sich den jeweils neuen Herausforderungen zu stellen.

Drittens, so die am weitesten verbreitete Kritik, könnten Sozialklauseln einem protektionistischen Missbrauch Tür und Tor öffnen. Viele Befürworter von Sozialklauseln betonen zwar, dass sie Protektionismus ablehnen, sind darin jedoch nicht sehr glaubwürdig. Die Forderung nach Sozialklauseln wird international häufig mit den US-amerikanischen Gewerkschaften identifiziert, da sie zusammen mit Menschenrechtsorganisationen erfolgreich die ersten Sozialklauseln in der US-Handelsgesetzgebung durchsetzen konnten.[28] Zugleich treten sie seit Ende der 60er-Jahre mehrheitlich für Zugangsbeschränkungen zum amerikanischen Markt ein, sodass ihnen leicht protektionistische Motive unterstellt werden können. Die bisherige Handhabung der Sozialklauseln in der US-Handelsgesetzgebung liefert jedoch keine Beweise, die diesen Vorwurf erhärten könnten (siehe folgendes Kapitel »Erfahrungen mit unilateralen Sozialklauseln«).

Wenn schon die unilateralen, also ohne Absprache mit anderen Ländern eingeführten Sozialklauseln der USA keinen Protektionismus fördern, dann ist die Gefahr innerhalb eines multilateralen Forums wie der Welthandelsorganisation noch geringer einzuschätzen. Das von der internationalen Gewerkschaftsbewegung vorgeschlagene Verfahren für eine WTO-Sozialklausel (siehe Infobox 4.6) eröffnet protektionistischen Interessen keine Spielräume. Im Gegenteil: Eine Globalisierung, die als Bedrohung angesehen wird, läuft Gefahr, eine nationalistische, protektionistische Gegenreaktion herauszufordern. Wenn Politiker zunehmende Arbeitslosigkeit und Armut nutzen, um ausländerfeindliche Gefühle zu schüren, muss eine liberale Außenwirtschaftspolitik sozial abgefedert werden, sonst kann sie keine breite Zustimmung finden. Somit kann die Verankerung von Arbeitnehmerrechten als eine wesentliche Voraussetzung für ein offenes internationales Handelssystem gelten.

Infobox 4.6: Vorschlag des Internationalen Bundes Freier Gewerkschaften für eine Sozialklausel

Der Bundesvorstand des DGB unterbreitete im Juli 1994 folgenden Vorschlag, der weitgehend der Forderung des Internationalen Bundes Freier Gewerkschaften (IBFG) entsprach: »Die neue Welthandelsorganisation (WTO) und die Internationale Arbeitsorganisation (ILO) erstellen in regelmäßigen Abständen detaillierte und unabhängige Analysen zum generellen Zusammenhang von Handel und Arbeitnehmerrecht.

Die ILO prüft nach ihrem eigenen Mechanismus die Einhaltung von ILO-Normen. Klagen und Beschwerden, die einen Zusammenhang zwischen internationalem Handel und den ILO-Normen zu den Bereichen Vereinigungsfreiheit, Verbot der Zwangsarbeit, Verbot der Kinderarbeit und Verbot der Diskriminierung in Beschäftigung und Beruf sehen, sollten auch dann überprüft werden, wenn die Mitgliedstaaten diese zentralen Sozialnormen nicht ratifiziert haben. Der ILO sollte dabei das Recht eingeräumt werden, auch von sich aus den Internationalen Gerichtshof anzurufen, wenn Mitgliedstaaten diese ratifizierten Normen nicht einhalten und die Entscheidungen der Kontrollgremien missachten. . . .

Die WTO verpflichtet sich, diese grundlegenden Normen gleichfalls als Voraussetzung für einen fairen Welthandel anzuerkennen und in einem eigenen Rechtsakt festzuhalten, dass nach einem abgestuften System vorrangig Anreize und auch Handelssanktionen ergriffen werden können. . . .

Wird ein Zusammenhang zwischen Sozialklauseln und internationalem Handelsaustausch festgestellt, sollten die Mitgliedstaaten aufgefordert werden, einen nationalen Aktionsplan mit konkreten Schritten vorzulegen, wie eine völkerrechtskonforme Situation hergestellt werden kann und soll. Die Beteiligung der jeweiligen Sozialparteien ist dabei sicherzustellen. . . .

Wird trotz mehrfacher Aufforderung kein konkretes Aktionsprogramm vorgelegt oder werden die erforderlichen Umsetzungsaktivitäten nicht ergriffen, sollte ein gemeinsames Beratungsgremium von WTO und ILO auch Handelssanktionen empfehlen können.

Die WTO sollte anknüpfend an die Anti-Dumping-Bestimmungen des GATT [die vorsehen, dass Maßnahmen gegen Exportpreise, die unterhalb der Herstellungskosten bzw. der Verkaufspreise im Inland liegen, ergriffen werden können] einen entsprechenden Mechanismus vorsehen, der bei schwerwiegenden Verletzungen von Arbeitnehmerrechten Handelssanktionen ermöglicht.

Dieses vorgeschlagene System elementarer Sozialklauseln sollte nach einer Phase von fünf Jahren auf seine Wirksamkeit hin überprüft und möglicherweise reformiert werden.«

Quelle: DGB-Informationsdienst: Sozialklauseln. Ein Papier des Bundesvorstandes, Nr. 16–94, 28.7.1994.

4.2 Erfahrungen mit unilateralen Sozialklauseln

Bestätigen die konkreten Erfahrungen mit Sozialklauseln die zentralen Vorwürfe ihrer Kritiker? In den 80er- und 90er-Jahren haben die USA unilateral – also ohne Absprache mit ihren Handelspartnern – Sozialklauseln in ihre nationale Handelsgesetzgebung eingeführt, unter anderem in diverse Zollpräferenzprogramme: Die Gewährung der Zollfreiheit für bestimmte Produkte wird von Fortschritten bei der Einhaltung fundamentaler Arbeitnehmerrechte abhängig gemacht. Diese Programme gewähren Entwicklungsländern für viele Produkte Zollerleichterungen, ohne dass diese Länder im gleichen Maße ihre Zölle senken müssen. Die Einhaltung der Klausel ist seit 1983 in vielen Fällen überprüft worden und einigen Ländern, wie Pakistan, sind die Handelsvorteile ganz oder teilweise bzw. zeitlich befristet entzogen worden.[29]

Die Europäische Union hat seit 1994 ebenfalls eine unilaterale Sozialklausel in ihrem Zollpräferenzprogramm für Entwicklungsländer verankert. Zunächst wurde sie auf Formen von Sklaverei und Zwangsarbeit beschränkt und erstmals im März 1997 angewendet, als aufgrund eines Antrags des Internationalen Bundes Freier Gewerkschaften und des Europäischen Gewerkschaftsbundes Myanmar (seit 1989 der offizielle Name für Burma) die Zollpräferenzen entzogen wurden. Im Unterschied zu den US-Sozialklauseln setzte die EU in der Folge aber weitgehend auf positive Anreize: Für die Ratifizierung und Einhaltung von ILO-Konventionen gibt es eine höhere Zollbefreiung, teilweise von 20 bis 25 Prozent. Aufgrund sinkender GATT-Zollsätze und der Vereinbarung vieler bilateraler Freihandelsabkommen hat das Druckmittel bzw. der Anreiz »Zollpräferenz« insgesamt zwar an Bedeutung verloren, kann allerdings für bestimmte Länder und Exporteure immer noch sehr wichtig sein.

Grundsätzlich werden insbesondere unilateral eingebrachte Sozialklauseln wegen ihrer inkonsistenten Anwendung und ihres protektionistischen Missbrauchs kritisiert. Tatsächlich bestätigen Untersuchungen, dass die 1984 verabschiedete Sozialklausel im Allgemeinen Präferenzzollsystem der USA faktisch nicht nach dem Grundsatz der Gleichbehandlung angewandt wird, sondern willkürlich nach den jeweiligen innenpolitischen Kräfteverhältnissen und dem außenpolitischen Kalkül des Präsidenten. Die grundsätzlich freihändlerische und marktliberale Politik der meisten US-Regierungen bewirkte dabei, dass Verstöße gegen elementare Arbeiterrechte selten konsequent geahndet wurden. Jedoch stellt das gesetzlich vorgesehene Petitionsverfahren, das Gewerkschaften und Menschenrechtsorganisationen ermöglicht, die Untersuchung von Verstößen und gegebenenfalls die Anwendung der Sozialklausel zu beantragen, sicher, dass der Verzicht auf Sanktionen bei nachgewiesenen Verstößen wenigstens gut begründet werden muss.[30]

Wie wirksam sind die Sozialklauseln im Rahmen von Allgemeinen Zollpräferenzabkommen? Studien zu den von der US-Sozialklausel betroffenen Ländern ergaben, dass erst aufgrund der Petitionen von US-Gewerkschaften und Menschenrechtsorganisationen die Arbeitsgesetze ILO-konform reformiert wurden.[31] Die Analyse weist allerdings auf ein prinzipielles Problem hin: Sozialklauseln sollen fundamentale Arbeitnehmerrechte und Gewerkschaftsorganisationen stärken, jedoch ihre Wirksamkeit hängt gerade von handlungsfähigen Gewerkschaften ab. Dies ist insgesamt das Problem von Menschenrechtspolitik mittels angedrohter oder gar durchgeführter Handelssanktionen. Ihre Effektivität hängt stark davon ab, inwiefern innenpolitische Akteure des betroffenen Landes den äußeren Druck politisch vermitteln können. Zum Beispiel waren die Sanktionen gegen das Apartheidregime Südafrikas letztlich erfolgreich, weil der African National Congress und die Gewerkschaftsbewegung (COSATU) den entstehenden politischen Spielraum nutzten, um den Druck auf das Regime weiter zu erhöhen.

4.3 Die Diskussion um eine WTO-Sozialklausel

Verschiedene US-Regierungen haben ab 1953 eine GATT- bzw. WTO-Sozialklausel gefordert, die allerdings – bis zu der WTO-Ministertagung 1999 – keinerlei Unterstützung außerhalb der skandinavischen Länder und Frankreichs fand. Insbesondere die Regierungen der Entwicklungs- und Schwellenländer sprachen sich gegen Sozialklauseln aus.

Seit Beginn der 1990er-Jahre hat die internationale Gewerkschaftsbewegung, unterstützt von zahlreichen Nichtregierungsorganisationen, das Thema international verbindlicher Arbeiterrechte wieder entdeckt. Sie fordert, mittels einer Sozialklausel die innerhalb der WTO gewährten Handelsprivilegien davon abhängig zu machen, dass fundamentale Arbeitnehmerrechte eingehalten werden (siehe Infoboxen 4.6 und 4.7).

Auch das Europäische Parlament forderte bereits 1994 in einer Entschließung, »dass eine Sozialklausel, die die Bekämpfung von Kinderarbeit und Zwangsarbeit und die Förderung der Freiheit der gewerkschaftlichen Betätigung sowie der Tarifverhandlungsfreiheit zum Ziel hat und sich auf die ... ILO-Konvention[en] stützt, in das multilaterale und unilaterale System (GSP) des internationalen Handels Eingang findet. ... die Einführung einer Sozialklausel in den internationalen Handel [darf] nicht als Mittel für eine Verstärkung des Protektionismus gegenüber den Entwicklungsländern dienen ..., sondern [sollte] im Gegenteil zur Bekämpfung der Unterentwicklung und der Verstöße gegen die Menschenrechte beitragen ...«[32]

Die Forderung nach einer Sozialklausel konnte allerdings zunächst nicht innerhalb der EU durchgesetzt werden, da das Europäische Parlament der für die Handelspolitik der EU zuständigen Kommission kein verbindliches Verhandlungsmandat erteilen kann und sich der Ministerrat der bis 1999 ablehnenden Haltung Deutschlands und Englands anschloss. Seit 1999 fordert die EU die Einrichtung einer WTO-Arbeitsgruppe zum Thema Handel und Sozialstandards.

Infobox 4.7: Statement zu Kernarbeitsnormen im Welthandel

Gemeinsame Erklärung von Attac, VENRO und DGB
Berlin, 5. Dezember 2002

[Auszug]

4. Für eine soziale Gestaltung des Welthandels

Der DGB mit seinen Einzelgewerkschaften, deutsche Nichtregierungsorganisationen und Bewegungen der Umwelt- und Entwicklungspolitik setzen sich für eine gerechte Teilhabe der Entwicklungsländer am Welthandel und eine soziale Wirtschaftspolitik auf internationaler Ebene ein. Dies beinhaltet:

- die Aufhebung von Handelshemmnissen gegenüber Entwicklungsländern (z. B. Exportsubventionen in der Landwirtschaft, Zolleskalationen, Einfuhrbeschränkungen, Antidumping); Verlängerung der Umsetzungsfristen der Uruguay-Runde; die Möglichkeit von Ausnahmen bei bestimmten Liberalisierungsverpflichtungen, um eine nachhaltige Entwicklung in den Entwicklungsländern zu fördern. Falls erforderlich, müssen bestehende Verträge geändert werden. Offensichtlich ist der Reformbedarf bei geistigem Eigentum (Schutz der Artenvielfalt und lebenserhaltende Medikamente) und im Agrarbereich zur Ernährungssicherung (Einführung einer Development Box);

- eine Integration grundlegender Arbeitnehmer- und Menschenrechte sowie ökologischer Mindeststandards in das multilaterale Handels- und Investitionsregime; zu diesem Zweck soll ein ständiges Forum zwischen Internationaler Arbeitsorganisation, Welthandelsorganisation und anderen internationalen Institutionen gegründet werden;
- ein weiterer Baustein im Rahmen einer strukturierten Zusammenarbeit der internationalen Organisationen ist der Beobachterstatus für die Internationale Arbeitsorganisation bei der WTO, beim IWF und der Weltbank; eine Stärkung der Internationalen Arbeitsorganisation und ihrer finanziellen Ausstattung zur Umsetzung der international anerkannten Kernarbeitsnormen; die Aufnahme der Kernarbeitsnormen auf die Agenda der bilateralen Handelspolitik der Europäischen Union; die Aufnahme der ILO-Kernarbeitsnormen, der international anerkannten Umweltnormen der Weltbank und der internationalen Konventionen zum Schutz der Menschenrechte als Kriterien für die Vergabe von Investitionsgarantien und für Exportkreditbürgschaften in Entwicklungsländern. . . .

Nachdem der Regierungswechsel in den USA, mit George W. Bush als Präsidenten, deren Unterstützung für Sozialklauseln vorerst beendet hat, setzen sich international vor allem die EU und die skandinavischen Länder dafür ein. Wortführer der Gegner von Sozialklauseln ist die Regierung Malaysias, die versucht, alle Schwellen- und Entwicklungsländer hinter ihrer Position zu vereinen und die Frage zu einem Nord-Süd-Konflikt zu stilisieren. Doch nicht alle Regierungen der aufstrebenden Marktwirtschaften folgen ihr dabei. Bereits auf der WTO-Ministerkonferenz 1996 sprachen sich Argentinien, Chile und Uruguay für eine institutionalisierte Zusammenarbeit zwischen der WTO und der ILO aus. Bei der dritten Ministerkonferenz in Seattle Ende 1999 blieben die Regierungen der meisten Entwicklungsländer öffentlich bei ihrer Opposition; in den nichtöffentlichen Verhandlungsräumen gab es allerdings Annäherungen bezüglich der Einrichtung einer Arbeitsgruppe zu Sozialstandards und Handel, die auch von der EU-Kommission gefordert wurde.

Die Ministerkonferenz der WTO in Doha im November 2001 war demgegenüber ein Rückschritt, wenn auch zum wiederholten Male bekräftigt wurde, dass die WTO mit der ILO zusammenarbeiten solle. Diese Zusammenarbeit ist aber bisher nur informell und zielt nicht auf eine sanktionsbewehrte Durchsetzung von ILO-Konventionen. Die WTO hat sich also für die Rechte derer, die die Waren für den internationalen Handel herstellen, als nicht zuständig erklärt und verweist das Thema an die ILO.[33]

5. Die Diskussion um Verhaltenskodizes und soziale Gütesiegel

Die politische Blockade bei der WTO, deren Ministerkonferenz 2003 im mexikanischen Cancun ganz ohne Ergebnis endete, hat die Aufmerksamkeit derjenigen, die sich für die Verankerung von Arbeitnehmerrechten im Weltwirtschaftssystem einsetzen, stärker auf transnationale Unternehmen gelenkt. NGOs und Gewerkschaften haben in den Fabriken namhafter Unternehmen und insbesondere bei deren Subunternehmen und Zulieferern zahlreiche Missstände aufgedeckt und diese öffentlich gemacht.[34]

Viele Unternehmen antworteten darauf mit der Einführung von Verhaltenskodizes und sozialen Gütesiegeln bzw. mit der Beteiligung an Public Private Partnerships wie dem vom Bundesministerium für Wirtschaftliche Zusammenarbeit (BMZ) moderierten »Runden Tisch Verhaltenskodizes« (vgl. Infobox 4.11). Verhaltenskodizes sind schriftliche Richtlinien, die als Grundlage für das Verhalten transnationaler Unternehmen gegenüber ihren Belegschaften, Subunternehmen, Zulieferern, staatlichen Behörden und der Umwelt dienen sollen, und zwar überall dort, wo die Unternehmen Geschäftsbeziehungen unterhalten.

Das Europäische Parlament verabschiedete im Januar 1999 eine Resolution, in der die Europäische Kommission und der Europäische Rat aufgefordert werden, gesetzliche Rahmenbedingungen für eine Überwachung des sozialen Verhaltens transnationaler Konzerne zu schaffen. Die Resolution befürwortete zugleich Initiativen zur Entwicklung von freiwilligen Verhaltenskodizes, wobei diese jedoch nicht an die Stelle internationaler Abkommen treten sollen. Das Parlament schlägt heute sogar einen europäischen Verhaltenskodex mit Mindestanforderungen vor, während sich die Europäische Kommission in einem Grünbuch genannten Diskussionspapier lediglich zu Veröffentlichungspflichten bezüglich der Unternehmensstandorte und der Einhaltung von Kodizes äußert.

Soziale Gütesiegel, die oft von Organisationen des Fairen Handels propagiert werden (vgl. Infobox 4.8), sollen die Wirkung von Verhaltenskodizes verstärken. Sie setzen auf die Kaufentscheidungen der Konsumentinnen und Konsumenten und gewährleisten durch entsprechende Kennzeichnungen deren Recht, über die Produktionsbedingungen der auf dem Weltmarkt gehandelten Waren informiert zu werden. Gütesiegel erhalten also diejenigen Produkte, bei deren Herstellung soziale Mindestrechte eingehalten werden. Sie können aber auch für ganze Unternehmen vergeben werden. Grundsätzlich liegen sozialen Gütesiegeln Übereinkünfte über eine Reihe von Mindeststandards zugrunde, oft in Form ausdrücklicher Verhaltenskodizes, deren Einhaltung Voraussetzung für die Vergabe des Siegels ist. In einigen

Fällen gibt es allerdings kaum mehr als einen impliziten Verhaltenskodex, der sich aus dem inhaltlichen Anspruch des Siegels ableitet, z. B. bei Fußbällen mit dem Aufnäher »Ohne Kinderarbeit hergestellt«.

Infobox 4.8: Initiativen für Fairen Handel

Trans Fair

Gemeinnütziger Verein mit dem Ziel, benachteiligte Produzentenfamilien in Afrika, Asien und Lateinamerika zu fördern und durch den Fairen Handel ihre Lebens- und Arbeitsbedingungen zu verbessern (www.transfair.org).

Rugmark

Internationale Initiative gegen Kinderarbeit in der Teppichindustrie (www.rugmark.de).

Fair Trade Labelling Organization (FLO)

Organisation zur Vergabe von sozialen Gütesiegeln bei Fairem Handel. Gütesiegel werden an solche Produkte und Firmen vergeben, die sich den Richtlinien und Bestimmungen der FLO anpassen und dadurch den »Fairen« Handel ermöglichen. Folgende Bedingungen werden von der FLO festgelegt und garantiert:

- Festlegung eines Preises, der die Kosten der Produktion deckt
- Verträge mit den Produzenten in den betroffenen Ländern, die auf längere Zeit ausgelegt sind und eine längere Planungssicherheit für die Hersteller gewährleisten
- kleinere Unterstützungsgelder, die helfen sollen, dass kleinere Produzenten nicht in die Schuldenfalle geraten
- keine Kinderarbeit und ein Minimum an Gesundheits- und Sicherheitsstandards bei der Herstellung der Produkte

Um soziale Verträglichkeit zu gewährleisten, werden die Verträge individuell den Bedürfnissen der Produzenten in den jeweiligen Regionen angepasst (www.fairtrade.net).

In die Debatte um die soziale Verantwortung von Unternehmen haben sich auf Initiative von Generalsekretär Kofi Annan auch die Vereinten Nationen (UN) eingeschaltet. Der im Juni 2000 beschlossene *UN Global Compact* (http://unglobalcompact.org) umfasst neun Kernprinzipien zu Menschenrechten, Arbeiterrechten und Umweltschutz, die von den unterzeichneten Unternehmen in ihrer Geschäftspraxis und Unternehmenspolitik berücksichtigt und gefördert werden sollen. Kritiker des Global Compact bemängeln seine Unverbindlichkeit und die Konzentration auf »best practices«, also auf vorbildliche Beispiele verantwortlichen Unternehmenshandelns, die auf der Website veröffentlicht werden. Sie fragen außerdem, ob sich die UN von den Unternehmen instrumentalisieren lässt und durch das »bluewashing« (blau ist die Farbe der UN) fragwürdiger Praktiken ihre Legitimität aufs Spiel setzt. Allerdings dürfen die Unterzeichner des Global Compact nicht das blaue Logo der UN für Werbezwecke verwenden.[35]

Die aktuelle Debatte um soziale und ökologische Verantwortung von Unternehmen hat historische Vorläufer: Bereits 1976 einigte sich die OECD auf Richtlinien für multinationale Unternehmen, die auch Bestimmungen über Arbeitnehmerrechte enthielten. 1977 folgte die ILO mit ihrer *Tripartite Declaration of Principles Concerning Multinational Enterprises and Social Policy.* Weder OECD noch ILO setzten jedoch nennenswerte Mittel zur Propagierung dieser Richtlinien und zur Einrichtung entsprechender Anrufungsverfahren ein. Zwischen 1976 und 1999 wurden nur 30 Fälle im Rahmen der OECD-Richtlinien behandelt. In den 90er-Jahren beschritt die OECD in der Ausarbeitung des Multilateralen Investitionsabkommens (MAI) zunächst sogar den umgekehrten Weg: Es wurden ausdrücklich keine verbindlichen sozialen Verpflichtungen aufgenommen.[36]

Da etwa ein Drittel des Welthandels als Intrakonzernhandel (also als Handel zwischen verschiedenen Teilen eines Konzerns) abgewickelt wird und ein weiteres Drittel unter Beteiligung zumindest eines transnationalen Unternehmens stattfindet, sind Verhaltenskodizes für Unternehmen sehr bedeutsam, zumal Verstöße gegen die Rechte von Arbeiterinnen und Arbeitern, gegen die Menschenwürde und demokratische Grundfreiheiten auch für die Tochterunternehmen und Zulieferer von transnationalen Unternehmen festgestellt werden.

Ursprünglich zielte die Forderung nach Verhaltenskodizes auf eine internationale Regulierung transnationaler Konzerne. Diese Forderung erwies sich allerdings nicht als durchsetzungsfähig. Bezüglich des ILO-Kodex bestehen die Arbeitgebervertreter auf einer freiwilligen Regelung. Auch die Stärkung der »OECD-Richtlinien für Multinationale Unternehmen« scheiterte wiederholt an der Haltung der Unternehmensvertreter, und es blieb beim nichtverbindlichen Status. Völlig beliebig sind die OECD-Richtlinien jedoch nicht, denn sie stellen gemeinsame Empfehlungen der Regierungen der Mitgliedstaaten an die transnationalen Unternehmen dar.[37]

5.1 Konsumentenkampagnen

Die Empfehlungen der OECD und der ILO wurden bislang kaum aufgegriffen, und zugleich haben sich die Arbeitsbedingungen in vielen Produktionsstätten des Südens verschlechtert. Daher versuchen Gewerkschaften, Menschenrechtsgruppen und entwicklungspolitische Organisationen seit Beginn der 90er-Jahre, mittels öffentlicher Kampagnen die transnationalen Unternehmen zur Übernahme und Umsetzung von Verhaltensregeln zu bewegen. 1998 analysierte die ILO bereits 215 Verhaltenskodizes.[38] Vier Typen lassen sich dabei unterscheiden:

- unternehmenseigene Verhaltenskodizes (vgl. Infobox 4.9 zum Kodex des Otto-Versands, der als vorbildlich gilt)
- mit Nichtregierungsorganisationen und/oder Gewerkschaften vereinbarte Kodizes oder Rahmenabkommen
- Modellkodizes, die als Vorbilder dienen (als solche könnten auch die OECD- und ILO-Kodizes bezeichnet werden)
- Public Private Partnerships unter Beteilung staatlicher Stellen

Infobox 4.9: Der Verhaltenskodex des Otto-Versands

Der Otto-Versand war 1997 eines der ersten deutschen Unternehmen, das einen Verhaltenskodex für seinen gesamten Geschäftsbereich verabschiedete. Um die Umsetzung sicherzustellen, ist Otto heute Mitglied bei der Zertifizierungsorganisation Social Accountability International; Kritiker weisen allerdings weiterhin auf Schwächen im Kodex und bei seiner Durchsetzung hin.

Soziale Handlungsgrundsätze

Die Achtung der Menschenrechte ist ein elementarer Grundsatz menschlichen Zusammenlebens. Menschenverachtende Arbeitsverhältnisse und -bedingungen widersprechen diesem Grundsatz. Bei der Ausgestaltung unserer Handelsbeziehungen achten wir auf die Einhaltung sozialer Standards. Als Voraussetzung jeder Geschäftsbeziehung erklären sich unsere Lieferanten im eigenen Umfeld sowie für ihre Sublieferanten damit einverstanden, die folgenden Bedingungen als elementare Rechte für die Beschäftigten einzuhalten:

1. Das national geltende Arbeitsrecht ist einzuhalten.
2. Kinderarbeit ist bei der Herstellung von Gütern oder der Erbringung von Dienstleistungen für die Gesellschaften der deutschen Otto Gruppe untersagt. Für die Definition von Kinderarbeit gelten die Regelungen der Vereinten Nationen oder die national geltenden Regelungen, je nachdem, welche strenger sind.
3. Die Beschäftigten müssen Löhne und sonstige Leistungen erhalten, die den geltenden Gesetzen und/oder den Praktiken der örtlichen Fertigungswirtschaft entsprechen, je nachdem, welche höher sind. Lohnkürzungen als Disziplinarmaßnahme sind nicht zulässig. Als Ziel gilt die Zahlung von den Lebensunterhalt deckenden Löhnen, soweit die gesetzlichen Mindestlöhne hierfür nicht ausreichen. Die regelmäßige Höchstarbeitszeit pro Woche beträgt 48 Stunden. Alle zusätzlichen Stunden müssen auf Grundlage der geltenden Vorschriften und/oder der in der Region geltenden Branchenpraktiken, je nachdem, wel-

ches Niveau höher ist, als Überstunden bezahlt werden. Auf regelmäßiger Basis darf die wöchentliche Arbeitszeit einschließlich Überstunden nicht mehr als 60 Stunden betragen. Die Arbeitnehmer haben Anspruch auf mindestens einen arbeitsfreien Tag pro Woche.

4. Das gesetzliche Recht der Beschäftigten, Gewerkschaften ihrer Wahl zu gründen und diesen beizutreten und Tarifverhandlungen zu führen, darf in keiner Weise von den Lieferanten eingeschränkt werden.
5. Es erfolgt keine Diskriminierung aufgrund persönlicher Eigenschaften oder Überzeugungen der Beschäftigten.
6. Der Einsatz von Zwangsarbeit, körperlicher Bestrafung, körperlicher oder seelischer Nötigung ist untersagt.
7. Sichere und gesundheitsverträgliche Arbeitsbedingungen sind gewährleistet. Entsprechende Grundsätze gelten für die Unterkünfte der Arbeitnehmer, wenn solche zur Verfügung gestellt werden. Die Lieferanten und ihre Sublieferanten erklären sich damit einverstanden, dass die Befolgung dieses Verhaltenskodex kontrolliert werden kann, sei es durch die Unternehmen der deutschen Otto Gruppe oder durch unabhängige Organisationen. Jeder Verstoß gegen diesen Verhaltenskodex, der den Unternehmen der deutschen Otto Gruppe bekannt wird, kann zur Einstellung der Geschäftsbeziehung führen.

Der Vorstand

Quelle: www.otto.com

Die meisten der vorliegenden Studien zu Verhaltenskodizes beschränken sich weitgehend auf Inhaltsanalysen; systematische Untersuchungen zu ihrer Umsetzung sind immer noch selten.[39] Die Studien zeigen allerdings wesentliche Unterschiede: Während die Verhaltenskodizes, die sich die Firmen selbst geben, meist eher kurz und vage formuliert sind und ihre Durchsetzung oft ausklammern, enthalten die gewerkschaftlichen und NGO-Kodizes detaillierte Bestimmungen insbesondere auch über deren betriebliche Umsetzung. Weitere Unterschiede bestehen hinsichtlich

- *des Zugangs zum Verhaltenskodex*: Die unternehmenseigenen Verhaltensregeln enthalten oft keine Bestimmungen darüber, wie der in der Konzernzentrale formulierte Kodex den Beschäftigten bei Tochterunternehmen und gegebenenfalls auch bei Zulieferern weltweit zugänglich gemacht werden soll. Der Modellkodex der NGO »Kampagne für saubere Kleidung« (international bekannt als Clean Clothes Campaign; www.cleanclothes.org) verlangt dagegen die Übersetzung in die jeweilige Landessprache.
- *der Reichweite des Kodex*: Die unternehmenseigenen Verhaltenskodizes beschränkten sich zunächst auf die eigenen Tochterunternehmen. Nichtregierungsorganisationen haben jedoch in vielen Fällen mit Erfolg die Ausdehnung auf die gesamte Zuliefererkette gefordert.

- *des arbeitspolitischen Regelungsinhalts*: Die unternehmenseigenen Verhaltenskodizes streben zumeist vage definierte »faire Arbeitsbedingungen« und die Einhaltung des jeweils nationalen Arbeitsrechts an. Gewerkschaften und NGOs fordern dagegen die Einhaltung der fundamentalen Arbeitnehmerrechte der ILO, insbesondere des Rechts auf Vereinigungsfreiheit und des Tarifverhandlungsrechts. Einige NGOs, wie die »Kampagne für Saubere Kleidung« decken auch weiterführende Sozialstandards wie einen »living wage« (existenzsichernder Lohn) und Arbeitsschutzbestimmungen ab. Dies spiegelt oft die unmittelbaren Bedürfnisse der Beschäftigten und ist vor allem in solchen Situationen angemessen, wo unabhängige gewerkschaftliche Organisierung unmöglich ist, wie z. B. in China.
- *der Verbindlichkeit der Verhaltenskodizes*: Die unternehmenseigenen Verhaltensregeln betonen die Freiwilligkeit. Gewerkschaften dagegen streben an, den jeweiligen Verhaltenskodex in den Tarifverträgen zu verankern.
- *Überwachung und Sanktionen*: Das Spektrum der Aufsichtsformen, das »Monitoring«, erstreckt sich von unternehmensinterner Kontrolle über den Einbezug der betrieblichen Interessenvertretung bis hin zu externen Aufsichtsinstitutionen. Bei Letzteren sind zu unterscheiden: professionelle Zertifizierungsunternehmen wie Social Accountability International (www.cepaa.org), die in einem Vertragsverhältnis zum betroffenen Unternehmen stehen, und unabhängige zivilgesellschaftliche Akteure wie die Internationalen Gewerkschaftssekretariate, Nichtregierungsorganisationen und staatliche Organe. Diese externen Akteure übernehmen oft auch die Aufgabe der so genannten Verifizierung: Die Ergebnisse eines meist unternehmensinternen Monitoring werden extern überprüft.

Auch bei sozialen Gütesiegeln muss grundsätzlich zwischen unternehmenseigenen und unabhängigen bzw. NGO-initiierten oder unter Beteiligung von NGOs entstandenen Siegeln unterschieden werden. Weitere Unterschiede bestehen hinsichtlich

- *der Zertifizierung:* Die Autorisierung zur Verwendung des Siegels kann als Zertifizierung durch die Unternehmen selbst erfolgen bzw. durch die Lizenzierung von Subunternehmen und Zulieferern. Unternehmen oder Zusammenschlüsse von Unternehmen, NGOs und Gewerkschaften können auch mehr oder weniger unabhängige Zertifizierungsorganisationen beauftragen. Gütesiegelprogramme, die auf eine Vorabzertifizierung der Unternehmen oder Produkte ganz verzichten, sind wenig glaubwürdig.
- *der Vergabe:* Gütesiegel können entweder für ein Produkt (im Falle von *Rugmark* sogar mit einem Code für jeden einzelnen Teppich), eine Produktreihe oder für ein ganzes Unternehmen vergeben werden.

- *der Verwendung:* Gütesiegel können auf dem Produkt selbst oder auf der Verpackung angebracht werden. Insbesondere bei der Vergabe eines Siegels für ganze Unternehmen können diese auch an der Verkaufsstelle, in Werbematerialien oder auf Briefköpfen verwendet werden. Bei der Form der Gütesiegel kann differenziert werden nach solchen, die mit Symbolen und Text arbeiten und denen, die sich auf Symbole, Logos oder Warenzeichen beschränken. Bei Letzteren wird die Wirksamkeit erschwert, weil die Bedeutung des Gütesiegels aus anderen Informationsquellen erschlossen werden muss.
- *des arbeitspolitischen Regelungsinhalts:* Zahlreiche soziale Gütesiegel konzentrieren sich auf das Thema Kinderarbeit. Auch bei Siegeln, die sich auf breiter angelegte Kodizes oder Verpflichtungen stützen, rangiert Kinderarbeit an erster Stelle, gefolgt von der Lohnhöhe. Nur bei circa einem Drittel der Siegel wird explizit auf internationale Arbeitsstandards, also auf die Konventionen der ILO, verwiesen.

Infobox 4.10: Rugmark

In Deutschland, dem weltweit größten Abnehmer handgeknüpfter Teppiche, wurden die Bemühungen um eine Teppichproduktion ohne Kinderarbeit Anfang der 90er-Jahre durch terre des hommes, Brot für die Welt und Misereor aufgegriffen (»Kampagne gegen Kinderarbeit in der Teppichindustrie«). 1994 kam es mit Unterstützung des deutsch-indischen Exportförderungsprojekts IGEP zur Gründung der indischen *Rugmark*-Stiftung.

Ziel des Warenzeichens für Teppiche, die ohne illegale Kinderarbeit (das indische Recht unterscheidet zwischen Kinder-Lohnarbeit und Kinder-Familienarbeit; dies wurde von *Rugmark* übernommen) hergestellt werden, ist der Versuch, räumlich und auf ein Produkt begrenzt einen sozialen Mindeststandard durchzusetzen. Im *Rugmark*-Verfahren müssen Exporteure eine Lizenz zur Verwendung des Labels beantragen und sich verpflichten, auf Kinder-Lohnarbeit zu verzichten und gesetzliche Mindestlohnbestimmungen zu erfüllen. *Rugmark*-Inspekteure prüfen in unangekündigten Stichproben die Einhaltung der Verpflichtung. Die Gütesiegel erhält der Exporteur jeweils abgezählt für einen laufenden Auftrag; so soll für jeden einzelnen Teppich sichergestellt werden, dass er nicht mit Kinderarbeit hergestellt worden ist. Der Exporteur zahlt eine Lizenzgebühr von 0,25 Prozent des Exportwerts.

Das Siegel hat sich inzwischen als Konkurrenzvorteil für die Exporteure erwiesen. *Rugmark*-Deutschland und *Rugmark*-USA haben sich auch der Herausforderung gestellt, den aus der Lohnarbeit bzw. Schuldknechtschaft befreiten Kindern Alternativen zu bieten: Sie erheben von den Importeuren eine Abgabe von 1 Prozent des Warenwerts; diese Mittel werden in Indien treuhänderisch verwaltet und für Rehabilitierungs- und Ausbildungsmaßnahmen verwandt.[40]

Ein Problem von *Rugmark* (www.rugmark.de) und ähnlichen, produktspezifischen Gütesiegeln liegt darin, dass es den Herstellern wie Händlern weiterhin Produktdifferenzierung erlaubt. Im oberen Marktsegment rechtfertigt das Gütesiegel hohe Preise, im unteren Bereich können niedrige Preise dank weiterhin bestehender »unfairer« Produktionsbedingungen den Massenabsatz garantieren.

5.2 Erfahrungen und Fortschritte

Verbessern Verhaltenskodizes die Arbeitsbedingungen von Beschäftigten und die Einhaltung fundamentaler Arbeitnehmerrechte? Auch ein Jahrzehnt, nachdem der US-amerikanische Bekleidungshersteller Levi Strauss & Co. 1994 als erstes Unternehmen solche Richtlinien eingeführt hat, fehlen immer noch systematische Untersuchungen.

Die Debatte um die Effektivität ist insgesamt kontrovers und von Misstrauen zwischen den Akteuren geprägt, weil die meisten dieser Instrumente durch öffentlichen Druck entstanden sind. Die transnationalen Unternehmen bestritten in der Regel zunächst, dass es bei ihren Tochterunternehmen und Zulieferern in Entwicklungsländern schlechte Arbeitsbedingungen gibt. Dann erklärten sie, die juristische Verantwortung trügen diese Unternehmen selbst. Blieb der öffentliche Druck stark und drohte Schaden für das Unternehmensimage, versuchten sie durch Verabschiedung von Verhaltenskodizes ihren Ruf wieder zu verbessern. Der Konflikt verlagerte sich hin zu den Inhalten der Richtlinien sowie zur Frage, wie ihre Einhaltung effektiv und glaubwürdig überprüft werden kann.[41]

Für die Kontrolle ist etwa die Offenlegung der Produktionsstätten wichtig, die viele Unternehmen verweigern oder verzögern. Die diversen Zulieferketten erschweren das Ganze zusätzlich: In der Spielzeugindustrie, die sich vor allem in der Nähe von Hongkong im südchinesischen Raum konzentriert, verhandelt beispielsweise das Hongkong-Büro eines US-amerikanischen Spielzeugkonzerns mit »Mittelsmännern«, die wiederum in der Volksrepublik China mit Spielzeugherstellern oder mit Zwischenhändlern verhandeln, wobei ungefähr ein Vertrag pro Tag unterzeichnet wird.[42]

Da öffentlicher Druck von NGOs und Konsumentenkampagnen vor allem aufgebaut wird, indem eklatante Verstöße gegen fundamentale Arbeitnehmerrechte bzw. besonders schlechte Arbeitsbedingungen thematisiert und über die Medien verbreitet werden, ist die konstruktive Zusammenarbeit zwischen Unternehmen und NGOs erschwert. Unternehmen wollen möglichst überhaupt nicht mit dem Thema Sozialstandards in Verbindung gebracht werden, denn sie haben, so zeigen theoretische und empirische Befunde, vor allem Kosten durch die negativen Kampagnen zu befürchten. Andererseits »belohnen« die Konsumentinnen und Konsumenten – trotz gegenteiliger Bekundungen in vielen Umfragen – die Einhaltung hoher Standards kaum.[43]

Unternehmen verweisen zu Recht auf die den Konsumentenkampagnen wie auch den sozialen Gütesiegeln innewohnenden Ungerechtigkeiten: Unternehmen, die nicht Ziel einer Kampagne werden, sind nicht notwendig bessere Arbeitgeber; Produkte ohne Gütesiegel werden nicht notwendig unter schlechteren Bedingungen produziert als solche mit Siegel.

Doch das Interesse von Kampagnenstrategen an medienwirksamen Skandalen findet seine Entsprechung im Interesse der Unternehmen, vor allem Positivbeispiele zu veröffentlichen und in allen Foren auf vollständiger Freiwilligkeit der Regelungen zu bestehen, wie beim »Runden Tisch Verhaltenskodizes« (vgl. Infobox 4.11) oder bei der gemeinsamen Erklärung »Internationaler Schutz der Menschenrechte und Wirtschaftstätigkeit«.

Infobox 4.11: Runder Tisch Verhaltenskodizes

Das Bundesministerium für Wirtschaftliche Zusammenarbeit und Entwicklung (BMZ) moderiert den »Runden Tisch Verhaltenskodizes«, an dem jeweils vier Vertreter bzw. Vertreterinnen von Unternehmen, Gewerkschaften, der Regierung (Auswärtiges Amt, Bundesministerium für Wirtschaft und Arbeit, BMWA, Bundesministerium für wirtschaftliche Zusammenarbeit und Entwicklung, BMZ, Deutsche Gesellschaft für Technische Zusammenarbeit, GTZ) und von NGOs teilnehmen. Die Gründung dieser Einrichtung deutet darauf hin, dass auch in der nationalen Entwicklungspolitik die Aufmerksamkeit für Arbeitnehmerrechte gestiegen ist. Auf der Website (www.coc-runder-tisch.de) findet sich folgende Selbstdarstellung, die in ihren Formulierungen fundamentale Konflikte erkennen lässt:

... Der Runde Tisch hat sich zum Ziel gesetzt, die Sozialstandards in Entwicklungsländern zu verbessern. Mit dem Instrument der freiwilligen Verhaltenskodizes von Unternehmen soll dies erreicht werden. Aufgrund des Erfahrungsaustausches am Runden Tisch werden Empfehlungen für die Einführung, die Überwachung und die Verifizierung erarbeitet. ...

Was wir wollen

... Der Runde Tisch ... versteht sich als Initiative, die eng mit dem Arbeitskreis »Menschenrechte und Wirtschaft« [beim Auswärtigen Amt] zusammenarbeitet. Der Runde Tisch wird einen intensiven Dialog mit vergleichbaren Initiativen in anderen Länder anstreben und deren Erfahrungen (z. B. Ethical Trading Initiative, ETI, in Großbritannien) berücksichtigen.

Der Runde Tisch Verhaltenskodizes orientiert sich inhaltlich an der Allgemeinen Erklärung der Menschenrechte, den internationalen Menschenrechtspakten und -konventionen, der Erklärung der Internationalen Arbeitsorganisation (IAO) zu den grundlegenden Prinzipien und Rechten bei der Arbeit von 1998, sowie der Initiative des Generalsekretärs der Vereinten Nationen für einen Global Compact.

... Im Fokus des Runden Tisches Verhaltenskodizes stehen die Themen Monitoring und Verifizierung von freiwilligen Verhaltenskodizes. Die Teilnehmerinnen und Teilnehmer des Runden Tisches wollen herausarbeiten, wie effektive und für alle Seiten akzeptable Verfahren des Monitorings und der Verifizierung von Verhaltenskodizes gestaltet und wie dabei Gewerkschaften/Arbeitnehmervertretungen und Nichtregierungsorganisationen angemessen beteiligt werden können.

Die Entwicklung eines eigenen Verhaltenskodex des Runden Tisches hat keine Priorität. Der innovative Ansatz des Runden Tisches besteht in der Chance, Verfahren des Monitorings und der Verifizierung schon in der Entstehungsphase zur Diskussion zu stellen, gemeinsam Pilotmaßnahmen dazu durchzuführen, diese auszuwerten und daraus Schlüsse für die Umsetzung von Verhaltenskodizes zu ziehen. Die Meinungsbildung am Runden Tisch wird nicht per Abstimmung, sondern nach Diskussion und durch Konsens erfolgen.

Es soll ein kontinuierlicher Nord-Süd-Dialog über die Themen des Runden Tisches geführt werden.

Aus den gemeinsamen Erfahrungen sollen Beispiele für glaubwürdige und wirksame Verfahren abgeleitet und Empfehlungen für Einführung, Monitoring und Verifizierung von freiwilligen Verhaltenskodizes von Unternehmen erarbeitet werden. ...

Zusammenschlüsse von Unternehmen wie die Organisation *Business for Social Responsibility* (BSR) betonen zwar den gestiegenen Stellenwert der sozialen (und ökologischen) Unternehmensverantwortlichkeit; diese bleibt aber anderen Kalkülen, wie beispielsweise Marketingerwägungen, untergeordnet (vgl. www.bsr.org). In diesem Klima des gegenseitigen Misstrauens sind behutsame Annäherungen zwar selten, doch es gibt sie (siehe Infobox 4.12), wie es auch Fortschritte bei der Einhaltung fundamentaler Arbeitnehmerrechte durch die Umsetzung von Verhaltenskodizes gibt. Diese Fortschritte sind bislang allerdings nur vereinzelt dokumentiert.

Infobox 4.12: Fallbeispiel: Konsumentenkampagnen »fair spielt«

Das Weihnachtsgeschäft in der Spielzeugindustrie beginnt schon im Sommer. Viele Fabriken an der Küste Chinas fertigen Spielzeuge für den europäischen und nordamerikanischen Markt. Wie viele ihrer Kolleginnen ist Xiao Wang eine junge

Wanderarbeiterin aus den ländlichen Teilen Chinas. Mehr als 100 Mio. Wanderarbeiter, davon zwei Drittel Frauen, fliehen vor der dort herrschenden Armut. Xiao Wang ist froh, in der Spielwarenindustrie eine Arbeit gefunden zu haben. Doch mit den Arbeitsbedingungen ist sie unzufrieden: immer wieder Brände, Arbeitsunfälle, im Sommer exzessive Überstunden, die Bezahlung unterhalb des gesetzlichen Mindestlohns und dazu noch hohe Lohnabzüge für Unterkunft sowie Verpflegung, giftige Chemikalien und große Hitze. Und wenn die Aufträge für die Weihnachtssaison erledigt sind, muss sie befürchten, in den unbezahlten Zwangsurlaub geschickt oder gekündigt zu werden.

NGOs aus Hong Kong – wo die Spielwarenindustrie ihre Standorte geschlossen hat, weil die Löhne als zu hoch angesehen wurden – haben in zahlreichen Studien nachgewiesen, dass solche Arbeitsbedingungen in Asien weit verbreitet sind. Sie betonen zudem, dass die Lohnkosten nur einen geringen Teil der Produktionskosten ausmachen; eine Erhöhung würde die Preise der Spielwaren nur geringfügig steigern.

Gerade die Wanderarbeiter haben Angst, offen über ihre Situation zu sprechen oder gar etwas dagegen zu unternehmen, denn sie können ausgewiesen werden. Auf die staatlich gelenkten Gewerkschaften brauchen sie nicht zu hoffen. Können sie auf die politischen Überzeugungen (oder das schlechte Gewissen) der Konsumentinnen und Konsumenten in den Abnehmerländern zählen?

Weit über 50 Prozent der deutschen Spielzeugimporte stammen aus Asien. Marken wie Mattel und Walt Disney sind bekannt, Firmen wie Vtech, die deren Produkte herstellen, überhaupt nicht. Können die transnationalen Unternehmen für die Arbeitsbedingungen bei ihren Auftragnehmern verantwortlich gemacht werden? Dr. Klaus Piepel vom Katholischen Hilfswerk Misereor bejaht dies. Er meint, dass der Termin- und Preisdruck durch die transnationalen Unternehmen die Subunternehmer zur Ausbeutung zwingt. Aber: »Verdrängen, verleugnen, verschweigen – dieses Reaktionsmuster legt die Spielwarenindustrie hinsichtlich der Arbeits- und Menschenrechtsverletzungen in der asiatischen Spielzeugproduktion leider immer noch an den Tag.«

Aus diesem Grund hat Misereor gemeinsam mit der Bundesarbeitsgemeinschaft Katholischer Familienbildungsstätten (BAG Kath. FBS), der Katholischen Frauengemeinschaft Deutschlands und der Katholischen Arbeitnehmerbewegung (KAB) die Kampagne »fair spielt« begonnen. Deren Ziel ist es, dass möglichst viele Spielzeughersteller den im Juni 2001 vom Weltverband der Spielwarenindustrie ICTI überarbeiteten Verhaltenskodex, ICTI-Code of Business Practices (www.toyicti.org) annehmen und wirksam umsetzen. Die Kampagne wird unterstützt und koordiniert von der deutschen NGO Werkstatt Ökonomie (www.fair-spielt.de).

Es gibt durchaus Fortschritte; nicht zuletzt aufgrund von Postkartenaktionen und anderen Aktivitäten der Kampagne »fair spielt« haben auch große Handelsunternehmen begonnen, Druck auf die Hersteller auszuüben. Mattel wird ausdrücklich dafür gelobt, auf das Dialogangebot der Kampagnenorganisatoren eingegangen zu sein. Wenn auch weiterhin Kritik an der Umsetzung des ICTI-Verhaltenskodex geübt wird – bei einigen Unternehmen wurde sogar nachgewiesen, dass die Beschäftigten unter Druck gesetzt worden waren, die Inspekteure zu belügen –, so herrscht bei Mattel immerhin eine Offenheit, die sonst in der Branche Mangelware ist (www.mattel.com/about_us/Corp_Responsibility).

Bislang hat allerdings kein Unternehmen gute Arbeitsbedingungen und die Einhaltung von Arbeitnehmerrechten für Werbezwecke benutzt. Die Furcht, überhaupt mit dem Thema Kinderarbeit in Verbindung gebracht zu werden, ist wohl größer als eine möglicherweise steigende Nachfrage von ethisch motivierten Kundinnen und Kunden. »Die meisten Unternehmen wollen sich ihr Logo doch nicht durch Siegel zukleben lassen«, meint Volker Schmidt, Geschäftsführer des Deutschen Verbands der Spielwarenindustrie.

Neben »fair spielt« gibt es weitere Initiativen in Deutschland: Das »Nürnberger Bündnis Fair Toys« organisiert Aktionen bei der Internationalen Spielwarenmesse in Nürnberg. »Die Spielfreude unserer Kinder darf nicht mit dem Arbeitsleid anderer Menschen erkauft werden«, appellierte der frühere Arbeitsminister Norbert Blüm bei der Messe 2002. Es gilt, die Unternehmen beim Wort zu nehmen und zu verhindern, dass sie sich schlicht durch Kündigung der Aufträge an die Hersteller, bei denen die Verstöße aufgedeckt wurden, das Problem vom Hals schaffen. Damit ist nur dem um sein Image besorgten Unternehmen geholfen, nicht aber den betroffenen Beschäftigten.

Es gibt zahlreiche Pilotprojekte zur Etablierung unabhängiger Monitoring-Systeme. Hier geht es unter anderem darum, die Rolle externer Kontrollorganisationen zu bestimmen, insbesondere die der kommerziellen Firmen (so genannte Audit-Firmen). Wo bereits Erfahrungen mit unabhängigem Monitoring vorliegen, wird von Kooperations- und Kommunikationsproblemen berichtet, sowohl zwischen NGOs und Unternehmen als auch zwischen den NGOs. Letztere konkurrieren nicht selten um Anerkennung als unabhängige Monitoring-Instanzen.

Ein internes Monitoring reicht in den meisten Fällen aber noch längst nicht aus: Selbst wenn die effektive Beteiligung der betroffenen Beschäftigten zu Recht angestrebt wird, kann eine betriebsinterne Beschwerdeprozedur eine unabhängige Überprüfung nicht ersetzen. Arbeitskräfte, die in Gefahr stehen, extrem ausgebeutet zu werden, sind am wenigsten in der Lage, von einem solchen Beschwerdeverfahren Gebrauch zu machen. Doch auch eine externe Überprüfung ist nicht in jedem Fall zufriedenstellend, denn die Wirtschaftsprüfungsgesellschaften, die dafür häufig von den Konzernen herangezogen werden, sind in der Regel ungeeignet, Verstöße gegen Arbeiterrechte, die nicht schriftlich dokumentiert sind, zu identifizieren. Folglich wird zunehmend eine Verifizierung ihrer Ergebnisse angestrebt. Die Frage bleibt immer: Wer kontrolliert die Kontrolleure?[44]

NGOs, deren Monitoring- und/oder Verifizierungstätigkeit von vielen gewünscht wird, haben meist nicht die finanziellen Möglichkeiten, mehr als Stichproben durchzuführen. Außerdem besteht die Gefahr, dass Monitoring-Kommissionen als dauerhafter Ersatz für gewerkschaftliche Organisierung betrachtet werden, mithin also Stellvertreterpolitik für die Beschäftigten betrieben wird. Viele NGOs sind sich dieser Gefahr allerdings durchaus bewusst. In Ländern wie China, wo unabhängige gewerkschaftliche Organisierung nicht möglich ist, gibt es zurzeit ohnehin keine bessere Strategie.

Insgesamt besteht immer die Gefahr, dass Unternehmen lieber die Beziehungen zu einem Zulieferer beenden, wenn dort Verstöße aufgedeckt worden sind, als gemeinsam mit diesem Unternehmen an der Verbesserung zu arbeiten. Damit wären die Beschäftigten die Leidtragenden. NGOs betonen daher die Verantwortung der Konzernzentralen, die ja über ihre Macht in den Vertragsbeziehungen Anreize zu Verstößen liefern, wenn sie die Kosten bzw. die Preise immer weiter zu drücken versuchen und auf kaum einhaltbare Lieferfristen drängen.

6. Fazit: Die Grenzen der Konsumentenmacht

Verhaltenskodizes heben – im Gegensatz zu den diskutierten Sozialklauselkonzepten – die Verantwortlichkeit der Konzernzentralen für die Bedingungen bei Zulieferern und Subunternehmen hervor, insbesondere, wo diesen über die Auftragserteilung besonders große Macht zukommt, wie in der Textilbranche. Die gesamte Wertschöpfungskette kann von Verhaltenskodizes erfasst werden.

Verhaltenskodizes und soziale Gütesiegel bzw. die Kampagnen zu ihrer Einführung und Durchsetzung bieten darüber hinaus eine konkrete Gelegenheit für viele Menschen, sich zu engagieren. Die öffentliche Aufmerksamkeit kann als Impuls für weitere Ziele genutzt werden. Außerdem sind solche Kampagnen ein ausgesprochen partizipatorischer Ansatz der Entwicklungspolitik, da die Betroffenen an ihrer Ausgestaltung und Umsetzung direkt beteiligt werden können. Bürgerinnen und Bürger können aktiv zur Verbesserung der Arbeitsbedingungen in der Globalisierung beitragen, entweder durch Mitarbeit bei NGOs, die Konsumentenkampagnen durchführen, oder einfach als Konsument/in. Aber reicht ihre Macht aus?

An Verhaltenskodizes kann öffentlichkeitswirksam das Verhalten von Unternehmen gemessen werden. Doch inwieweit mit Richtlinien und sozialen Gütesiegeln Verstöße gegen internationale Arbeiterrechte wirksam verhindert werden können, hängt von der konkreten Ausgestaltung und Umsetzung ab. Wenn die Einhaltung eines Verhaltenskodex im Belieben des Unternehmens steht, bleibt die langfristige Effektivität dieses Instruments fraglich. Es gibt bislang wenig Anlass anzunehmen, dass eine langfristige Einhaltung von freiwilligen Verhaltenskodizes ohne weiteren öffentlichen Druck sichergestellt werden kann.

Doch ob langfristig der öffentliche Druck aufrechterhalten werden kann, ist fraglich. Bisher haben sich soziale Bewegungen zyklisch entwickelt, also in einem Auf und Ab, und wenn es ihnen nicht gelang, auf dem Höhepunkt ihrer Mobilisierungsfähigkeit die erzielten Konzessionen auch gesetzlich zu verankern, blieben ihre Erfolge eher ein vorübergehendes Phänomen. Dies könnte für Strategien, die auf Konsumentenentscheidungen aufbauen, besonders zutreffen. Denn selbst bei Kaufentscheidungen, die das Wohl der Konsumentinnen und Konsumenten direkt betreffen (wie bei kontaminierten Lebensmitteln), setzen sich bei vielen nach einer ersten Panik die alten Kaufgewohnheiten bald wieder durch.

Den öffentlichen Druck aufrechtzuerhalten, wird außerdem durch eine verwirrende Vielzahl von Verhaltenskodizes und sozialen Gütesiegeln erschwert, deren Glaubwürdigkeit darüber hinaus oft fragwürdig ist. Ohne eine entsprechend ausgestattete Aufsichtsbehörde beziehungsweise Monitoring-Instanz wird es den Organisationen, die für bessere Arbeitsbedingungen in den Weltmarktfabriken eintreten, schwer fallen, die Öffentlichkeit immer wieder davon zu überzeugen, dass ein bestimmtes transnationales Unternehmen gegen seinen eigenen Verhaltenskodex oder die Verpflichtungen eines sozialen Gütesiegels verstößt. Gegenüber der ökonomischen Macht der transnationalen Konzerne sowie der politischen und polizeilichen Macht staatlicher Organe nimmt sich die Macht der Konsumenten-Organisationen bescheiden aus, selbst wenn sie mit den Gewerkschaften kooperieren.

Systematisch ausgewertete Erfahrungen zum Monitoring fehlen noch immer. Daher ist es derzeit zu früh, um zu beurteilen, inwieweit freiwillige Verhaltenskodizes lediglich zur Vermeidung wirklicher Verbesserungen der Arbeitsbedingungen dienen, oder ob sie einen Maßstab darstellen, an dem die jeweilige Firma öffentlichkeitswirksam gemessen und zu Veränderungen bewegt werden kann.

Soziale Gütesiegel, denen immer explizit oder implizit ein Verhaltenskodex zugrunde liegt, eignen sich nur für international gehandelte Konsumartikel, insbesondere für Markenartikel, deren Hersteller »image-sensibel« sind. Ihre Effektivität hängt letztlich vor allem davon ab, ob Konsumentinnen und Konsumenten ihren in Umfragen favorisierten »ethischen Konsum« auch tatsächlich umsetzen.[45] Die Tendenz ist eher gegenläufig, unter anderem, weil viele gesiegelte Produkte mit einem Aufpreis verkauft werden. Überdies werden Konsumenten nur »ethisch« einkaufen, wenn sie erwarten, dass genügend andere auch so handeln. Dies wird nicht zuletzt dadurch erschwert, dass der Markt leicht von unglaubwürdigen Siegeln überschwemmt werden kann.

Alle Instrumente, die über den Welthandel Arbeitsbedingungen in einem Land verbessern sollen, leisten potenziell einer Spaltung des jeweiligen Arbeitsregimes in die Bereiche Exportwirtschaft und nationale Wirtschaft Vorschub. Allerdings sind die Beschäftigten in den Freihandelszonen oftmals tatsächlich schlechter gestellt. Bei sozialen Gütesiegeln und Verhaltenskodizes verschärft sich das Problem, denn diese führen zu zusätzlichen Unterschieden in der Exportwirtschaft. Belegschaften, die für Firmen arbeiten, die keine transnationalen Unternehmen beliefern und/oder keine Konsumartikel für den Endverbraucher herstellen, kämen dann nicht in den Genuss des Schutzes eines Verhaltenskodexes.

Konsumentenkampagnen werden sich für diese Produzenten kaum interessieren. Eine Sozialklausel würde dagegen nicht nur image-sensible Markenartikler betreffen, sondern alle Unternehmen in den WTO-Mitgliedstaaten, die ihre Produkte grenzüberschreitend anbieten.

Die Diskussion über die Verankerung von Arbeitnehmerrechten im Welthandel hat am Beispiel eines wichtigen Politikfeldes gezeigt, dass Gobal Governance nicht eine Frage der technokratischen Umsetzung einer offensichtlichen guten Politik ist, sondern dass konkurrierende Projekte, Interessengegensätze und Machtungleichgewichte bestehen. Es ist kein Zufall, dass Unternehmen verbindliche soziale Mindeststandards und Sozialklauseln ablehnen und bei Verhaltenskodizes und sozialen Gütesiegeln auf Freiwilligkeit beharren: Nach ihrem Verständnis tragen sie bereits durch ihre unternehmerische Tätigkeit zu Wohlfahrtsgewinnen und damit auch zu »guter Politik« bei.

Jedoch ist den Menschen, die von Verstößen gegen Kernarbeitsnormen betroffen sind, mit Freiwilligkeit wenig geholfen, denn bislang sind nur wenige Unternehmen ernsthaft mit der Umsetzung ihrer Verhaltenkodizes beschäftigt und die große Masse der Beschäftigten arbeitet nicht für image-sensible Markenunternehmen und deren Zulieferer.

Mithin ist die Diskussion um Global Governance wieder an ihrem Ausgangspunkt angelangt: Es gibt keinen unmittelbaren Konsens über gemeinsame Probleme und schon gar nicht über gemeinsame Lösungsstrategien. Es darf und muss über beides gestritten werden.

Anmerkungen

1 Henkel, Hans-Olaf Henkel, 2002: Die Ethik des Erfolgs. Spielregeln für die globalisierte Gesellschaft, München. Friedman, Thomas L., 1999: Globalisierung verstehen. Zwischen Marktplatz und Weltmarkt.
2 Mander, Jerry, und Edward Goldsmith (Hg.), 2002: Schwarzbuch Globalisierung, München.
3 Scherrer, Christoph, 2000: Das Spektrum möglicher Antworten. Globalisierung – eine Zwischenbilanz, in: Kommune 7, S. 51–56.
4 Zürn, Michael, 1998: Regieren jenseits des Nationalstaates: Globalisierung und Denationalisierung als Chance, Frankfurt/M.
5 Vgl. Brand, Ulrich, Achim Brunnengräber, Lutz Schrader, Christian Stock und Peter Wahl, 2000: Global Governance. Alternative zur neoliberalen Globalisierung? Münster; Scherrer, Christoph, 2000: Global Governance: Vom fordistischen Trilateralismus zum neoliberalen Konstitutionalismus, in: Prokla 30(118), S. 13–38.
6 Roth, Roland, 2002: Globalisierungsprozesse und Jugendkulturen, in: Aus Politik und Zeitgeschichte B 05, Februar.
7 Soros, George, 2000: Die Krise des globalen Kapitalismus. Offene Gesellschaft in Gefahr, Frankfurt/M., S. 30.
8 Messner, Dirk, 2000: Ist Außenpolitik noch Außenpolitik . . . und was ist eigentlich Innenpolitik? Die Transformation der Politik in der »Ära des Globalismus«, in: Prokla, 30(118), S. 123–150, 131.
9 Nuscheler, Franz, 2000: Global Governance, Entwicklung und Frieden. Zur Interdependenz globaler Ordnungsstrukturen, in: Franz Nuscheler (Hg.): Entwicklung und Frieden im 21. Jahrhundert. Zur Wirkungsgeschichte des Brandt-Berichts, Bonn, S. 471–507.
10 Commission on Global Governance, 1998: Our global neighbourhood. The report of the Commission on Global Governance, Oxford u. a.
11 Vgl. Brand, Ulrich, Achim Brunnengräber, Lutz Schrader, Christian Stock und Peter Wahl, 2000: Global Governance. Alternative zur neoliberalen Globalisierung? Münster; Scherrer, Christoph, 2000: Global Governance: Vom fordistischen Trilateralismus zum neoliberalen Konstitutionalismus, in: Prokla 30(118), S. 13–38.
12 Scherrer, Christoph, und Thomas Greven, 2001: Global Rules for Trade: Codes of Conduct, Social Labeling and Workers Rights Clauses, Münster.
13 Tsogas, George, 2001: Labor Regulation in a Global Economy, Armonk, NY: M.E. Sharpe.
14 Bales, Kevin, 2001: Die neue Sklaverei, München.
15 Kutsch, Manfred, 1997: Kleine Hände, krummer Rücken. Eine Reportage über Kinderarbeit in Brasilien, Aachen u. a., S. 79.
16 Scherrer, Christoph, und Thomas Greven, 2001: Global Rules for Trade: Codes of Conduct, Social Labeling and Workers Rights Clauses, Münster, S. 37–42.
17 Charnovitz, Steve, 1986: Fair Labor Standards and International Trade, in: Journal of World Trade Law, 20(1), S. 61–78.
18 Scherrer, Christoph, Thomas Greven und Volker Frank, 1998: Sozialklauseln. Arbeiterrechte im Welthandel, Münster, S. 14ff.
19 Enquete-Kommission »Globalisierung der Weltwirtschaft – Herausforderungen und Antworten«, 2001: Zwischenbericht, Deutscher Bundestag Drucksache 14/6910.
20 Bhagwati, Jagdish, 1994: A View from Academia, in: U.S. Department of Labor, Bu-

reau of International Labor Affairs: International Labor Standards and Global Economic Integration: Proceedings of a Symposium, Washington DC: GPO: S. 57-62.
21 Scherrer, Christoph, Thomas Greven und Volker Frank, Sozialklauseln. Arbeiterrechte im Welthandel, Münster, Kap. 5.
22 OECD, Organisation for Economic Co-operation and Development, 1996: Trade, Employment and Labour Standards. A Study of Core Workers Rights and International Trade, Paris, OECD.
23 Sengenberger, Werner, 2002: Globalization and Social Progress: The Role and Impact of International Labor Standards, Bonn, Friedrich-Ebert-Stiftung.
24 Haas, Daniel Philipp, 1998: Mit Sozialklauseln gegen Kinderarbeit? Das Beispiel der indischen Teppichproduktion, Münster.
25 Scherrer, Christoph, Thomas Greven und Volker Frank, 1998: Sozialklauseln. Arbeiterrechte im Welthandel, Münster, Kap. 1.
26 Der Begriff »Sozialklauseln« wird in der politischen Auseinandersetzung mittlerweile kaum noch verwendet, weil er für die Befürworter einer Verknüpfung von Handel und Arbeitnehmerrechten zu sehr mit dem bisherigen Scheitern ihrer Bemühungen assoziiert ist und für die Gegner zu sehr mit der Hauptkritik, dem »versteckten Protektionismus«. Wir halten dennoch am Begriff Sozialklauseln fest, weil er eher als die seither verwendeten (z. B. »Kernarbeitnehmerrechte«) die Aufnahme einer sanktionsfähigen sozialen Dimension in den Vertragstext von Handelsvereinbarungen bezeichnet.
27 Vgl. Siebert, Horst (Hrsg.), 1999: Globalization and Labor, Tübingen.
28 Greven, Thomas, 2003: Clash of Globalizations? The Politics of International Labor Rights in the United States, Frankfurt/M.
29 Scherrer, Christoph, Thomas Greven und Volker Frank, 1998: Sozialklauseln. Arbeiterrechte im Welthandel, Münster, Kap. 4 und 5.
30 Ebd.
31 Ebd.; Frundt, Henry J., 1998: Trade Conditions and Labor Rights. U.S. Initiatives, Dominican and Central American Responses, Gainesville et al.
32 Zitiert nach Piepel, Klaus (Hg.), 1995: Sozialklauseln im Welthandel – ein Instrument zur Förderung der Menschenrechte? Aachen, S. 90.
33 Vgl. Wallach, Lori, und Patrick Woodall, 2004: Whose World Trade Organization? New York und London, Kap. 8.
34 Vgl. u. a. Werner, Klaus, und Hans Weiss, 2001: Schwarzbuch Markenfirmen. Die Machenschaften der Weltkonzerne, 2. Auflage, Wien u. a.; Klein, Naomi, 2001: No Logo, München.
35 Vgl. Hamm, Brigitte (Hg.), 2002: Public Private Partnership und der Global Compact der Vereinten Nationen, Duisburg, INEF Report Nr. 62.
36 Scherrer, Christoph, und Thomas Greven, 2001: Global Rules for Trade: Codes of Conduct, Social Labeling and Workers Rights Clauses, Münster, S. 76–78.
37 Ebd.
38 Murray, Jill, 1998: Corporate Codes of Conduct and Labour Standards: ACTRAV Working Paper, Geneva: International Labour Organization.
39 Ebd.; OECD, 1999: Codes of Corporate Conduct: An Inventory. Report prepared for the Working Party of the Trade Committee [TD/TC/WP(98)74/FINAL], Paris.
40 Harvey, Pharis, Terry Collingsworth und Bama Athreya, 1998: Developing Effective Mechanisms for Implementing Labor Rights in the Global Economy, Unpublished Discussion Draft, International Labor Rights Fund (www.laborrights.org).

41 Bernard, Elaine, 1997: Ensuring Monitoring is not Coopted, Vortrag, National Labor Committee, New York.
42 Strittmatter, Kai, 2003: China. Die Spielzeug-Schmiede der Welt, in: Süddeutsche Zeitung, 18. Dezember.
43 Elliott, Kimberly Ann, und Richard B. Freeman, 2001: White Hats or Don Quixotes? Human Rights Vigilantes in the Global Economy. Working Paper 8102, National Bureau of Economic Research.
44 Scherrer, Christoph, und Thomas Greven, 2001: Global Rules for Trade: Codes of Conduct, Social Labeling and Workers Rights Clauses, Münster, S. 123.
45 Vgl. Lübke, Volkmar, 2002: Extra zum Fairen Handel, in: Verbraucher Konkret, Nr. 3.

Ausgewählte Literatur

Altvater, Elmar, und *Birgit Mahnkopf*, 1999: Grenzen der Globalisierung. Ökonomie, Ökologie und Politik in der Weltgesellschaft, 4., völlig überarbeitete Auflage, Münster.

Bales, Kevin, 2001: Die neue Sklaverei, München.

Brand, Ulrich, Achim Brunnengräber, Lutz Schrader, Christian Stock und *Peter Wahl*, 2000: Global Governance. Alternative zur neoliberalen Globalisierung? Münster.

Commission on Global Governance, 1998: Our global neighbourhood. The report of the Commission on Global Governance, Oxford u. a.

Deutscher Bundestag, 2002: Schlussbericht der Enquete-Kommission »Globalisierung der Weltwirtschaft – Herausforderungen und Antworten« (Drucksache 14/9200).

Dörrenbächer, Christoph, und *Dieter Plehwe* (Hrsg.), 2000: Grenzenlose Kontrolle? Organisatorischer Wandel und Politische Macht multinationaler Unternehmen, Berlin.

Esping-Andersen, Gösta, 1990: The three worlds of welfare capitalism, Cambridge.

Forrester, Viviane, 1998: Der Terror der Ökonomie, München.

Friedman, Thomas L., 1999: Globalisierung verstehen. Zwischen Marktplatz und Weltmarkt.

Fritz, Thomas, und *Christoph Scherrer*, 2002: GATS: Zu wessen Diensten? Öffentliche Aufgaben unter Globalisierungsdruck, Hamburg.

Frundt, Henry J., 1998: Trade Conditions and Labor Rights. U.S. Initiatives, Dominican and Central American Responses, Gainesville et al.

Greven, Thomas, 2003: Clash of Globalizations? The Politics of International Labor Rights in the United States, Frankfurt/M.

Ders. 2003: Gewerkschaften in der Globalisierung. Die Herausforderung transnationaler Gewerkschaftspolitik, in: Albert Scharenberg und Oliver Schmidtke (Hrsg.): Das Ende der Politik. Globalisierung und der Strukturwandel des Politischen, Münster, S. 336–354.

Haas, Daniel Philipp, 1998: Mit Sozialklauseln gegen Kinderarbeit? Das Beispiel der indischen Teppichproduktion, Münster.

Hall, Peter A., und *David Soskice* (Hrsg.), 2001: Varieties of Capitalism. The Institutional Foundations of Comparative Advantage, Oxford.

Hardt, Michael, und *Antonio Negri*, 2002: Empire. Die neue Weltordnung, Darmstadt.

Harrod, Jeffrey, und *Robert OBrien*, 2002: Global Unions? Theory and strategies of organized labour in the global political economy, London und New York.

Held, David, Anthony G. McGrew, David Goldblatt und *Jonathan Perraton*, 1999: Global Transformations. Politics, Economics and Culture, Cambridge.

Henkel, Hans-Olaf, 2002: Die Ethik des Erfolgs. Spielregeln für die globalisierte Gesellschaft, München.

Huffschmid, Jörg, 2002: Politische Ökonomie der Finanzmärkte, 2. überarbeitete Auflage, Hamburg.

Klein, Naomi, 2001: No Logo! Der Kampf der Global Players um Marktmacht. Ein Spiel mit vielen Verlierern und wenigen Gewinnern, München.

Mander, Jerry, und *Edward Goldsmith* (Hrsg.), 2002: Schwarzbuch Globalisierung, München.

Nuscheler, Franz, 1996: Lern- und Arbeitsbuch Entwicklungspolitik, 4. Auflage, Bonn.

OECD, Organisation for Economic Cooperation and Development, 1996: Trade, Employment and Labour Standards. A Study of Core Workers Rights and International Trade, Paris, OECD.

Piepel, Klaus (Hrsg.), 1995: Sozialklauseln im Welthandel – ein Instrument zur Förderung der Menschenrechte? Aachen.

Ruigrok, Winfried, und *Rob van Tulder*, 1995: The logic of international restructuring, London.

Scherrer, Christoph, 1999: Globalisierung wider Willen? Die Durchsetzung liberaler Außenwirtschaftspolitik in den USA, Berlin.

Ders. und *Thomas Greven*, 2001: Global Rules for Trade: Codes of Conduct, Social Labeling and Workers Rights Clauses, Münster.

Ders., Thomas Greven und *Volker Frank*, 1998: Sozialklauseln. Arbeiterrechte im Welthandel, Münster.

Sengenberger, Werner, 2002: Globalization and Social Progress: The Role and Impact of International Labor Standards, Bonn, Friedrich-Ebert-Stiftung.

Siebert, Horst (Hrsg.), 1999: Globalization and Labor, Tübingen.

Silver, Beverly J., 2003: Forces of Labor. Workers Movements and Globalization since 1870, Cambridge.

Soros, George, 2000: Die Krise des globalen Kapitalismus. Offene Gesellschaft in Gefahr, Frankfurt/M.

Stiglitz, Joseph, 2002: Die Schatten der Globalisierung, Berlin.

Waddington, Jeremy, und *Reiner Hoffmann* (Hrsg.), 2000: Zwischen Kontinuität und Modernisierung. Gewerkschaftliche Herausforderungen in Europa, Münster.

Wallach, Lori, und *Patrick Woodall*, 2004: Whose World Trade Organization? New York und London.

Werner, Klaus, und *Hans Weiss*, 2001: Schwarzbuch Markenfirmen. Die Machenschaften der Weltkonzerne, 2. Auflage, Wien u. a.

Zürn, Michael, 1998: Regieren jenseits des Nationalstaates: Globalisierung und Denationalisierung als Chance, Frankfurt/M.